Susann Heße

Asturien

50 ausgewählte Küsten- und Bergwanderungen

ROTHER
BERGVERLAG

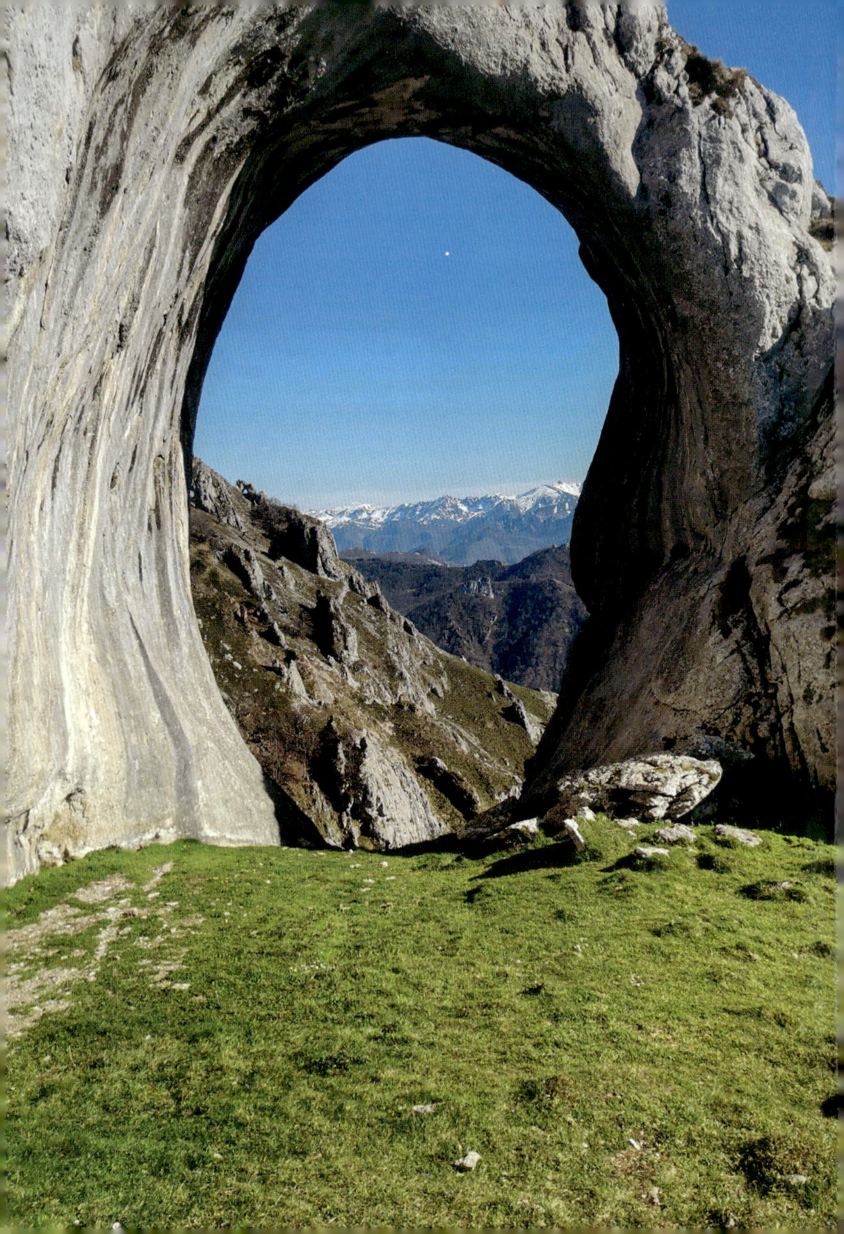

Vorwort

Asturien ist ein absoluter Geheimtipp im grünen Norden Spaniens. Die hervorragende Gastronomie, eine lebendige Kultur, die freundliche Mentalität sowie die abwechslungsreichen Landschaften machen diese Region zu einem exzellenten Reiseziel. Dieser Wanderführer ist ebenso vielseitig wie die Region und hat für alle etwas zu bieten.
Unter Wanderern und Wanderinnen ist die Region vor allem durch den Nationalpark Picos de Europa bekannt, zu dem es im Rother Bergverlag einen eigenen Wanderführer gibt. Dennoch kommen Hochgebirgserfahrene auch im restlichen Asturien auf ihre Kosten: Die schroffen Gipfel Peña Ubiña und der nördliche der beiden Fontán-Gipfel sind mit 2417 m die höchsten des vorliegenden Wanderführers. Aber auch andere Gipfelaufstiege wie auf den Peña Rueda (2151 m), El Cornón (2188 m) und El Cuetu d'Arbás (2002 m) sind anspruchsvolle Hochgebirgstouren mit lohnenden Ausblicken.
Ergänzt werden diese Touren durch mittellange und auch kürzere Wanderungen im asturischen Mittelgebirge, durch atemberaubende Schluchten und durch urige Wälder. Auch die asturische Steilküste mit ihren traumhaften kleinen Buchten ist mit vier Küstenwanderungen vertreten. Bei einigen Touren liegen Ruinen von Keltensiedlungen am Weg. Außerdem können wir auf Zweitagestouren in zwei Fernwanderwege hineinschnuppern.
Abgerundet wird der Wanderführer durch Spaziergänge zu Wasserfällen sowie touristisch interessanten Ausflugszielen wie Höhlen, Freilichtmuseen und Dinosaurierspuren. So können auch weniger erfahrene Wanderinnen und Wanderer sowie Familien mit Kindern mit diesem Wanderführer das grüne Asturien erkunden.
Durch das Einwirken von Mensch und Natur können sich einige Tourenverläufe mit der Zeit ändern. Ich bitte Sie, wenn Sie solche Veränderungen bei Ihren Wanderungen wahrnehmen, diese dem Verlag mitzuteilen, damit sie bei der nächsten Auflage berücksichtigt werden können.
Ich wünsche Ihnen frohes Wandern und darüber hinaus einen gelungenen Aufenthalt im gastfreundlichen Asturien!

Avilés, Spanien, Frühjahr 2023 — Susann Heße

Blick durch das Bullauge von Peña Mea (Tour 37).

Inhaltsverzeichnis

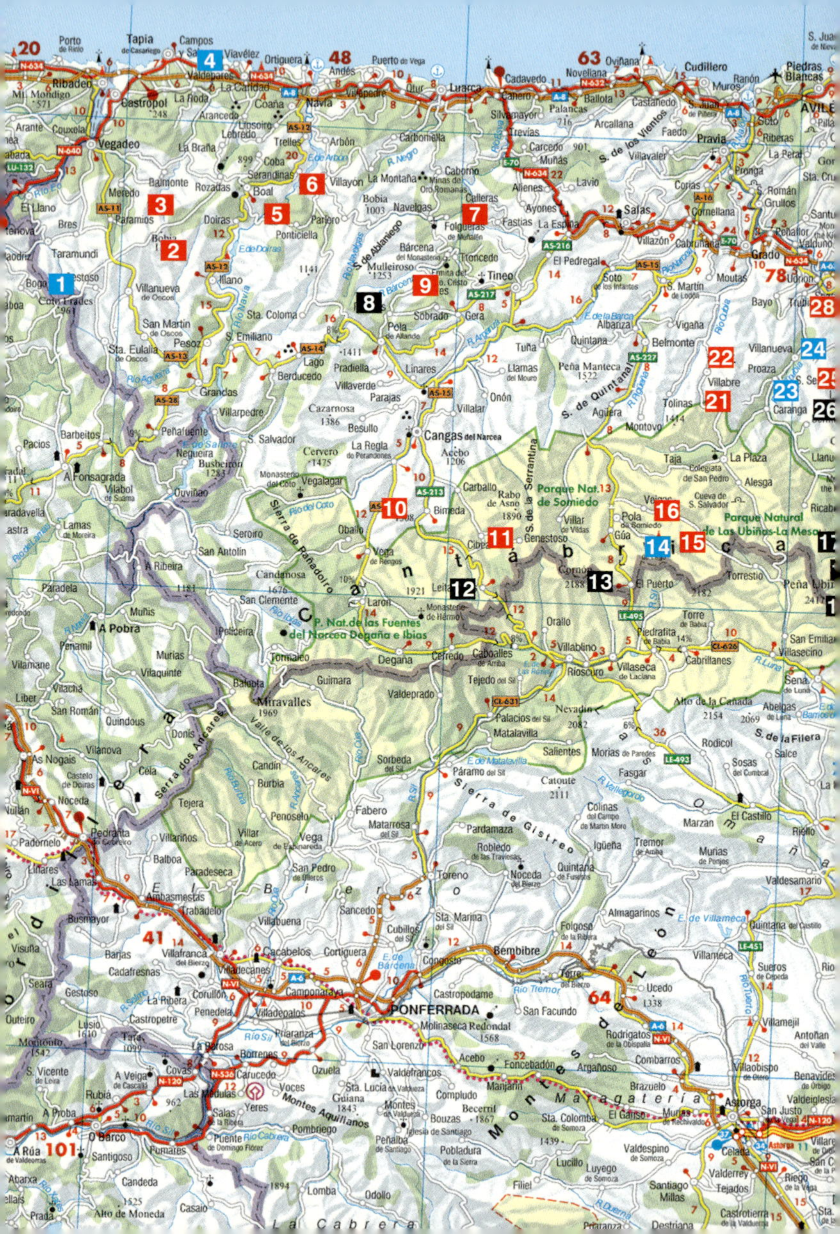

Porto de Rinlo
Tapia de Casariego
Campos y Salave
Viavélez
Ortiguera
Andés
Puerto de Vega
Cadavedo
Oviñana
Novellana
Cudillero
Piedras Blancas
Ribadeo
Mt. Mondigo
Castropol
La Roda
La Caridad
Navia
Villapedre
Otur
Luarca
Canero
Ballota
Castañedo
Muros
Ranón
Avilés
Vegadeo
Arancedo
Coaña
Busmayor
Trevías
Palancas
Arcallana
Faedo
Pravia
Soto
Riberas
La Braña
Lebredo
Trelles
Arbón
Carbonella
Carcedo
Muñas
S. de los Vientos
Villavaler
La Peral
Serandinas
Villayón
La Montaña
Minas de Oro Romanas
Cabornio
Allende
Lavio
Corias
Pronga
S. Román
Grullos
Balmonte
Rozadas
Boal
Bobia
Navelgas
Calleras
Ayones
Salas
Cornellana
Meredo
El Llano
Paramios
Doiras
Pariero
Folgueras de Muñalén
Fastias
La Espina
Villazón
Cabruñana
Peñaflor
Bres
Bobia
Ponticiella
S. de Ablaniego
Bárcena del Monasterio
Troncedo
El Pedregal
Grado
Taramundi
Mulleiroso
Tineo
Soto de los Infantes
S. Martín de Lodón
Moutas
Bostoso
Villanueva de Oscos
Illano
Bayo
Boga
Coto Frades
Sta. Coloma
Sobrado
Gera
Albariza
Vigaña
San Martín de Oscos
Pola de Allande
Quintana
Belmonte
Villanueva
Pesoz
S. Emiliano
Tuña
Peña Manteca
Proaza
Sta. Eulalia de Oscos
Lago
Pradiella
Linares
Llamas del Mouro
Villabre
Caranga
Berducedo
Villaverde
Parajas
Onón
Tolinas
Grandas
Villarpedre
Cazarnosa
Villalar
Agüera
Montovo
Pacios
Barbeitos
Peñafuente
Negueira
S. Salvador
Besullo
Cangas del Narcea
Taja
La Plaza
A Fonsagrada
Busbeirón
Cervero
La Regla de Perandones
Acebo
Colegiata de San Pedro
Alesga
Vilabol de Suarna
Ouviñao
Monasterio del Coto
Vegalagar
Carballo
Rabo de Asno
S. de la Serrantina
Parque Nat. de Somiedo
Cueva de S. Salvador
Veigas
Parque Natural de Las Ubiñas-La Mesa
Lamas de Moreira
Sierra de Pañadoiro
Oballo
Bimeda
Villar de Vildas
Pola de Somiedo
Gúa
Seroiro
San Antolín
Vega de Rengos
Genestoso
Cornón
El Puerto
Torrestío
Peña Ubiña
A Ribeira
Candanosa
Leitariegos
Paradela
San Clemente
Laron
Monasterio de Hermo
Orallo
Torre de Babia
Muñis
P. Nat. de las Fuentes del Narcea Degaña e Ibias
Piedrafita de Babia
San Emiliano
Villasecino
A Pobra
Peliceira
Villablino
Cabrillanes
Penamil
Tormaleo
Degaña
Cerredo
Caboalles de Arriba
Rioscuro
Villaseca de Laciana
Sena de Luna
Vilamane
Murias
Vilaquinte
Guimara
Tejedo del Sil
Villaseca
Balouta
Miravalles
Valdeprado
Palacios del Sil
Nevadín
Alto de la Cañada
Abelgas de Luna
Barrios de Luna
Liber
Vilacha
San Román
Quindous
Doncos
Matalavilla
S. de la Filera
As Nogais
Vilanova
Valle de los Ancares
Salientes
Morias de Paredes
Rodicol
Salce
Serra dos Ancares
Candín
Sorbeda del Sil
Páramo del Sil
Catoute
Fasgar
Sosas del Cumbral
Cela
Castelo de Doiras
Burbia
Sierra de Gistredo
Noceda
Tejera
Fabero
Colinas del Campo de Martín Moro
El Castillo
Nullán
Penoselo
Matarrosa del Sil
Pardamaza
Marzán
Riello
Padornelo
Pedrafita do Cebreiro
Villar de Acero
Villarinos
Vega de Espinareda
Robledo de las Traviesas
Igüeña
Tremor de Arriba
Murias de Ponjos
Balboa
San Pedro de Olleros
Quintana de Fuseros
Linares
Las Lamas
Paradeseca
Toreno
Noceda del Bierzo
Valdesamario
Ambasmestas
Trabadelo
Sancedo
Sta. Marina del Sil
Almagarinos
Villameca
Busmayor
Villabuena
Cubillos del Sil
Folgoso de la Ribera
Quintana del Castillo
Visuña
Barjas
Villafranca del Bierzo
Cacabelos
Cortiguera
Bembibre
Cadafresnas
Villadecanes
Camponaraya
Congosto
Torre del Bierzo
Sueros de Cepeda
Seara
Gestoso
Corullón
La Ribera
Penedela
Villadepalos
Castropodame
Ucedo
Ponferrada
San Facundo
Outeiro
Lusío
Castropetre
Priaranza del Bierzo
Molinaseca
Redondal
Villamejil
Rodrigatos de la Obispalia
Antoñan del Valle
Montouto
Toral
La Barosa
San Lorenzo
Combarros
S. Vicente de Leira
A Veiga de Cascallá
Covas
Borrenes
Ozuela
Valdefrancos
Acebo
Foncebadón
Argañoso
Villaobispo de Otero
Carucedo
Sta. Lucía de Valdueza
Brazuelo
Benavides de Órbigo
Rubiá
Las Médulas
Voces
Guiana
Compludo
Manjarín
Maragatería
Astorga
Valdeiglesias
Montes Aquilianos
Montes de León
Yeres
Montes
Bouzas
Becerril
Sta. Colomba de Somoza
El Ganso
Murias de Rechivaldo
San Justo de la Vega
A Proba
Salas de la Ribera
Iglesia de Santiago
O Barco
Puente de Domingo Flórez
Pombriego
Peñalba de Santiago
Pobladura de la Sierra
Valdespino de Somoza
Celada
A Rúa
Santigoso
Pumares
Lucillo
Villares
Abarxa
Luyego de Somoza
Valderrey
Riego de la Vega
Candeda
Lomba
Odollo
Filiel
Santiago Millas
Tejados
Prada
Alto de Moneda
Casaio
La Cabrera
Priaranza
Destriana
Castrotierra de la Valduerna
Río Eo
Río Navia
Río Agüeira
Río Narcea
Río Cabrera
Río Sil
Río Tremor
Río Duerna
Río Luna
Río Ibias
Río Cúa
Río Burbia
E. de Arbón
E. de Doiras
E. de la Barca
E. de Salime
E. de Matalavilla
E. de Bárcena
E. de Villameca
N-634
N-640
N-632
N-VI
N-120
N-536
A-6
A-8
AS-11
AS-12
AS-13
AS-14
AS-15
AS-16
AS-28
AS-213
AS-216
AS-217
AS-227
CL-626
CL-631
LE-493
LE-495
LE-451
LU-132
20
48
63
41
64
78
101

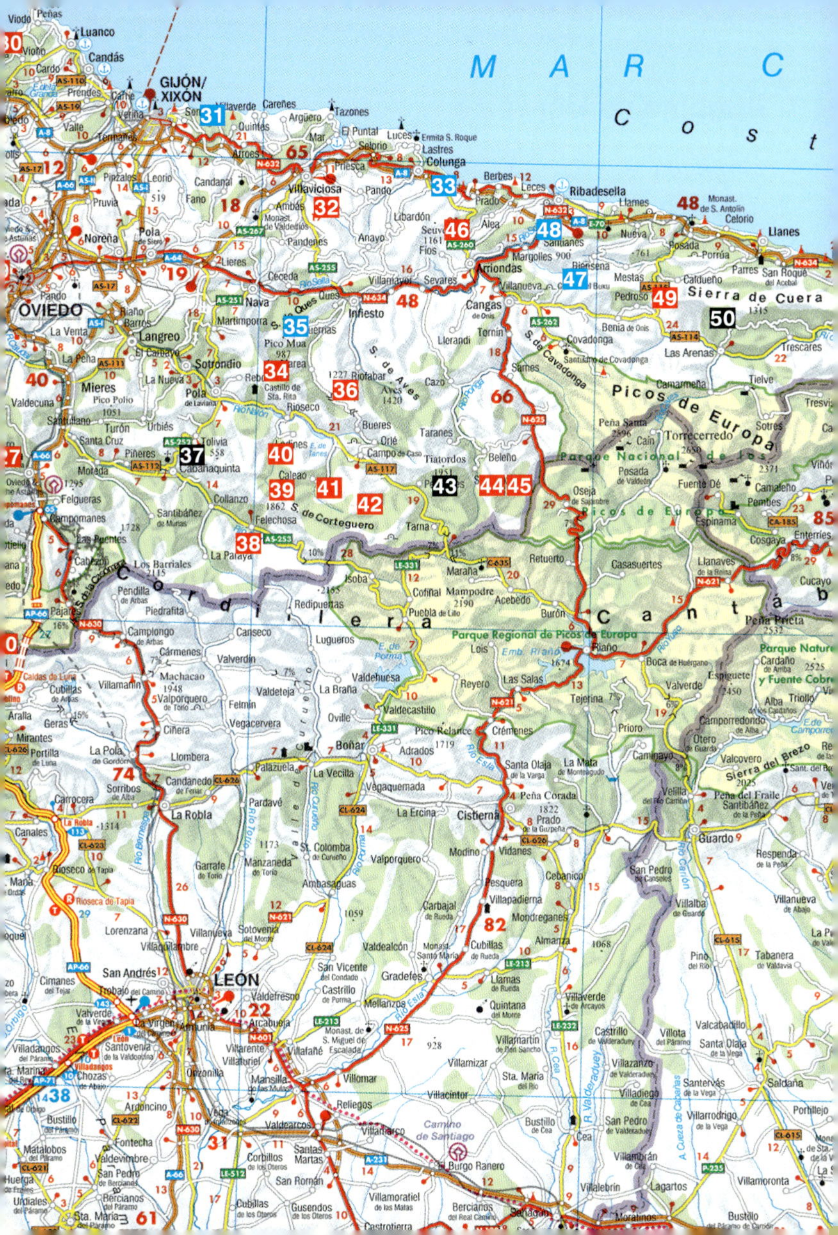

M A R
C o s t
Luanco
Candás
GIJÓN/ XIXÓN
Villaverde
Careñes
Tazones
Argüero
El Puntal
Luces
Ermita S. Roque
Lastres
Colunga
Quintes
Mar
Selorio
Arroes
Villaviciosa
Priesca
Pando
Berbes
Leces
Ribadesella
Llames
Monast. de S. Antolín
Celorio
Llanes
Prado
Alea
Santianes
Margolles
Nueva
Posada
Porrúa
Parres
San Roque del Acebal
Bienvenida
Mestas
Caldueño
Pedroso
Sierra de Cuera
Libardón
Seuv
Fíos
Anayo
Pandenes
Ambás
Monast. de Valdediós
Candamal
Fano
Pinzales
Leorio
Pruvia
Noreña
Pola de Siero
Lieres
Ceceda
Villamayor
Sevares
Arriondas
Villanueva
Cangas de Onís
Benia de Onís
Covadonga
Santuario de Covadonga
Las Arenas
Trescares
Tielve
Sotres
Picos de Europa
Camarmeña
Peña Santa
Caín
Torrecerredo
Parque Nacional de los Picos de Europa
Posada de Valdeón
Fuente Dé
Camaleño
Pembes
Espinama
Cosgaya
Enterrías
Oseja de Sajambre
OVIEDO
La Venta
Langreo
El Carbayo
Sotrondio
La Peña
La Nueva
Mieres
Pico Polio
Pola de Laviana
Valdecuna
Santullano
Turón
Urbiés
Santa Cruz
Tolivia
Piñeres
Cabañaquinta
Moreda
Felgueras
Campomanes
Santibáñez de Murias
Collanzo
Felechosa
Las Puentes
La Paraya
Los Barriales
Cabezón
Pendilla de Arbas
Piedrafita
Pajares
Nava
Martimporra
Infiesto
Pico Mua
Castillo de Sta. Rita
Rioseco
Riofabar
S. de Aves
Llerandi
Tornín
S. de Cavadonga
Sames
Cazo
Bueres
Orlé
Campo de Caso
Taranes
Tiatordos
Beleño
Caleao
S. de Corteguero
Tarna
Retuerto
Casasuertes
Llanaves de la Reina
Cucayo
Isoba
Maraña
Cofiñal
Mampodre
Acebedo
Burón
Redipuertas
Puebla de Lillo
Cordillera Cantábrica
Parque Regional de Picos de Europa
Riaño
Emb. Riaño
Lois
Boca de Huérgano
Espiguete
Cardaño de Arriba
Parque Natural y Fuente Cobre
Peña Prieta
Valverde
Triollo
Camporredondo de Alba
Otero de Guardo
Valcovero
Sierra del Brezo
Velilla del Río Carrión
Peña del Fraile
Santibáñez de la Peña
Guardo
Respenda de la Peña
Las Salas
Tejerina
Reyero
Crémenes
Prioro
La Mata de Monteagudo
Santa Olaja de la Varga
Peña Corada
Prado de la Guzpeña
Caminayo
Campolongo de Arbas
Cármenes
Canseco
Valverdín
Lugueros
E. de Porma
Valdehuesa
La Braña
Valdecastillo
Machacao
Cubillas de Arbas
Villamanín
Valporquero de Torío
Valdeteja
Felmín
Vegacervera
Oville
Pico Relance
Adrados
Boñar
Caldas de Luna
Aralla
Geras
Mirantes
Cifiera
Portilla de Luna
La Pola de Gordón
Llombera
Palazuela
La Vecilla
Vegaquemada
La Ercina
Cistierna
Sorribos de Alba
Candanedo de Fenar
Carrocera
La Robla
Canales
Pardavé
St. Colomba de Curueño
Valporquero
Modino
Vidanes
Cebanico
San Pedro de Cansoles
Villalba de Guardo
Villanueva de Abajo
Rioseco de Tapia
Garrafe de Torío
Manzaneda de Torío
Ambasaguas
Pesquera
Villapadierna
Mondreganes
Almanza
Carbajal de Rueda
Lorenzana
Villanueva
Sotovenia del Monte
Villaquilambre
Valdealcón
Monast. Santa María
Cubillas de Rueda
Pino del Río
Tabanera de Valdavia
San Andrés
Trobajo del Camino
LEÓN
Valdefresno
San Vicente del Condado
Castrillo de Porma
Gradefes
Llamas de Rueda
Quintana del Monte
Villaverde de Arcayos
Cimanes del Tejar
Valverde de la Virgen
La Virgen del Camino
Armunia
Arcahueja
Mellanzos
Monast. de S. Miguel de Escalada
Villamartín de Don Sancho
Castrillo de Valderaduey
Villota del Páramo
Valcabadillo
Santa Olaja de la Vega
Villadangos del Páramo
Santovenia de la Valdoncina
Villarente
Villaturiel
Villafañé
Villanizar
Sta. María del Río
Villazanzo de Valderaduey
Chozas de Abajo
Onzonilla
Mansilla de las Mulas
Villomar
Villacintor
Villadiego de Cea
Santervás de la Vega
Saldaña
Ardoncino
Vega de Infanzones
Valdearcos
Reliegos
Villamarco
Camino de Santiago
Bustillo de Cea
Cea
San Pedro de Valderaduey
Villarrodrigo de la Vega
Portillejo
Bustillo del Páramo
Fontecha
Valdevimbre
Matalobos del Páramo
Corbillos de los Oteros
Santas Martas
El Burgo Ranero
Villambrán de Cea
Villamoronta
San Pedro de Bercianos
San Román
Villalebrín
Lagartos
Huerga de Frailes
Bercianos del Páramo
Urdiales del Páramo
Sta. María del Páramo
Cubillas de los Oteros
Gusendos de los Oteros
Villamoratiel de las Matas
Castrotierra
Bercianos del Real Camino
Sahagún
Moratinos
Bustillo del Páramo de Carrión

Allgemeine Hinweise

Anforderungen

Asturien ist eine sehr vielseitige Region mit einem breiten Angebot an Touren unterschiedlichster Schwierigkeitsgrade. Wir haben versucht, in diesem Führer eine ausgewogene Auswahl von Wanderungen verschiedener Anforderungen zusammenzustellen. Als generelle Hilfestellung sind sie in drei farblich gekennzeichnete Schwierigkeitsgrade eingeteilt. Dennoch empfehlen wir, immer auch den Punkt »Anforderungen« im Tourensteckbrief zu lesen und zu beachten. Die drei Farben erklären sich wie folgt:

Leicht Wanderungen und einfache Bergtouren auf markierten Wegen mit nur wenigen, leichten Anstiegen. Diese Touren können bei normalen Wetterbedingungen auch von ungeübten oder älteren Wanderern und Wanderinnen sowie Kindern problemlos begangen werden.

Mittel Bergwanderungen auf Wegen, Steigen und Pfaden, die oft Trittsicherheit erfordern. Durch das Weglassen des letzten Anstiegs können einige dieser Touren durchaus auch als leicht eingestuft werden.

Schwierig Anspruchsvollere Bergtouren, die streckenweise durch wegloses und unmarkiertes Gelände führen. Neben Trittsicherheit, Schwindelfrei-

Auf vielen Touren begleiten uns die braunen Kühe Asturiens.

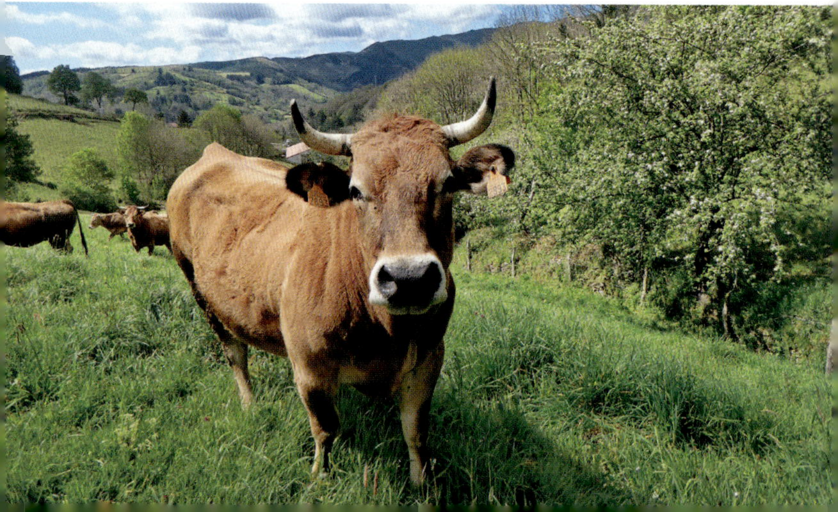

Symbole

	mit Bahn/Bus erreichbar		archäologische Stätte
	Einkehrmöglichkeit		Leuchtturm
	für Kinder geeignet		Wassermühle
	Ort mit Einkehrmöglichkeit		Höhle
	Einkehrmöglichkeit		Zeltplatz
	Information		Picknickplatz
	eingerichteter Parkplatz		Aussichtsplatz
	Gipfel		Wasserfall
	Pass, Sattel / Brücke		Quelle
	Kirche, Kapelle		Bademöglichkeit

heit und gutem Orientierungssinn sollte man Erfahrung in der Einschätzung alpiner Gefahren mitbringen. Auch hier können einige der Touren durch den Verzicht auf den letzten Anstieg als mittelschwer bis leicht eingestuft werden.

Ausrüstung

Auch wenn es zu Tourenbeginn sonnig und warm ist, sollte ein zusätzlicher Regen- und Kälteschutz bei allen Gipfelbesteigungen im Tagesrucksack sein. Solide Wanderstiefel sind für alle roten und schwarzen Touren Voraussetzung. Für alle Touren ohne Einkehrmöglichkeit sollte ausreichend Proviant mitgenommen werden. Brunnen und Quellen können vereinzelt versiegt oder gefroren sein, weshalb für alle Wanderungen empfohlen wird, ausreichen Getränke mitzunehmen. Ein GPS-Gerät mit dem Touren-Track und/oder eine Karte und ein Kompass sind für einige Touren unabdingbar; bei den betroffenen Wanderungen findet sich im Tourensteckbrief ein entsprechender Hinweis, der beachtet werden sollte.

Tourenvorbereitung und Gefahren

Vor allem bei Bergtouren ist es notwendig, sich vorher über den Wetterbericht zu informieren. Durch die Küstennähe sind die zahlreichen und teilweise hohen Gebirgszüge Asturiens besonders anfällig für spontane Wetterumschwünge und Fallnebel (ast. »Encainada«). Gerät man in einen Fallnebel, so wird empfohlen, an Ort und Stelle zu bleiben, und den Weg erst dann fortzusetzen, wenn sich die Sicht wieder bessert. Meist verzieht sich der Nebel so rasch, wie er gekommen ist.

Wer sich im Alleingang in die Berge oder auf Gipfeltouren begibt, sollte an geeigneter Stelle (in der Unterkunft, in Berghütten oder ggf. auch auf einem Zettel im Auto) den Namen und das Tourenziel hinterlassen.

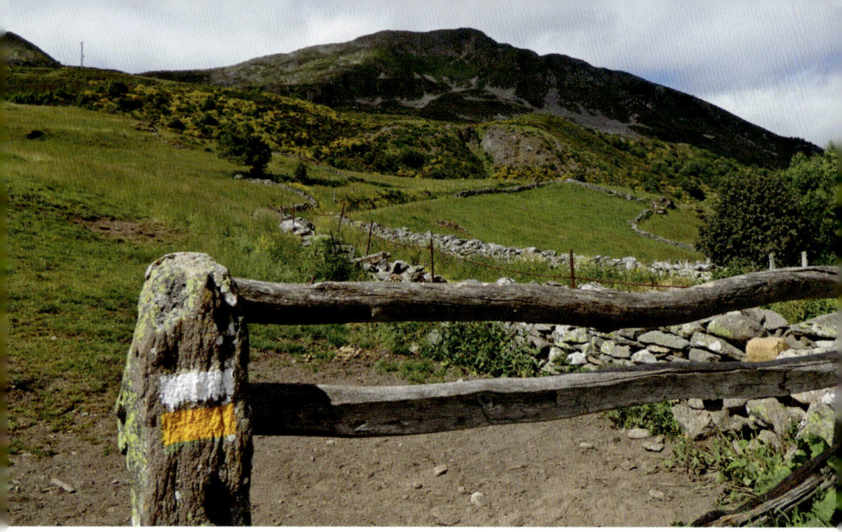

Die weiß-gelbe Markierung der PR-Wanderwege.

Wegenetz und Markierungen

Die Hälfte der 50 Touren in diesem Führer verläuft auf PR-AS-Wegen (Abkürzung für »Sendero de Pequeño Recorrido«, gelb-weiß markierte Ein- oder Halbtageswanderung, AS steht für Asturias). In ganz Asturien sind mehr als 300 PR-Wege angelegt. Daneben gibt es die rot-weiß gekennzeichneten Fernwanderwege (»Sendero de Gran Recorrido«, GR).

GPS-Tracks und Koordinaten der Ausgangspunkte

Auf **gps.rother.de** stehen zu diesem Wanderführer GPS-Tracks und die Koordinaten der Ausgangspunkte zum kostenlosen Download bereit. Dieser QR-Code führt direkt zum Download.
2. Auflage, Passwort: 4526ddg
Die GPS-Tracks können in die **Rother App** importiert werden. In der App kann man unterwegs stets sehen, wo man gerade ist und wo es langgeht. **Anleitungen dazu: rother.de/gps**
Trotz sorgfältiger Prüfung können wir Fehler und zwischenzeitliche Veränderungen nicht ausschließen. Verlassen Sie sich für die Orientierung niemals einzig und allein auf die GPS-Daten, sondern beurteilen Sie die Verhältnisse vor Ort.

Top-Touren in Asturien

Von Taramundi nach Teixois

Viel Wald, ein Wasserfall, aber vor allem Kultur und Geschichte Asturiens in den wunderbaren (Freiluft-)Museen zu Mühlen und Wasserkraft (Tour 1, 4.15 Std.).

El Cabril, 1920 m

Wunderschöner Rundweg durch das vielseitige Mittelgebirge des naturbelassenen Gemeindegebiets von Cangas del Narcea (Tour 11, 5.45 Std.).

Lagos de Saliencia

Die türkisblauen Bergseen bilden eine atemberaubende Farbkombination mit der roten Erde und den sattgrünen bzw. im Herbst orange-gelben Wäldern im Naturschutzgebiet von Somiedo (Tour 15, 5.15 Std.).

Peña Rueda, 2151 m

Der gewaltigste Berg des kantabrischen Gebirgszugs wird auf einem wunderschönen Rundweg bestiegen (Tour 17, 7.15 Std.).

Los Picos del Fontán, 2417 m

Dieser anspruchsvolle Aufstieg führt auf den neben der Peña Ubiña höchsten Gipfel dieses Wanderführers; die Mühen werden am Ziel mit einer hervorragenden Aussicht belohnt (Tour 18, 6.15 Std.).

Desfiladero de Las Xanas

Die beliebteste Schlucht in der Nähe von Oviedo (Tour 24, 3.15 Std.).

Peña Mea, 1558 m

Das unbekannte Highlight Asturiens: Ein natürliches »Bullauge« mit mehr als 20 m Durchmesser überrascht uns auf dieser Tour (Tour 37, 5 Std.).

Desfiladero de los Arrudos

Eine beeindruckende Schlucht und ein auf 1600 m liegender Bergsee machen diese Tour zum Erlebnis (Tour 41, 8.45 Std.).

Tiatordos, 1951 m

Der Tiatordos wird aufgrund seiner 600 m steil abfallenden Nordwand als spektakulärster Gipfel Asturiens gehandelt (Tour 43, 6.30 Std.).

Picu Pienzu, 1161 m

Eine der beliebtesten Touren Asturiens, die Meer und Berge wie keine andere vereint (Tour 46, 5.30 Std.).

Die Markierungen der PR- und GR-Wege folgen dem gleichen System: Oben der weiße, darunter der farbige Balken. Zwei parallele Balken bedeuten geradeaus, ein Winkel zeigt einen Abzweig in die jeweilige Richtung an und ein Kreuz kennzeichnet die falsche Richtung. Leider sind die Markierungen nicht immer vollständig und fehlen besonders bei den PR-Wegen an einigen entscheidenden Abzweigen.

Die beiden Jakobswege, der Küstenweg und der ursprüngliche Jakobsweg (Camino del Norte und Camino Primitivo), sind gut mit gelben Pfeilen, Muscheln und Schildern markiert.

Einige der vorgestellten Touren sind anderweitig von den Gemeinden oder Wandervereinen markiert (z. B. mit farbigen Punkten, Schildern oder Pfeilen). Andere Wege sind nicht markiert und man kann sich nur an den ausgetretenen Pfaden orientieren. Einige führen sogar ohne erkennbaren Weg über grüne Wiesen und durch felsiges Gelände. Karte und Kompass bzw. ein GPS-Gerät sind für diese Touren unabdingbar.

Fernwanderwege

Mit 16 Fernwanderwegen sind fast alle Teile des relativ kleinen Asturien zu Fuß erschließbar, wobei nicht alle Wege gleich gut markiert sind. Im Westen verlaufen der GR 203 (»Por donde camina el Oso«) und von Villaviciosa bzw. Oviedo aus in Richtung Galicien der ursprüngliche Jakobsweg (»Camino Primitivo«). Zahlreiche Wege durchziehen das Zentrum Asturiens: GR 205 (»Ruta de la Escrita o de los Vaqueiros de Alzada«), GR 101 (»Camín Real de la Mesa«), GR 106 (»Ruta de San Melchor«), der GR 100 (»Vía de La Plata«), GR 200 (»Los Palacios de Llanera«), GR 206 (»Gran Ruta de Riosa«), GR 207 (»Camín Real del Puerto de Ventana o Ruta de las Reliquias«) und GR 208 (»Anillo Ciclista de la Montaña Central«). Im Osten finden sich der GR 105 (»Ruta de las Pregrinaciones«), der GR 108 (»Travesía Andariega«), der GR 201 (»Senda del Arcediano«), sowie in den Picos de Europa der GR 202 (»Ruta de la Reconquista«). Quer durch Asturien führen der GR 109 (»Asturias Interior«) und der Küstenweg GR 204 (»Senda Costera E 9«; dieser verläuft teilweise auf dem oder parallel zum Jakobsweg »Camino del Norte«).
Zwei Fernwanderwege werden in diesem Wanderführer in jeweils zwei Etappen näher vorgestellt: im Westen der ursprünglichen Jakobsweg (»Camino Primitivo«, Tour 9) und im Osten der GR 109 (»Asturias Interior«, Tour 47). Bei anderen Tagestouren werden mehrere GR-Wege berührt oder teilweise begangen und können so mit diesen verbunden werden.

Kurz vor Asiegu auf dem Fernwanderweg GR 109 (Tour 47).

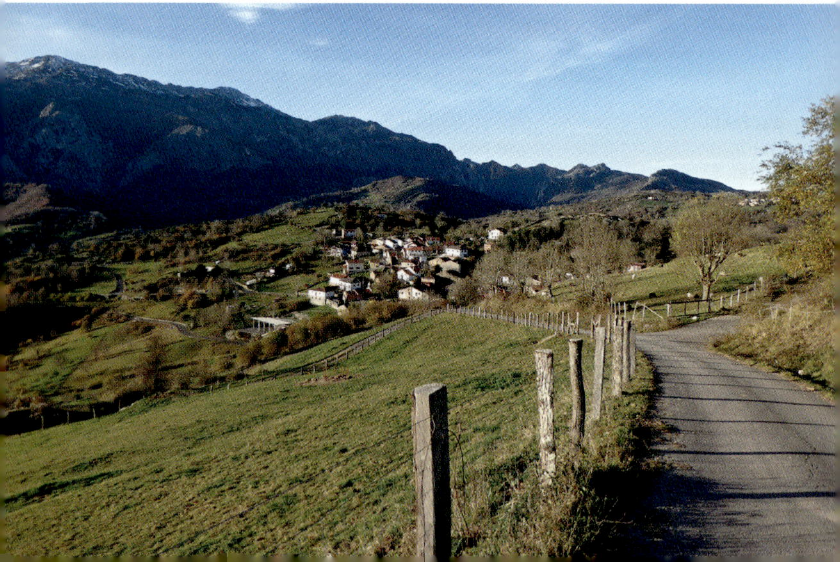

Gehzeiten

Bei den Zeitangaben bei jeder Tour handelt es sich um reine Gehzeiten, ohne Foto- und Erholungspausen.

Natur- und Umweltschutz

Auch wenn nicht alle Wanderungen durch geschützte Landschaften und Naturparks führen, bitten wir Sie, Ihren Müll und Zigarettenkippen ordnungsgemäß zu entsorgen. Asturien gilt als ein Naturparadies, das zu pflegen und zu respektieren wir Sie bitten möchten. In Asturien besteht das ganze Jahr über Waldbrandgefahr. Offenes Feuer ist ausschließlich an ausgewiesenen Feuer-/Grillstellen erlaubt. Bei lang anhaltender Trockenheit, speziell von Juli bis September, kann es auch dort verboten sein. Entsprechende Hinweise sollte man beachten, bei Zuwiderhandlung drohen empfindliche Strafen. Auf vielen Touren werden Sie, sogar schon bei der Anfahrt mit dem Auto, auf freilaufende Kühe, Pferde, Ziegen und Schafe treffen. Bitte erschrecken Sie die Tiere nicht und versuchen Sie nicht, sie anzufassen.

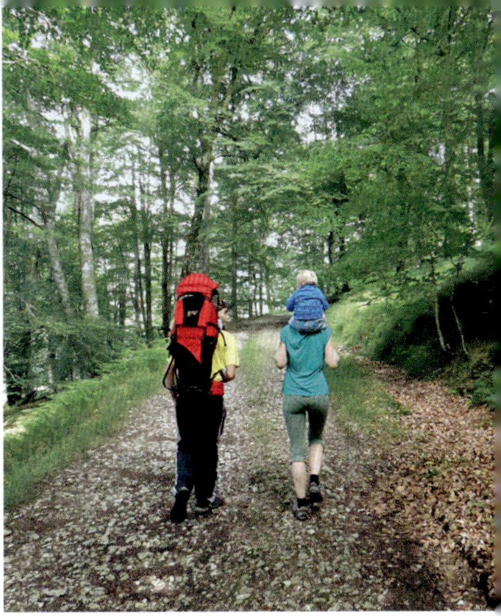

Auch ganz kleinen Entdeckern und Entdeckerinnen hat Asturien viel zu bieten.

Wandern mit Kindern

Asturien ist aufgrund seiner traumhaften Strände, seiner großen Naturbelassenheit und seiner spannenden Tierwelt ein ideales Ziel für einen Urlaub mit Kindern. Viele Touren dieses Wanderführers wurden mit einem Kleinkind getestet. Folgende Touren scheinen sowohl für kleinere als auch größere Kinder als besonders empfehlenswert:

- Zu den Wasserkraft- und Mühlenmuseen bei Taramundi und Teixois (Tour 1, 4.15 Std.).
- Die Wasserfälle von El Cioyo (Tour 3, 1 Std.) und Oneta (Tour 6 , 1.15 Std.).
- Auf ein erfrischendes Bad in die Esva-Schlucht (Variante von Tour 7, 1.15 Std.) oder in die Xanas-Schlucht (Tour 24, 3.15 Std.).
- Zu Besuch bei der Stiftung Asturischer Bär (Tour 23, 3.45 Std.).
- Die längere Küstenwanderung von Gijón zum Strand Playa La Ñora (Tour 31, 5.15 Std.).
- Auf den Spuren von Dinosauriern von der Playa La Griega zur Playa de La Isla (Tour 33, 3.15 Std.).
- Die Höhlenerkundungen von Ribadesella nach Cueves (Tour 48, 2.15 Std.).

Information und Auskunft

Anreise

Asturien ist nicht besonders gut an das internationale Flugnetz angebunden (Stand Frühjahr 2023). Der »Aeropuerto de Asturias« (auch »Aeropuerto de Ranón«; aeropuertodeasturias.com) befindet sich 50 km nördlich von Oviedo in der Nähe von Avilés. Derzeit gibt es keine Direktflüge nach Deutschland.
Von den Flughäfen Madrid (Barajas; rund 450 km bis Oviedo) und Bilbao (rund 300 km bis Oviedo) kann man Asturien mit dem Zug, Bus oder Mietwagen erreichen. Über diese Flughäfen und auch über den Flughafen Barcelona kann Asturien mit einmaligem Umsteigen aus vielen deutschen Orten erreicht werden.
Die Entfernung über Land aus der Mitte Deutschlands, etwa ab Kassel, beträgt ca. 2000 km. Mit dem Bus ist man ca. 30 Std. unterwegs und mit dem Pkw sollte mindestens eine Zwischenübernachtung eingeplant werden. Die Anreise per Bahn oder Fernbus ist eine klimafreundliche, aber langwierige und umständliche Alternative.

Auskunft

- Oviedo und Asturien allgemein: Oviedo, Plaza de la Constitución, Tel. +34 984 493 563, Juni–Sept. sowie zu Ostern und um den 6. Dez. (»Día de la Constitución«, Verfassungstag) tgl. 9–19 Uhr, Okt.–Mai Mo–Fr 9–18 Uhr, Sa/So/fei 10–18 Uhr, turismoasturias.es.
- Gijón: C/ Fermín García Bernardo (Casa Paquet), Tel. +34 985 341 1771, tgl. 10–14.30 und 16.30–19.30 Uhr; am 24., 25. und 31. Dez. sowie am 1. und 6. Jan. geschlossen, gijon.info.
- Avilés: C/ Ruiz Gómez, Tel. +34 985 544 325, 3. April–Juni Mo–Fr 9–18 Uhr, Sa/So 10.30–14.30 Uhr; Juli–15. Sept. tgl. 9–20 Uhr; 16. Sept.–2. März Mo–Fr 9–17 Uhr, Sa/So 10.30-14.30 Uhr, avilescomarca.info.
- Bergverein: FEMPA (Federación de Deportes de Montaña, Escalada y Senderismo del Principado de Asturias) ist die Dachorganisation der Wander-, Kletter- und Bergsportvereine Asturiens und bietet auf seiner Internetseite reichlich Information rund ums Wandern und Bergsport in Asturien: fempa.net (nur auf Spanisch).

Reisezeit und Klima

Asturien hat ein angenehmes Atlantikklima mit über das ganze Jahr verteilten Niederschlägen und vergleichsweise geringen Temperaturschwankungen. In Küstennähe und den mittleren Hochlagen liegen die Durchschnittstemperaturen im Frühjahr und Herbst zwischen 10 und 20 Grad, im Sommer zwischen 15 und 25 Grad und im Winter zwischen 5 und 15 Grad. Im Bergland ist es in der Regel um einige Grade kühler im Winter und heißer im

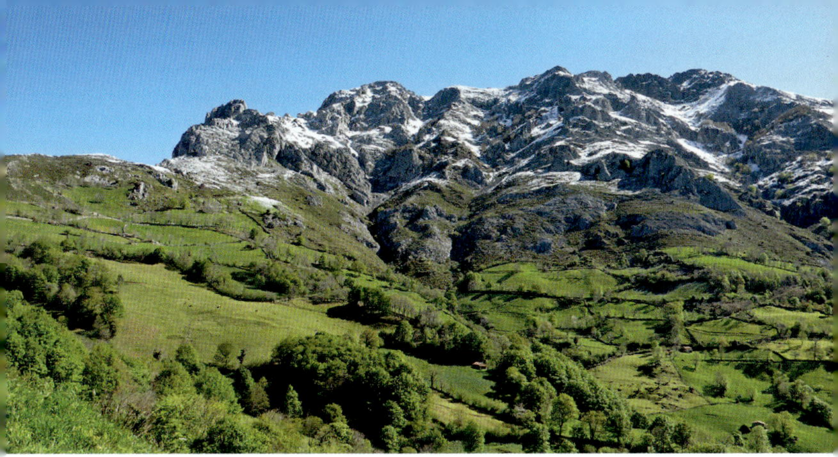

Der verschneite Gebirgszug der Sierra de la Peña Mea (Tour 37).

Sommer. Aufgrund der zahlreichen Gebirge gibt es aber auch viele Mikroklimata. Die Wettervorhersagen für Asturien sind aufgrund der Nähe zum Atlantik und der über 2000 m hohen Gebirge nicht immer verlässlich, vor allem, wenn sie für mehr als drei Tage im Voraus getroffen werden. Es gibt keine Sonnenscheingarantie in Asturien und es kann selbst im August regnen. Dafür sind die Höchsttemperaturen im Vergleich zu südlicheren Teilen Spaniens deutlich angenehmer.

Der Großteil der Touren ist prinzipiell das ganze Jahr über begehbar, wobei die Wetterlage von Juli bis Oktober am stabilsten ist. Vor allem im Herbst, während der Laubfärbung (September–November) ist Asturien ein sehr attraktives Wanderziel. Im Winter liegt die Schneegrenze in der Regel zwischen 400 und 1000 m. Dann kann man entweder an der Küste wandern oder bei manchen Bergtouren auf den Gipfelaufstieg verzichten. Sehr beliebt sind dann auch Schneeschuhwanderungen. Aufgrund der oft mangelnden Markierung sollte man sich aber besser einer Wandergruppe mit ortskundiger Führung anschließen. Informationen zu Veranstaltern sind in den Fremdenverkehrsbüros erhältlich. Wer auf eigene Faust loszieht, sollte dies nur bei guten Witterungsbedingungen und mit einem GPS-Gerät tun.

Karten und Wanderführer

Das Instituto Geográfico Nacional (IGN) hat die besten topographischen Karten im Maßstab 1:25.000 und 1:50.000 sowie Karten jeder Provinz im Maßstab 1:200.000. Diese können auf der Homepage ign.es (auch auf Englisch) unter dem Link »Cartografía y datos geográficos« und »Mapas e imágenes (IBERPIX)« digital eingesehen werden. Als gedruckte Karten können sie im

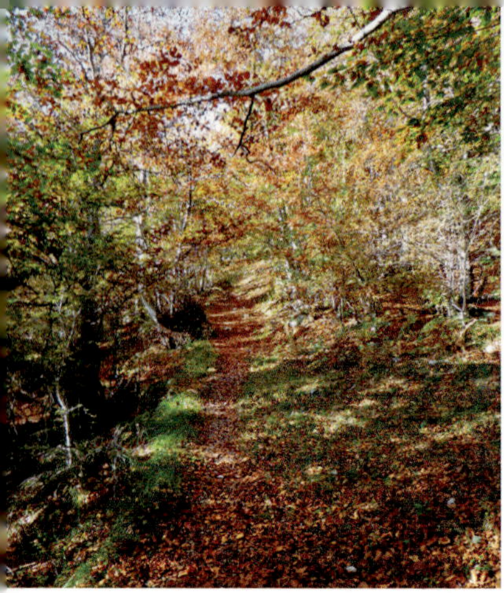

Zauberhafte Herbststimmung auf Tour 17.

Online-Shop des IGN (cnig.es; auch auf Englisch) bestellt werden. Im Tourensteckbrief sind die für jede Tour geeigneten Kartenblätter angegeben.
Der Verlag Prames hat in Zusammenarbeit mit der FEMPA eine Zusammenstellung der PR-Wege in Asturien mit sehr guten Karten (1:20.000 und 1:25.000) zu jeder Tour herausgebracht (nur auf Spanisch): »PR Asturias: 100 Pequeños Recorridos – Senderos Señalizados« (3 Bände; Tomo/Band 1: PR 1 bis 100, ISBN: 9788483212189; Band 2: PR 101 bis 200, ISBN: 9788483212196; Band 3: PR 201 bis 300, ISBN: 9788483213889; prames.com).
Das Ministerium für Landwirtschaft und Fischerei, Ernährung und Umwelt (Ministerio de Agricultura y Pesca, Alimentación y Medio Ambiente) hat einen Wanderführer zum GR 109 mit ebenfalls sehr guten Karten verlegt (nur auf Spanisch): »Camino Natural de la Cordillera Cantábrica – Asturias Interior« (ISBN: 9788449111839).
Je nach Herausgeber können die Höhenangaben in den Karten, vor allem bei Gipfeln, etwas variieren. Außerdem werden die Ortsnamen sowie die Landschaftsbezeichnungen teils auf Spanisch und teils auf Asturisch angegeben, was zu kleinen Unterschieden in der Bezeichnung führen kann (vgl. dazu auch »Sprache« S. 19 und das »Glossar« am Ende des Buchs).
Alle Wanderkarten und Führer können auch online bei den auf Wander- und Bergsteigerliteratur spezialisierten Seiten wie etwa libreriadesnivel.com bestellt werden.

Wettervorhersage

Auf der Homepage der Agencia Estatal de Metereología (staatlicher spanischer Wetterdienst) aemet.es (auch auf Englisch) im Feld »Municipios españoles« den Namen eines größeren Ortes in der Nähe der Tour eingeben oder die Karte rechts davon anklicken und im nächsten Fenster Asturien wählen.

Öffentlicher Nahverkehr

Alle größeren Orte Asturiens sind von Oviedo, Gijón und Avilés aus mit dem Bus erreichbar. Das größte, auch spanienweit agierende Busunternehmen ist ALSA (alsa.es), aber auch kleinere Transportunternehmen fahren von den zentralen Busbahnhöfen ab. Kleinere Orte in der Nähe werden von städtischen Buslinien bedient. Die Zuggesellschaft Feve verkehrt an der gesamten Küste zwischen Galicien (Westen) über Asturien (inklusive Oviedo, Avilés und Gijón) und Kantabrien bis ins Baskenland (Osten). Die spanische Zuggesellschaft Renfe verkehrt nur von Nord nach Süd, d. h. von Avilés bzw. Gijón nach Oviedo und von dort weiter nach León und Madrid. Fahrpläne und Tickets für beide Unternehmen gibt es auf renfe.com. 15 Wanderungen in diesem Führer sind mit öffentlichen Verkehrsmitteln zu erreichen. Für alle anderen Wanderungen empfiehlt sich ein eigener Pkw.

Telefon

Die Telefonvorwahl vom Ausland nach Spanien lautet 0034 bzw. +34, danach wird sowohl bei Festnetzanschlüssen als auch Handys die neunstellige Telefonnummer gewählt.

Notruf

Im Notfall (auch bei Unfällen in den Bergen) gilt der internationale Notruf 112. Mit der App ALERTCOPS (auch auf Deutsch installierbar) kann man im Notfall direkt mit Nationalpolizei und Guardia Civil in Kontakt treten und u. a. seinen Standort direkt an die Hilfskräfte übermitteln, um so schneller gefunden zu werden. Information auf alertcops.ses.mir.es/mialertcops.

Botschaft und Konsulat

Die deutsche Botschaft hat ihren Sitz in Madrid (C/ Fortuny 8, 28010 Madrid, Tel. +34 915 579 000, info@madrid.diplo.de). Das nächste Generalkonsulat befindet sich in Barcelona (C/ Marina 16–18, 30. Etage, 08005 Barcelona, Tel. +34 932 921 000, info@barcelona.diplo.de). Das nächstgelegene Honorarkonsulat (z. B. bei Ausweisverlust) liegt in Bilbao (C/ San Vicente 8, 13. Stock im ALBIA-Gebäude, 48001 Bilbao, Tel. +34 944 238 585, bilbao@hk-diplo.de).
Weitere Informationen auf spanien.diplo.de.

Unterkunft

Im ländlichen Asturien bietet sich die Übernachtung in einem der zahlreichen »Alojamientos Rurales« bzw. »Casas Rurales« an. Es handelt sich dabei um traditionelle Landhäuser, die zu Ferienhäusern bzw. -wohnungen oder auch kleinen Landhotels umgebaut wurden. Der Reiz dieser Unterkünfte liegt in ihrer meist idyllischen, abgeschiedenen Lage. In den örtlichen Touristeninformationen sind in der Regel Listen mit den »Alojamientos Rurales« in der Umgebung erhältlich, schon von zu Hause aus suchen und buchen kann man auf der guten Plattform toprural.com.
In allen größeren Orten gibt es Hotels. In den Naturparks (Cangas del Narcea, Somiedo, Redes) finden sich Herbergen und Campingplätze. Am Aufstieg zu den Picos del Fontán bzw. zur Peña Ubiña (Touren 18 und 19) können Wanderer

und Bergsteiger in einem »Refugio« (Berghütte) übernachten. Auf den Jakobswegen (Camino Primitivo und Camino del Norte) gibt es zahlreiche Pilgerherbergen, die jedoch in der Regel nur Pilgern mit Pilgerausweis vorbehalten sind. Zelten (Biwakieren) ist allgemein ab einer Höhe von 1600 m gestattet, wobei das Zelt eine Stunde vor Sonnenuntergang aufgebaut werden darf und eine Stunde nach Sonnenaufgang abgebaut werden muss. Für das Zelten auf Privatgrundstücken empfehlen wir, vor Ort nach Erlaubnis zu fragen.

Öffnungszeiten

Kleinere Geschäfte, Bäckereien und Apotheken haben in der Regel Mo–Fr 9–14 Uhr und 16–20 Uhr und Sa 9–14 Uhr geöffnet. In den Städten bzw. in jeder Gemeinde auf dem Land hat immer mindestens eine Apotheke 24-Std.-Notfalldienst. Banken öffnen meist Mo–Fr 9–14 Uhr. Die meisten Supermärkte sowie kleinere, meist bunt sortierte Einzelhandelsgeschäfte haben Mo–Sa durchgängige Geschäftszeiten. Die Hauptpostämter in den größeren Städten sind Mo–Sa je nach Filiale von 8.30/9 bis 20 Uhr geöffnet, kleinere Zweigstellen entweder nur bis 14 Uhr oder mit Mittagspause.

Feiertage

National: 1. Januar (Neujahr), 6. Januar (Dreikönigstag), Karfreitag, 1. Mai (Tag der Arbeit), 15. August (Mariä Himmelfahrt), 12. Oktober (Día de la Hispanidad/Entdeckung Amerikas), 1. November (Allerheiligen), 6. Dezember (Día de la Constitución, Tag der spanischen Verfassung), 8. Dezember (In-

Spulen und Stricken auf einem traditionellen asturischen Markt.

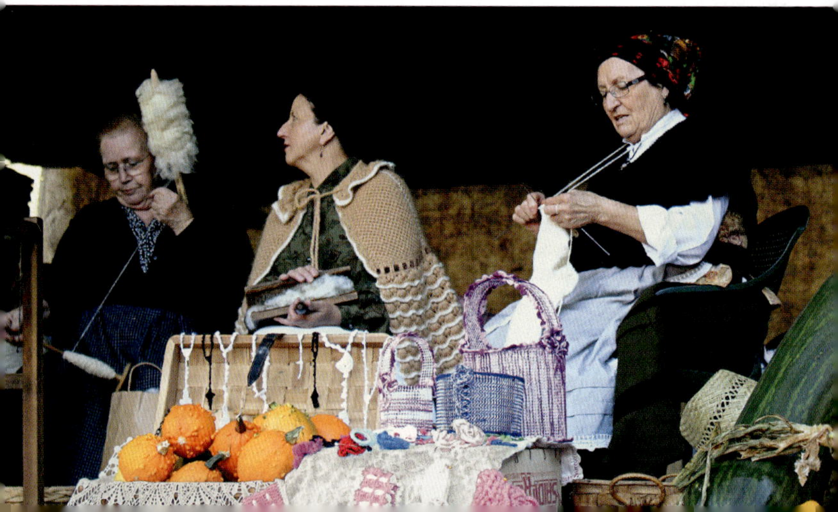

maculada Concepción, Mariä Empfängnis), 25. Dezember (Weihnachten).
Asturien: 8. September (Día de Asturias, Asturientag) und Gründonnerstag. Außerdem hat jede Gemeinde bzw. Ortsteil eine Schutzpatronin oder einen Schutzpatron, zu deren/dessen Ehre meist in den Sommermonaten drei bis fünf Tage lang die sogenannten »Fiestes de Prau« (auch »Fiestes de Prao«), Wiesenfeste mit Musik und Tanz, abgehalten werden.
An den meisten Küstenorten wird am 24. Juni »San Juan« (Johannisfest) mit einem Feuer gefeiert. Wer im Oktober/November nach Asturien kommt, sollte auf jeden Fall an einem »Amagüestu« teilnehmen: Bei diesem in so gut wie allen Orten veranstalteten Fest werden Sidra Dulce (frisch gepresster, noch nicht vergorener alkoholfreier Süßmost) ausgeschenkt und dazu geröstete Esskastanien gegessen.
Oviedo: Am Pfingstdienstag wird in den Stadtparks gepicknickt (»Martes de Campo«/»Dienstag auf dem Land«). Die Woche um den 21. September Stadtfest »San Mateo«.
Gijón: Karneval, hier »Antroxu« genannt. Die Woche um den 29. Juni Stadtfest »San Pedro«.
Avilés: Am Ostermontag speist die gesamte Stadt in Stadtparks und auf zentralen Plätzen und Straßen (»comida en la calle«/»Essen auf der Straße«). Die Woche um den 28. August Stadtfest »San Augustín«.

Sprache

In den größeren Orten kann man sich meist mit Englisch verständigen, in den ländlichen Regionen jedoch sind Spanischkenntnisse von Vorteil. In der Regel wird Spanisch (»Castellano«) in Asturien langsam und deutlich gesprochen. Eine Besonderheit der Region ist jedoch die asturische Mundart (»Asturianu« bzw. »Bable«). Dabei handelt es sich um eine Sprache mit eigener Grammatik, Vokabular und Literatur. Seit den 70er Jahren setzt sich die soziale Bewegung »movimientu pola oficialidá de la llingua asturiana« (Bewegung für die Anerkennung der asturischen Sprache) dafür ein, dass Asturisch auch als offizielle Sprache anerkannt wird. Der aktuellen politischen Debatte folgend, ist es durchaus zu erwarten, dass dieses Unterfangen in den kommenden Jahren gelingen und Asturisch damit einen ähnlichen Status wie das Galicische, Baskische, Katalanische und Valencianische erlangen wird. Das Asturisch wird in verschiedenen Regionen Asturiens mit unterschiedlicher Ausprägung gesprochen. So trifft man im Westen das »Fala« an (eine Mischung aus Asturisch und Galicisch) und im Süden das »Asturleonés« (eine Mischung des Asturischen mit dem leonesischen Dialekt). Vor allem im Kontakt mit der ländlichen Bevölkerung werden Wanderer und Wanderinnen mit Spanischkenntnissen die Unterschiede zum »Castellano« heraushören. Typisch sind zum Beispiel »u« statt »o« am Wortende (»picu« statt »pico«; Gipfel), »f« statt »h« am Wortanfang (»foz« statt »hoz«; Schlucht) und der feminine Plural auf »-es« statt »-as« (»playes« statt »playas«; Strände).

Wandern in Asturien

Mit einer Gesamtfläche von 10.603 km² und rund 1.060.000 Einwohnern ist das Principado de Asturias (Fürstentum Asturien) eine relativ kleine Region im Norden Spaniens. Im Westen bildet der Río Eo die natürliche Grenze zu Galicien und im Osten der Río Deva die zur Nachbarregion Kantabrien. Im Norden stößt die rund 300 km lange Küstenlinie auf den Atlantik, der hier Mar Cantábrico, Kantabrisches Meer, genannt wird. Im Süden grenzen die über 2000 m hohen Gipfel des kantabrischen Gebirgszugs Asturien von der Provinz León (Autonome Gemeinschaft Castilla y León) ab.
In der Hauptstadt Oviedo leben rund 220.000 Einwohner. Die größte Stadt ist jedoch Gijón mit 260.000 Einwohnern; das entspricht rund einem Viertel der asturischen Bevölkerung. Mit 80.000 Einwohnern ist Avilés die drittgrößte Stadt. Die ländlichen Gebiete mussten in den letzten Jahrzehnten enorme Bevölkerungsverluste in Kauf nehmen. Dennoch sind viele Dörfer noch nicht ganz ausgestorben und das traditionelle Landleben wird gepflegt. In vielen der kleinen Ausgangsorte unserer Touren wird uns daher nicht selten ein freundliches »Buenos días« mit auf die Wanderung gegeben.

Geologie und Landschaft

Asturien ist ein hervorragendes Wanderziel, vor allem, weil es sich um die bergigste Region Spaniens handelt: Mit unzähligen, oft über 2000 m hohen

Mit dem Bullauge in der Peña Mea beeindruckt uns die Natur bei Tour 37.

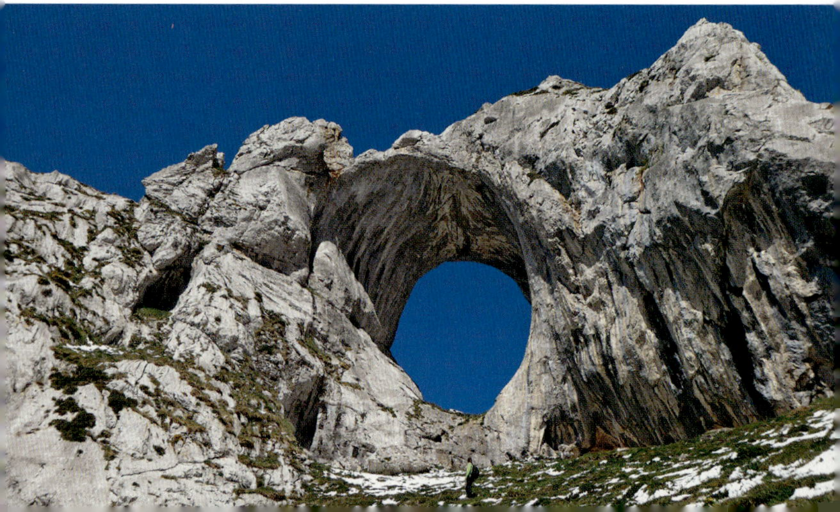

Bergmassiven, archaischen Almen und alpinen Gipfeln braucht es den Vergleich mit der Schweiz nicht zu scheuen. Der höchste Berg Asturiens ist der 2648 m hohe Torre Cerredo.

Landschaftlich kann Asturien von Nord nach Süd in drei Zonen unterteilt werden: Im Norden erstreckt sich der Küstenstreifen mit Flussmündungen, Feuchtgebieten und schönen Buchten und Sandstränden zwischen rauen Klippen. Im Süden befinden sich die Mittel- bis Hochgebirge des kantabrischen Gebirgszugs mit ihren schroffen, kargen Felsen und Gipfeln. Dazwischen liegt ein Mittelgebirgsstreifen des antlantischen und subatlantischen Systems, der durch grüne Täler, Hügellandschaften, Wälder, Schluchten und Karstgebiete geprägt ist.

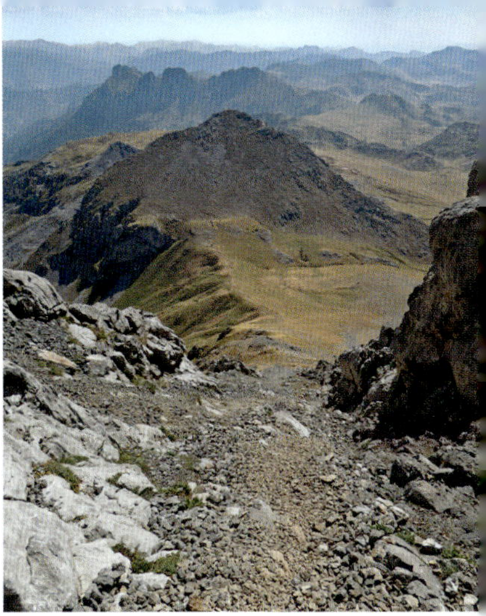

Steiniger Aufstieg zur Peña Ubiña (Tour 19).

Geomorphologisch lässt sich Asturien ebenfalls in drei Gebiete unterteilen, in diesem Fall jedoch in Westen, Zentrum und Osten. Die Hauptgesteine der vergleichsweise flachen Gebirge im Westen sind vor allem Granit und Schiefer. Die Küste ist hier dunkel gefärbt und schroff. Oft sind die Dächer der Häuser mit Schiefer gedeckt.

Im Zentrum trifft der Schiefer des Westens auf den Sandstein des Ostens. Diese Region weist höhere und schroffere Gebirge auf als der Westen. Außerdem ist sie reich an Rohstoffen und Mineralien wie Steinkohle, Zinn und Kupfer. Daher ist hier der Einfluss des Menschen am deutlichsten sichtbar: Hier befinden sich die meisten und größten Minen und auch die größten Städte und Industriestandorte Asturiens wie etwa Gijón und Avilés.

Im Osten dominieren Kalk- und Sandstein, hier ragen die höchsten Gipfel Asturiens auf. Mehrere wichtige Naturparks, Landschaftsschutzgebiete sowie der Nationalpark Picos de Europa liegen in dieser Region.

Flora und Fauna

Asturien ist durch ein feuchtes und gemäßigtes Klima geprägt. Dazu trägt vor allem der Einfluss des Atlantiks bei. Im Süden grenzt die Region an die zentralspanische Hochebene (sp. »Meseta«), die von einem kontinentalen Klima geprägt wird: Die Sommer sind sehr heiß, die Winter kalt. Diesem breiten Spektrum an Klimazonen verdankt Asturien eine sehr vielfältige Vegetation. Die in den niederen Regionen am stärksten vertretenen natürlichen Wälder

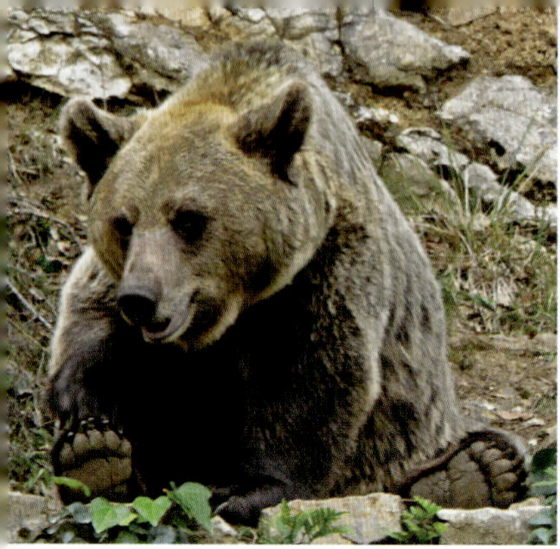

Die Bärin Molina (Tour 23).

sind Stieleichen- sowie Rotbuchenwälder. In den höher gelegenen Gebieten treten vor allem Steineichen, Korkeichen, Kastanien, Birken, Eiben und Stechpalmen auf.
In der Tierwelt sind vor allem die ca. 240 Exemplare des europäischen Braunbären hervorzuheben, die in zwei großen Gruppen leben. Die Touren 10 und 11 bei Cangas del Narcea führen in das Einzugsgebiet einer dieser Bärenpopulationen. Bei Tour 23 können wir in den Schutzgehegen der Fundación Oso de Asturias (FOA; Stiftung Asturischer Bär) hilfsbedürftige Braunbären aus der Nähe betrachten und etwas über ihre Pflege erfahren. Weitere große Säugetiere sind der Iberische Wolf, der Rothirsch sowie die Kantabrische Gämse. Besondere Vögel Asturiens sind der fast ausgestorbene Auerhahn, der Bartgeier und der Steinadler. Auch Otter und Lachs, Indikatoren für ein ein gesundes Ökosystem, sind in Asturien heimisch.

Naturschutzgebiete

Rund ein Drittel der Fläche Asturiens steht unter Naturschutz. Je nach Bedeutung gibt es unterschiedliche Kategorien wie »Parque Natural« (Naturpark), »Reserva Natural« (Naturreservat) und »Paisaje Protegido« (geschützte Landschaft). Den höchsten Schutz genießt der »Parque Nacional Picos de Europa« (Nationalpark Picos de Europa), der zudem – wie auch andere asturische Naturschutzgebiete – von der UNESCO als Biosphärenreservat ausgewiesen wurde. Neben dem Nationalpark Picos de Europa (Fläche: 674,55 km², Gründung: 1918), sind fünf Naturparks von besonderer Bedeutung (von Ost nach West): »Parque Natural de las Fuentes del Narcea« (567 km², Gründung: 2002; auch Biosphärenreservat), »Parque Natural de Somiedo« (291 km², Gründung: 1988; seit 2000 auch Biosphärenreservat), »Parque Natural de Las Ubiñas–La Mesa« (451 km², Gründung: 2006), »Parque Natural de Redes« (378 km², Gründung: 1996; seit 2001 auch Biosphärenreservat), sowie der »Parque Natural de Ponga« (205 km², Gründung: 2003).
Im Naturpark Fuentes del Narcea (Touren 10, 11 und 12) lebt die größere der beiden Braunbärpopulationen Asturiens. Die Bären profitieren von der weitgehenden Naturbelassenheit der Region, die sie auch der geringsten Bevölkerungsdichte Asturiens zu verdanken hat. Auch die größten Kastanienwälder Asturiens finden sich hier. Die kleinere Braunbärpopulation breitet sich weiter westlich bis in den Naturpark Somiedo aus (Touren 13, 14, 15 und 16).

Eine weitere Besonderheit Somiedos sind die Bergseen, insbesondere der Lago del Valle, der größte Bergsee des kantabrischen Gebirgszugs.
Im Naturpark Las Ubiñas–La Mesa (Touren 17 und 20) finden sich nach den Picos de Europa die höchsten und schroffsten Gipfel Asturiens, mit jeweils 2417 m sind die Peña Ubiña (Tour 19) und der Fontán Norte (Tour 18) hier die höchsten Berge.
Der Naturpark Redes (Touren 40, 41, 42 und 43) bietet den Wanderern eine hervorragende Mischung aus Schluchten, Wäldern und knapp 2000 m hohen Gipfeln. Der Naturpark Ponga (Touren 44 und 45) ist vor allem für seine scheinbar unendlichen Buchenwälder, aber auch die knapp an der 2000-m-Marke kratzenden Gipfel bekannt.
Nennenswerte kleinere geschützte Landschaften sind: Cuenca del Esva (Tour 7), Sierra del Aramo (Touren 25 und 26), Cuencas Mineras (Tour 41), Sierra del Sueve (Tour 46) und die Sierra del Cuera (Touren 49 und 50).

Geschichte

Bedeutende archäologische Funde belegen, dass die Küste Asturiens bereits in der Steinzeit besiedelt war. Davon zeugen auch zahlreiche Höhlenmalereien, wie beispielsweise in der Cueva de Tito Bustillo (Tour 48).
Etwa ab dem 6. Jh. v. Chr. breitete sich das keltische Volk im Norden der Iberischen Halbinsel aus und prägte vor allem Asturien und Galicien nachhaltig. Auf dieses geht die Bauweise der »Hórreos«, der typischen, auf Holzsäulen ruhenden Getreidespeicher zurück. Auch Traditionen und Riten wie etwa die drei Tage dauernden Kondolenzbesuche bei der Familie eines Ver-

Die Küste in der Nähe des Cabo Peñas, dem nördlichsten Punkt Asturiens (Tour 30).

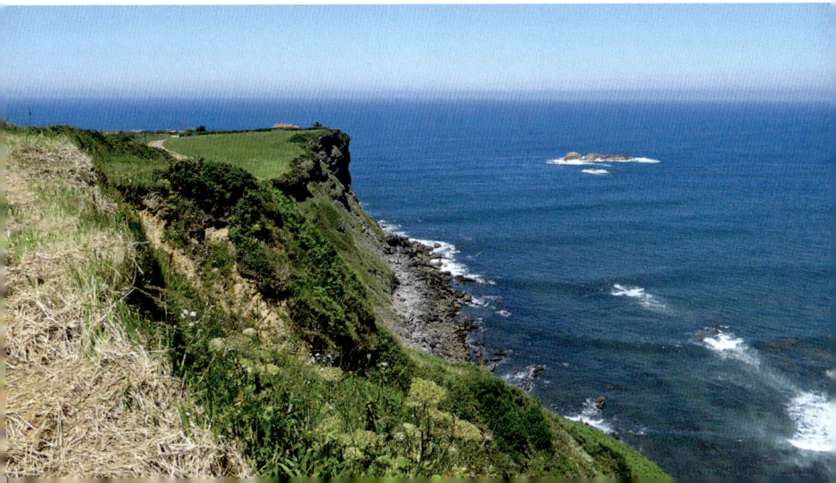

storbenen sollen auf die Kelten zurückgehen. Die Touren 4 und 5 führen uns zu den Überresten von Keltensiedlungen, den sogenannten »Castros« am Cabo Blanco und Castro de Pendía.
Ab dem 1. Jh. v. Chr. drang das römische Volk bis in den Norden der Iberischen Halbinsel vor. Auch wenn die Romanisierung im heutigen Asturien und Galicien nicht so stark war wie in anderen Teilen Spaniens, hinterließ es dennoch einige bis heute sichtbare Spuren. So geht die Puente Romano in Cangas de Onís (Tour 49) auf eine ursprünglich römische Brücke zurück. In der Altstadt von Gijón (Tour 31) kann man die freigelegten Reste der römischen Thermalbäder Termas Romanas de Campo Valdés besichtigen. Auch werden wir bei vielen unserer Wanderungen auf Esskastanien stoßen, welche ebenfalls vom römischen Volk nach Asturien eingeführt wurden.
Nach dem Untergang des Römischen Reichs im 5. Jh. kamen im Zuge der Völkerwanderung westgotische und suebische Gruppen auf die Iberische Halbinsel und füllten das Machtvakuum. Nur das asturische Volk widersetzte sich erfolgreich und bewahrte sich seine Eigenständigkeit. 711 begannen die aus Nordafrika stammenden muslimischen Völker von Gibraltar aus ihren Eroberungszug in den Norden. Im Jahr 722 erlitten sie in der Schlacht von Covadonga ihre erste Niederlage. Don Pelayo, der Anführer des siegreichen asturischen Heers, wurde zum ersten König des neu gegründeten asturischen Königreichs gekrönt. Dies gilt als Beginn der »Reconquista«, der bis 1492 dauernden Rückeroberung der muslimisch besetzten Gebiete durch die christlichen Königreiche. Erste Hauptstadt des »Reino de Asturias« war Cangas de Onís (Tour 49). Ende des 8. Jh./Anfang des 9. Jh. verlegte König Alfonso II. den Hof nach Oviedo (Tour 29). Im 10. Jh. ging die asturische Krone im aufstrebenden Königreich León auf, León löste Oviedo als Hauptsadt ab. Im Jahr 1388 wurde das Fürstentum Asturien (»Principado de Asturias«) gegründet. Bis heute tragen die spanischen Thronfolger den Titel Fürst, bzw. Fürstin von Asturien (»Príncipe« bzw. »Princesa de Asturias«).
In der jüngeren Geschichte prägte vor allem die Industrialisierung Asturien. An der Küste, speziell bei Gijón und Avilés sowie in den Tälern der Flüsse Nalón und Caudal sie-

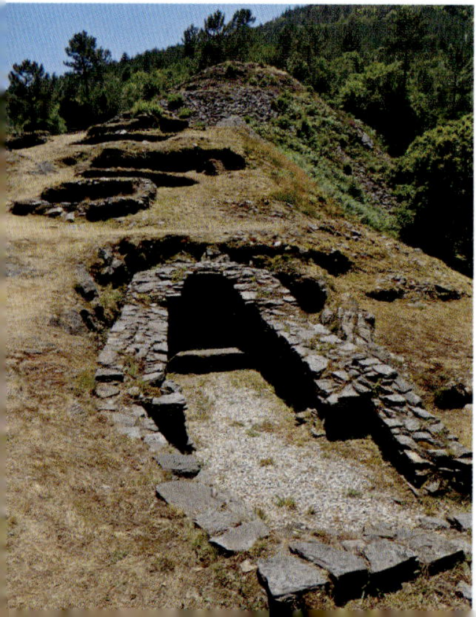

Die Überreste einer Sauna in einem ehemaligen keltischen Dorf (Tour 5).

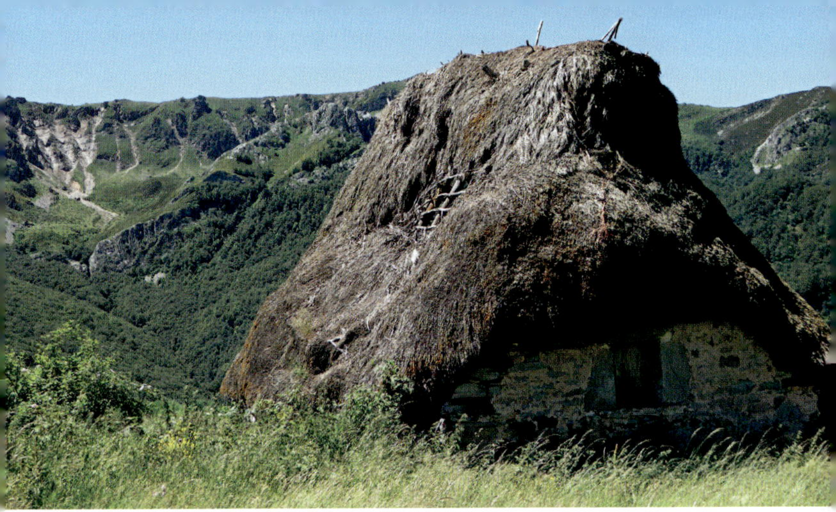

Die mit Besenginster gedeckten »Teitos« (Almhütten) sind eine Besonderheit der Region Somiedo (Tour 16).

delte sich die Stahlindustrie an. Ebenfalls in diesen Tälern, aber auch in anderen Teilen Asturiens spielte der Kohlebergbau eine wichtige Rolle und machte Asturien zur Wiege der spanischen Arbeiterbewegung. Im Oktober 1934 schrieb die vom Bergbau abhängige Bevölkerung Asturiens mit ihrer kommunistischen »Oktoberrevolution« (»Revolución de Asturias«) Geschichte, wenngleich der Aufstand von der rechtsgerichteten Regierung niedergeschlagen wurde. Inzwischen sind die meisten Minen geschlossen. Neben der Schwerindustrie (Gijón und Avilés) spielen die Landwirtschaft, der Dienstleistungssektor und der Tourismus unter dem Slogan »Asturien, Naturparadies« eine Rolle.
Seit 1981 wird in Oviedo alljährlich in acht Kategorien der Preis Prinzessin von Asturien (»Premio Princesa de Asturias«) verliehen. Unter den Preisträgern und Preisträgerinnen befinden sich auch die Schriftsteller Hans Magnus Enzensberger und Günter Grass, der Philosoph Jürgen Habermas, das Max-Planck-Institut, die deutsche Hauptstadt Berlin und Tennislegende Steffi Graf.

Die Wandergebiete in Asturien

Zwecks besserer Übersichtlichkeit, aber auch der asturischen Tradition folgend, unterteilen wir Asturien in drei Regionen: Westen (»Occidente«), Zentrum (»Centro«) und Osten (»Oriente«). Die Touren in diesem Wanderführer sind entsprechend geographisch von West nach Ost und von Nord nach Süd sortiert. Dabei liegen in jedem Wandergebiet mindestens drei Touren relativ nah beieinander, sodass Sie die jeweilige Umgebung gut erkunden können. Jedes dieser Gebiete hat seine geografischen, historischen, kulturellen und landschaftlichen Besonderheiten, die in den folgenden Kapiteln kurz beschrieben werden. Neben den regionalen Eigenheiten gibt es natürlich auch Gemeinsamkeiten und regionsübergreifende Traditionen, die als typisch »asturisch« gelten. So wird der vorrangig im Zentrum und Osten produzierte »Sidra« (naturtrüber Apfelmost) in ganz Asturien getrunken und auch im restlichen Spanien geschätzt. Dieser darf gemeinsam mit der traditionellen »Gaita«, der asturischen Variante des Dudelsacks, auf keinem Dorffest fehlen. Auch den althergebrachten, »Hórreo« genannten Erntespeichern begegnen wir auf unseren Touren in ganz Asturien.

El Occidente – der Westen

Der Westen Asturiens lässt sich in vier Regionen unterteilen: Entreambasaguas im äußersten Westen, die Comarca Vaqueira im Zentrum, Cangas del Narcea im Süden und der Naturpark Somiedo im Südosten.
Entrambasaguas (zu deutsch »Zwischen den beiden Gewässern«) bezeichnet das zwischen den Flüssen Eo und Navia gelegene Gebiet. Hier verlaufen die Touren 1 bis 6. Aufgrund der Küstennähe, des moderaten Geländeprofils und vieler Spuren keltischer Kultur ist diese Region ideal für Familien und Gelegenheitswanderer, die neben Erholung in der Natur auch ein besonderes kulturelles Erlebnis suchen. Gastronomisch kommen hier Freunde von Fisch- und Meeresfrüchten auf ihre Kosten. Außerdem empfehlen wir den Nachtisch »Requexón«, eine cremige Quarkspeise, die mit Honig und manchmal auch Nüssen serviert wird.

Den idyllisch gelegenen Ort Yernes besuchen wir auf Tour 22.

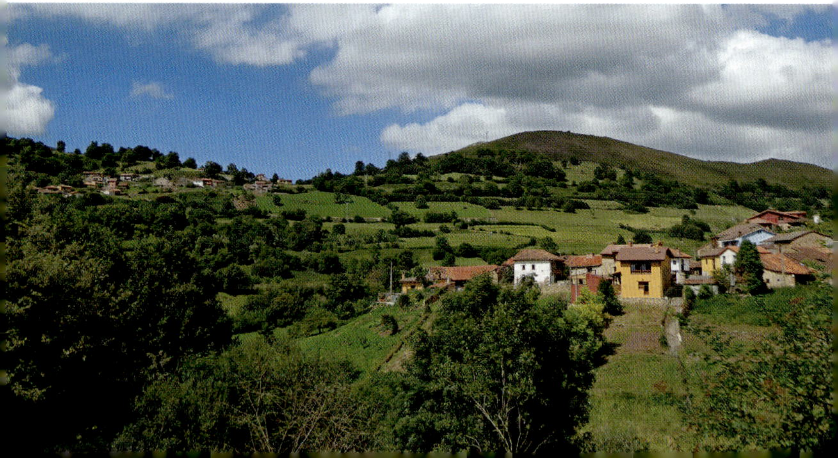

Freizeitaktivitäten in Asturien

Fahrradfahren

Das Mountainbike ist in Asturien ebenso populär wie das Rennrad. Für Ersteres bietet sich z. B. der GR 208 »Montaña Central« an. Straßenradfahrer finden mit dem Angliru und seiner maximalen Steigung von 23,5 % die ultimative Herausforderung. Die »Senda Verde« und die »Senda del Oso« sind gemütlichere Radwege und besonders für Familien geeignet.

Gleitschirmfliegen

Von Oviedo aus am besten im Aramo-Gebirge möglich.

Kanu und Kajak

Am Río Sella gibt es zwischen Arriondas und Ribadesella zahlreiche Unternehmen, die Kanus und Kajaks verleihen bzw. Touren anbieten. Ein alljährliches Großereignis ist im August die internationale Kajakabfahrt auf dem Río Sella mit Ziel in Ribadesella.

Klettern

Asturien ist ein Kletterparadies. Die Gemeinde Yernes y Tameza, die Kalkwände bei Teverga und Quirós rund um die »Senda del Oso« sowie die Kletterschule in Aller und die Sierra del Aramo bieten sich besonders an. Aber selbst an der Küste, zum Beispiel an der Playa de Cuevas del Mar, gibt es Naturkletterwände.

Reittouren

In den Naturtourismuszentren von Taramundi und Teixois, in den Naturparks Somiedo und Redes sowie in der Nähe der größeren Städte werden Reittouren (Tages- und Mehrtagestouren) angeboten.

Schneeschuhwanderungen und Tourenski

Beides ist im Winter sehr populär und in allen Regionen über 1500 m möglich. Man sollte sich jedoch immer in Gruppen mit Ortskenntnis bzw. mit professionellen Führern auf den Weg machen.

Skifahren

Abfahrtsski ist bei San Isidro (Gemeinde Aller), in Pajares (Gemeinde Lena) und Leitariegos (Gemeinde Cangas del Narcea) möglich.

Surfen und Segeln

An der gesamten Küste möglich. Salinas und Tapia de Casariego sind für ihre internationalen Surfwettbewerbe im August bekannt.

Die Comarca Vaqueira verdankt ihren Namen den hier lebendend »Vaqueiros«. Diese wandernden Berghirten widmen sich der Rinderzucht und bilden eine kleine ethnische Minderheit mit eigenen Traditionen. Diese Region kann mit drei Wanderungen erkundet werden: Tour 7 verläuft durch die Schlucht des Río Esva; Tour 8 führt an verlassenen Dörfern vorbei auf den Gipfel des Mulleiroso (1254 m); Fernwanderer können mit Tour 9 zwei Etappen des Camino Primitivo, des ursprünglichen Jakobswegs, nachwandern. Dabei sollten Sie in Salas oder Pola de Allande unbedingt das traditionelle Gericht »Cachopo« (gefülltes, zartes Kalbsschnitzel) probieren.
Cangas del Narcea gilt als eine der abgelegensten und intaktesten Regionen Asturiens. Sie ist vor allem für die hier heimischen Bären- und Wolfspopulationen bekannt. Zudem ist Cangas del Narcea die einzige Gemeinde in Asturien, in der Wein produziert wird. Die Touren 10, 11 und 12 sind ideal für all jene Naturfreunde, die abgeschiedene Wanderwege suchen und sich an

Ausblicken auf Wälder und Täler, so weit das Auge reicht, erfreuen. Der Naturpark Somiedo (Touren 13 bis 16) lockt mit seinen traditionellen »Teitos« (mit Stroh gedeckte Almhütten) sowie mit herrlichen Bergseen und sattgrünen oder im Herbst rot-organge-gelben Wäldern.

El Centro – das Zentrum

Das Zentrum Asturiens lässt sich von Süd nach Nord in drei Gebiete gliedern: Im Süden können spektakuläre Aufstiege auf die höchsten Gipfel dieses Wanderführers (Touren 18–20) sowie zwei Mittelgebirgstouren in der kleinsten Gemeinde Asturiens, Yernes y Tameza (Touren 21 und 22) unternommen werden. Hier verläuft auch der »Camín Real de la Mesa« (Hoheitsweg der Hochebene). Der ehemalige königliche Handels- und Viehweg verbindet seit der Römerzeit die zentralspanische Region Castilla y León mit Asturien.
Das Herz Asturiens bildet die Gebirgskette der Montaña Central. Hier können von der Hauptstadt Oviedo aus bequem die Touren 23–29 unternommen werden. Das Spektrum reicht von einfachen Schlucht- und Talwanderungen in den Ausläufern des Gebirges bis hin zu anspruchsvollen Gipfelaufstiegen.
Diese Region ist für das asturische Gericht schlechthin bekannt: die »Fabada«, ein deftiger Eintopf mit lokalem Fleisch und Bohnen. Die bei Tour 24 erwähnte Einkehrmöglichkeit bietet eine hervorragende »Fabada« an.

Auf Tour 18 geht es mit Hand und Fuß durch den steilen Canalón del Buey.

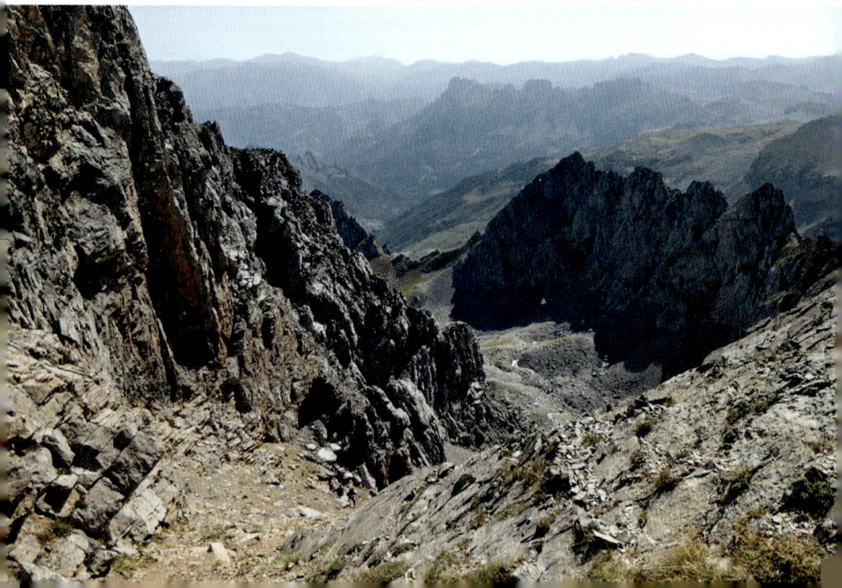

An der Küste locken drei Wanderungen: Tour 30 startet am Cabu Peñes, dem nördlichsten Kap Asturiens; bei Tour 31 lässt sich die Besichtigung von Gijón, Asturiens größter Stadt, bestens mit einer ausgedehnten Tagestour am Meeressaum verbinden; die Dinosaurierspuren bei Colunga dürften kleine und große Entdecker gleichermaßen faszinieren (Tour 33). Rund um Villaviciosa, das sich selbst »Capital de la Manzana« (Apfelhauptstadt) nennt, erstreckt sich das größte Apfelanbaugebiet Asturiens, einige der wichtigsten Sidra-Produzenten sowie der Kontrollrat des Sidra haben hier ihren Sitz. Tour 32 macht mit der Umgebung bekannt.

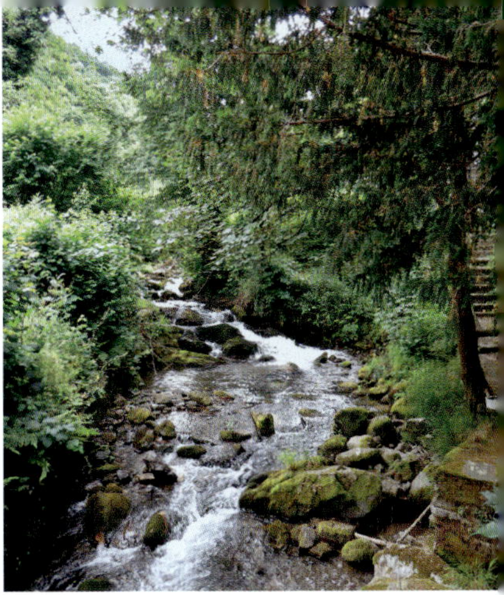

Die enge Schlucht des Río Pino (Tour 38).

El Oriente – der Osten

Mit den Gebirgszügen Peñamayor und Montaña Oriental (dt. »das östliche Gebirge«), dem Naturpark Redes und der noch eher unbekannten Region rund um die Gemeinde Aller hält der Osten Asturiens sehr attraktive Wandergebiete bereit. Auch der Nationalpark Picos de Europa befindet sich hier. Ihm widmet sich jedoch ein eigener Wanderführer des Rother Bergverlags.
Die Touren 34 bis 36 führen auf bzw. durch die Peñamayor. Das Gebirge liegt auf dem Gemeindegebiet von Nava, welches neben Villaviciosa ebenfalls als Sidrahauptstadt Asturiens gehandelt wird. Die Umgebung der Gemeinde Aller (Touren 37–39) ist den meisten nur durch das Wintersportangebot (Abfahrts- und Tourenski) bekannt; als Wanderregion ist das Gebiet jedoch ein absoluter Geheimtipp. In den tiefer gelegenen Regionen wurde früher Kohlebergbau betrieben, wenn auch in geringerem Ausmaß als im Zentrum Asturiens.
Im Südosten Asturiens lockt der Naturpark Redes mit Schluchten und Gipfeln (Touren 40–43). Vor allem aber ist Redes für seine beeindruckenden Buchen- und Eichenwälder berühmt. Außerdem sind dort die zweitgrößten Bären- und Wolfspopulationen Asturiens beheimatet.
Ganz im Osten Asturiens führen uns die Touren 43 bis 50 durch die Montaña Oriental, ein Sammelbegriff für verschiedene kleinere Gebirge vor den Picos de Europa, wie zum Beispiel die Sierra del Sueve (Tour 46) oder die Sierra del Cuera (Touren 49 und 50). Die Ausblicke zum Atlantik und zu den Picos de Europa machen diese Wanderungen zu ganz besonderen Erlebnissen. In dieser Region sollten Sie unbedingt die vielen lokalen Käsespezialitäten kosten.

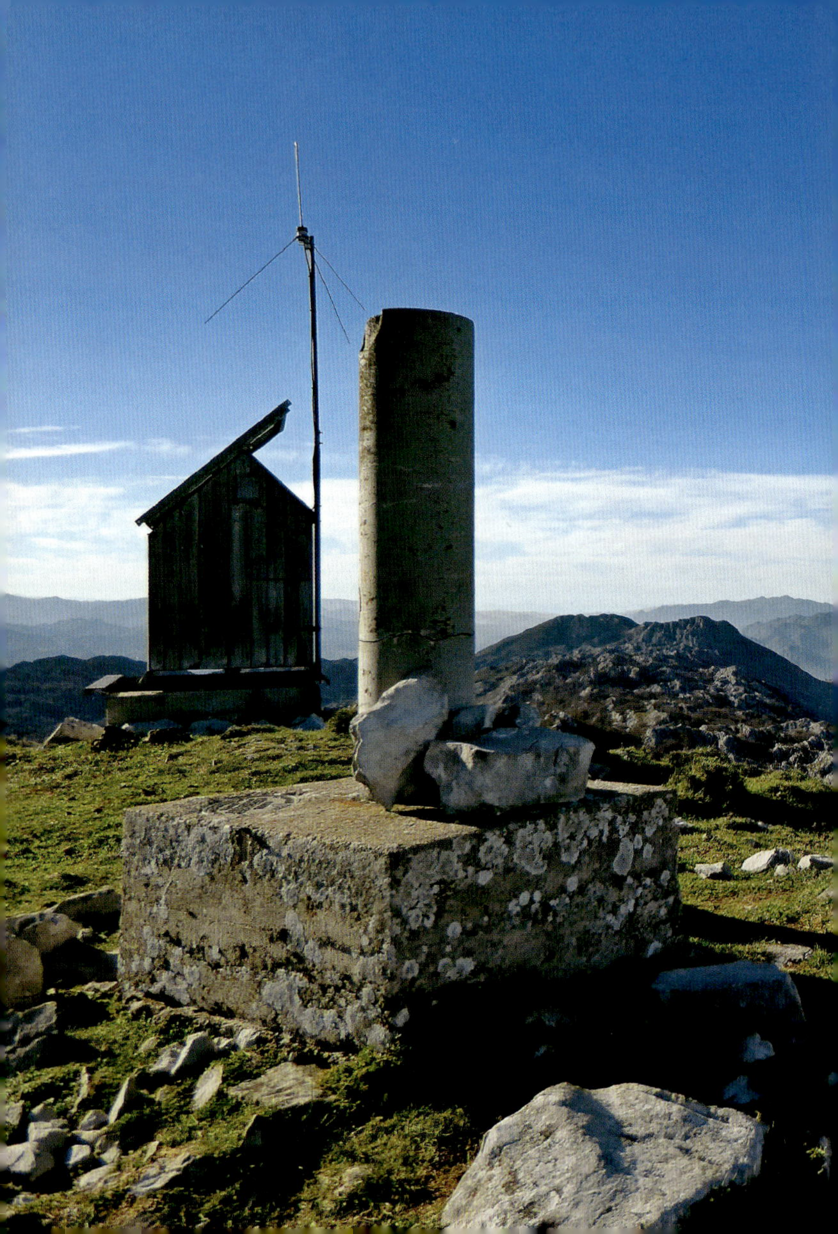

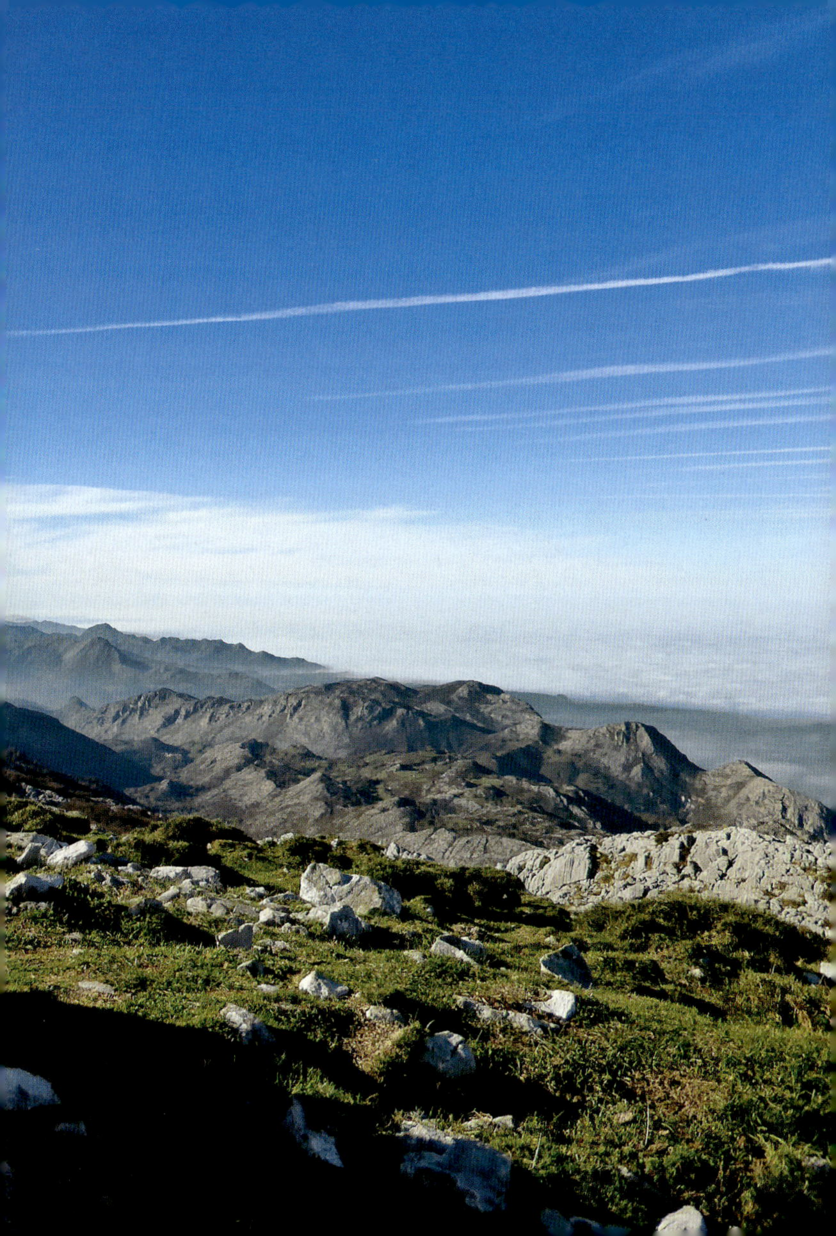

TOP **1**

Von Taramundi nach Teixois

4.15 Std.

Die Kraft des Wassers

Bei dieser Wanderung von Taramundi zu den viel besuchten Orten Mazonovo und Teixois sowie den kleineren, typisch asturischen Dörfern Esquíos und Veigas dreht sich alles rund um Wasserkraft. Besonders lohnend sind die Freilichtmuseen mit ihren riesigen Wasserrädern, Mühlen und Schmiedehämmern. Aber auch die traditionelle Küche, die Architektur sowie die Taschenmesserfabrik in Taramundi sind die Reise wert.

Ausgangspunkt: Taramundi, 270 m, Parkplatz im Ort. Von Vegadeo auf der AS-21 nach Taramundi; im Ort den Parkplatzschildern folgen (18 km/20 Min.).
Höhenunterschied: 540 m im Auf- und Abstieg.
Anforderungen: Bis auf zwei Kreuzungen gut ausgeschilderte Tour (PR-AS 17 »Ruta del Agua«) mit einigen An- und Abstiegen; Asphalt und gute Wanderwege.
Einkehr/Unterkunft: In Taramundi Llagar Sidrería Solleiro (traditionelle Küche mit hauseigener Sidraproduktion, Tel. +34 985 646 880, sidreriasolleiro.com). In Esquíos Apartamentos Rurales Esquíos (Ferienapartments und ethnographisches Museum, Tel. +34 985 979 640, esquios.es). In Veigas Centro de Turismo Rural As Veigas (hervorragende traditionelle Küche und Unterkunft, Tel. +34 689 039 352, asveigas.com). In Teixos Conjunto Etnográfico de Os Teixois (traditionelle Küche und Freiluftmuseum zur Wasserkraft, Tel. +34 696 440 640, osteixois.es).
Hinweis: Mit Kindern empfehlen wir, ab Esquíos nicht weiter nach Veigas, sondern direkt nach Teixois zu gehen und von dort auf demselben Weg zurückzukehren. Alternativ kann auch in einem der Orte unterwegs übernachtet werden.
Tipp: 1. Cuchillería Taramundi (Taschenmesserfabrik in Taramundi, Besichtigung und Verkauf, Tel. +34 985 646 500, cuchilleriataramundi.com). 2. Museo de los Molinos (Mühlen-Freiluftmuseum in Mazonovo, Tel. +34 619 635 330, mazonovo.es).
Karte: IGN-CNIG 25-III Taramundi (1:25.000).

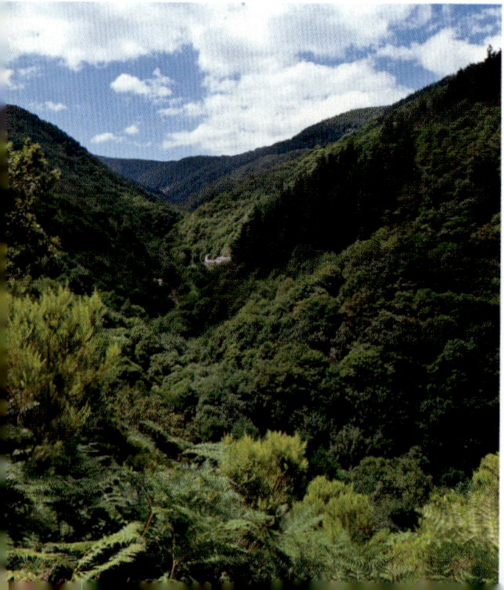

Vom Parkplatz in **Taramundi (1)** gehen wir nach links hinauf, beim Denkmal rechts bergab und an der Hauptstraße weiter rechts hinunter durch den Ort. Wir verlassen ihn zunächst noch auf der Hauptstraße in Richtung »Mazonovo« (pinkfarbene Schilder), schlagen dann aber sogleich rechts den ausgeschilderten Weg ein (Infotafel »Ruta del Agua«).

Der Weg führt durch immergrüne Wälder.

Unten überqueren wir die Straße und den Parkplatz des Mühlenmuseums von Mazonovo. Weiter dem Schild »Ruta del Agua« folgend gehen wir auf der Straße geradeaus bergauf (nicht rechts über die Brücke). Dann nehmen wir den ersten nach rechts abzweigenden Waldweg. Wir überqueren eine Brücke, lassen den Rastplatz rechts liegen und folgen dem Weg links bergauf bis zu einer Straße, auf der wir nun geradeaus in den kleinen Ort **Esquíos (2)** wandern (nach rechts ein optionaler Abstecher zu einem Wasserfall, Schild »Cascada«, ca. 2 km hin und zurück).

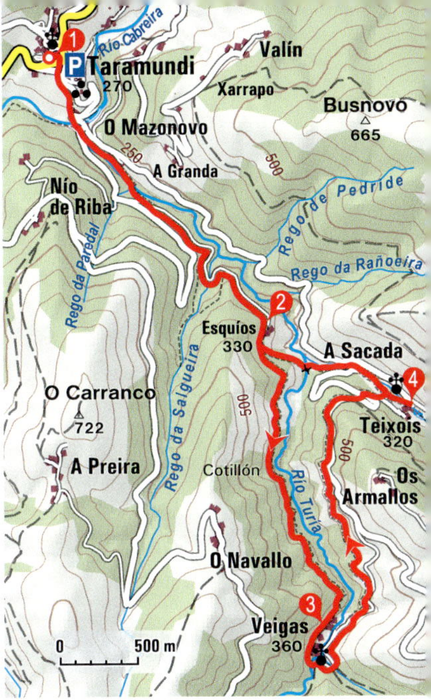

Wir gehen auf dem Weg rechts leicht bergauf und halten uns an der Gabelung erneut rechts in Richtung »Veigas«. Vorbei an einem Brunnen erreichen wir das obere Ende von **Veigas (3)**. Auf der Treppe nach links unten käme man direkt in den Ort. Der offizielle Wanderweg macht jedoch einen lohnenden Schlenker: Zunächst passiert er geradeaus einen Rastplatz und führt dann über eine Brücke und an einer Kapelle vorbei. Nach einer weiteren Brücke liegt der Friedhof am Weg und wir gelangen bergab zu einer Brücke am Rand von Veigas. Unser Weg steigt geradeaus zunächst leicht bergan und führt dann steil bergab. Unterwegs überqueren wir die Landstraße und folgen immer den Schildern nach **Teixois (4)**. Dort lohnt ein Besuch des Wasserkraftmuseums, auch einen Rastplatz gibt es.

Um wieder nach Esquíos bzw. Taramundi zurückzuwandern, kehren wir zurück zum letzten Abzweig und gehen nun geradeaus (Schild »Esquíos«). Der Pfad trifft auf die Landstraße, der wir kurz geradeaus bergauf folgen, um dann gleich wieder den ersten Abzweig nach rechts zu nehmen. Auf Treppen kommen wir hinunter zum Fluss und von dort im Zickzack bergauf wieder nach **Esquíos (2)**. Nun gehen wir auf dem Hinweg über Mazonovo zurück nach **Taramundi (1)**.

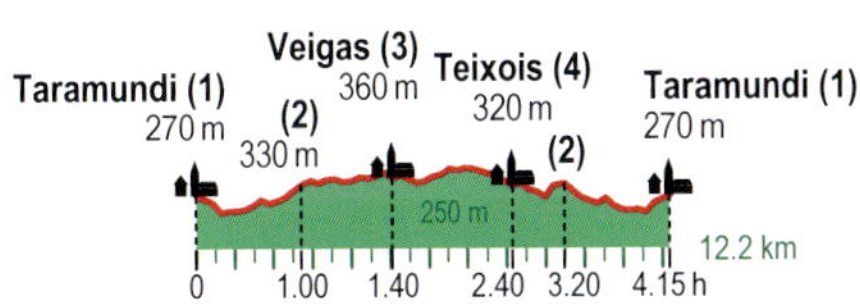

2 Ruta del Silencio

4.30 Std.

Der Weg der Stille

Diese Wanderung in der abgelegenen Gemeinde Villanueva de Oscos führt uns einmal rund um das Tal des Arroyo de Bobia. Der Weg verläuft teils flach am Hang entlang, teils geht es durch urige Mischwälder steil bergan und bergab. Zahlreiche Fluss- und Bachüberquerungen, aber vor allem die Abstecher zu den beiden Wasserfällen Cascada del Celón und Cascada del Picón machen die Tour besonders abwechslungsreich.

Ausgangspunkt: San Cristóbal, 740 m, (nicht durchgehend bewohnt, gehört zur Gemeinde Villanueva de Oscos). Von Vegadeo auf der AS-11 bis La Garganta, dann auf der AS-13 in Richtung Villanueva de Oscos und in A Ponte de Penacova links in Richtung San Cristóbal (Schild »Ruta del Silencio«). Parkmöglichkeiten auf dem zentralen Platz am Brunnen (23 km/30 Min.).
Talort: Villanueva de Oscos, 650 m.
Höhenunterschied: 640 m im Auf- und Abstieg.
Anforderungen: Durchgehend markierte (PR-AS 209, gelb-weiß) Wege und Pfade. Einige kräftige An- und Abstiege (teils Seilsicherung) auf steinigen Pfaden verlangen Ausdauer und Trittsicherheit.
Einkehr/Unterkunft: In Villanueva de Oscos Hotel-Restaurante Oscos (Tagesmenüs und traditionelle Küche, Tel. +34 672 494 977; 2-Sterne-Hotel, Tel. +34 985 626 083, hoteloscos.es).
Karte: IGN-CNIG 25-IV Illano (1:25.000).

Wir verlassen **San Cristóbal (1)** nach links auf der »Ruta del Silencio«, die rechts an der Kapelle vorbeiführt. Wir bleiben auf dem markierten Weg, bis wir nach links (Schild »Mourelle«) in einen Wald gelangen. Dort gehen wir an der Gabelung rechts (Schild des PR-AS 209), überqueren den Bach auf einer Steinbrücke und wandern an ihm entlang an der verfallenen Wassermühle Molín de Mourelle vorbei. Wenig später verlassen wir den Bach, gehen an der Gabelung rechts bergab, überqueren einen weiteren Bach und erreichen nach einem kräftigen Zickzack-Anstieg die verfallenen Steinhäuser von **Mourelle (2)**.

Dort gehen wir weiter links bergauf, halten uns an der Felswand und bei der nächsten Gabelung jeweils links und wandern dann auf dem leicht ansteigenden Weg am Hang entlang. An der Gabelung nach einer scharfen Rechtskurve gehen wir weiterhin auf dem Hauptweg bergauf. Dieser beschreibt eine scharfe Linkskurve, in der nächsten Rechtskurve verlassen wir ihn nach links in den Fichtenwald hinein. Kurz danach erreichen wir bei einer Lichtung mit Infotafel die verfallene Almsiedlung **Braña Balongo (3)**.

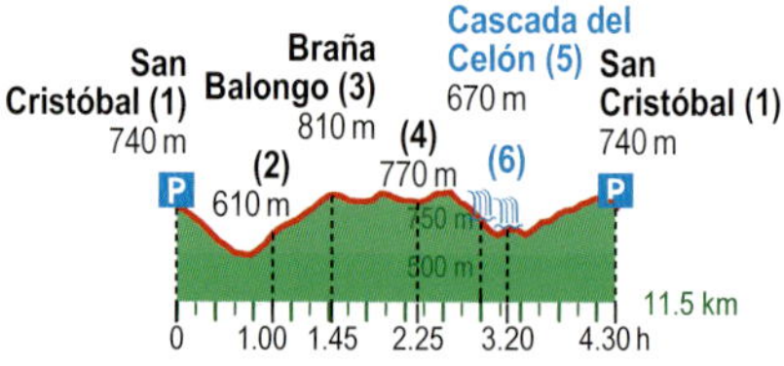

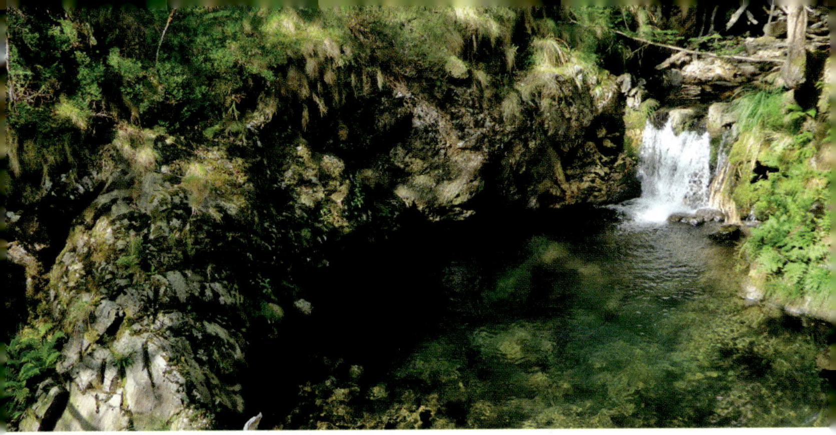

Einladende Badestelle zu Beginn der Tour.

Wir folgen dem Schild nach rechts in Richtung »Brusquete«, verlassen den Wald und gehen am Hang entlang. Dann überqueren wir den Bach Rega do Calvario und wählen 50 m danach den rechten Weg bergauf. An der folgenden Wegkreuzung und der nächsten Gabelung gehen wir jeweils links bergab und erreichen so den fast verlassenen Ort **Brusquete (4)**.

An der Gabelung nach dem Ort gelangen wir nach rechts oben wieder in den Wald und gehen an der Gabelung mit dem Schild »San Cristóbal« nach links bergab durch den Wald. Am Ende des dritten Seils, das unseren Abstieg sichert, zeigt ein Schild nach rechts einen lohnenden Abstecher zum Wasserfall **Cascada del Celón (5)** an (gut 5 Min. hin und zurück). Wieder zurück am Abzweig gehen wir weiter bergab und überqueren den Bach auf einer kleinen Holzbrücke. An der zweiten Brücke weist erneut ein Schild zur ebenfalls sehenswerten **Cascada del Picón (6)** (gut 10 Min. hin und zurück) mit hervorragender Badestelle. Zurück an der Brücke gehen wir auf dem Pfad teilweise steil bergauf durch den Wald und halten uns an beiden Gabelungen jeweils den Schildern »San Cristóbal« folgend links. Das letzte Stück gehen wir flach am Hang entlang und sehen dabei schon unser Ziel **San Cristóbal (1)**.

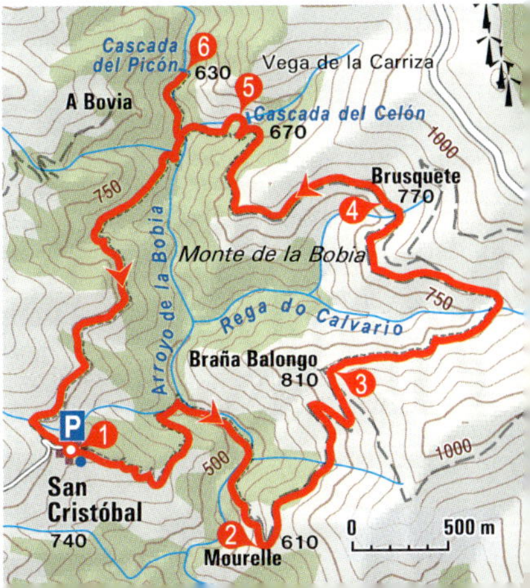

3 Cascada del Cioyo

1.00 Std.

Ein magischer Wasserfall

Die Legende besagt, dass eine im Río Porcía lebende »Xana«, in der asturischen Mythologie eine Quellnymphe, in einen jungen Mann aus Villarín verliebt war, der am Flussufer seine Siesta zu halten pflegte. Während eines Mittagsschlafs riss ihn das durch starken Regen angeschwollene Flüsschen mit sich. Als er dabei über den Cioyo-Wasserfall direkt auf die schroffen Felsen darunter stürzte, rettete ihm die »Xana« das Leben, indem sie das Badebecken unterhalb des Wasserfalls schuf. Bei dieser Tour können wir ein erfrischendes Bad in diesem magischen Becken nehmen. Dabei soll man auch heute noch den Gesang der verliebten Nymphe hören können.

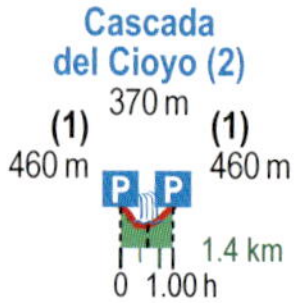

Ausgangspunkt: Parkplatz an CP-4, 460 m. Von Vegadeo auf der AS-22 bis Samagán, dort rechts auf der CP-4 in Richtung Penzol. Der Parkplatz befindet sich 2 km nach Penzol links in einer Rechtskurve bei km 12 (15 km/30 Min.).
Talort: Vegadeo, 10 m.
Höhenunterschied: 100 m im Auf- und Abstieg.
Anforderungen: Sehr kurze, hervorragend ausgeschilderte Wanderung. Der steile Ab- und Aufstieg ist durch Seile und Geländer gesichert.
Einkehr/Unterkunft: In Vegadeo zahlreiche Möglichkeiten.
Karte: IGN-CNIG 25-II Fresno (1:25.000).

Direkt hinter dem **Parkplatz (1)** weist uns das Schild »Cascada del Cioyo« nach links an den Infotafeln (Tourenbeschreibung, Flora und Fauna, Legende um den Wasserfall) vorbei bergab. Wir bleiben immer auf dem lückenlos ausgeschilderten Weg, passieren einige mit Seilen gesicherte Stellen und erreichen nach knapp 30 Min. den Wasserfall **Cascada del Cioyo (2)** mit seiner hervorragenden Bademöglichkeit.

Nun könnte man auf demselben Weg zurückgehen. Wir aber wählen eine nicht ausgeschilderte Variante oberhalb des Wasserfalls. Hierfür kehren wir vom Wasserfall zur ersten Kreuzung zurück, gehen jetzt aber nicht nach rechts, sondern nach links steil bergauf. Wenig später erreichen wir den Felsbereich oberhalb des Wasserfalls mit weiteren Badestellen. Dem Pfad weiter bachaufwärts folgend gelangen wir an einen zweiten, kleineren Wasserfall. Hier

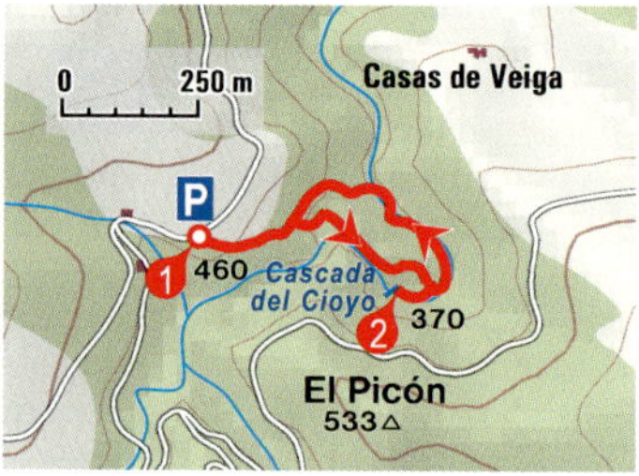

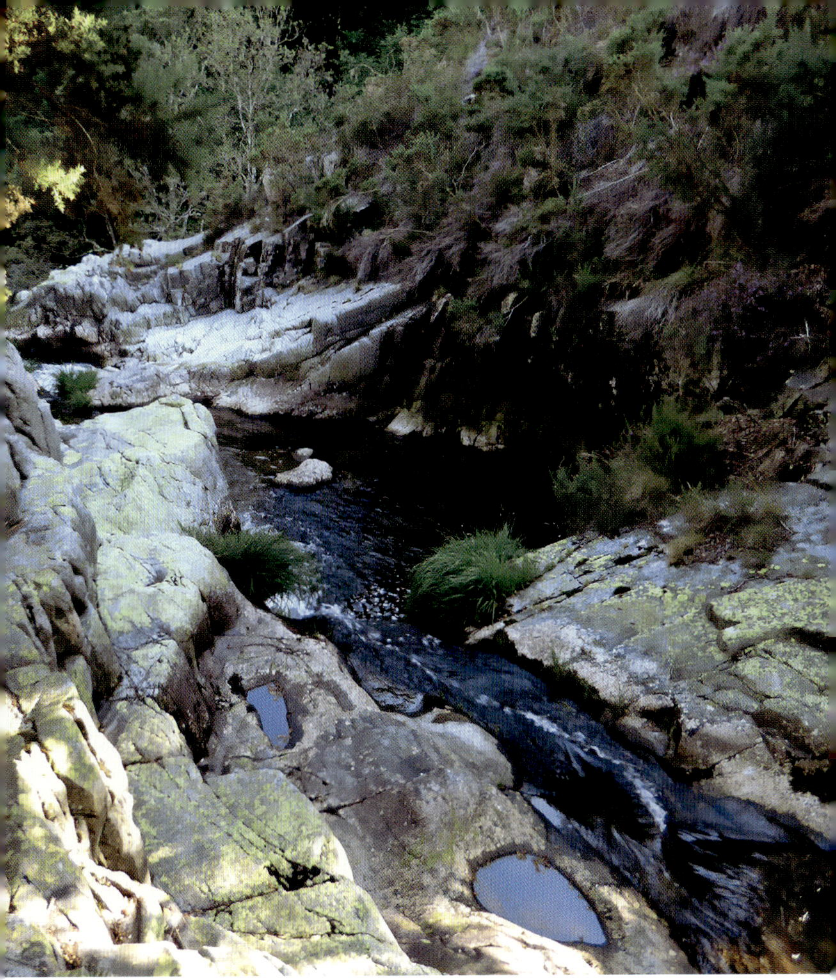

Der Bereich oberhalb des Wasserfalls lädt zum Picknick und Bad ein.

führt der Weg, teilweise über Felsen, weiter bachaufwärts an weiteren Badestellen vorbei. An einer Gabelung gelangen wir nach rechts bergauf wieder auf den durch die Seilsicherung gut erkennbaren Hauptweg, dem wir nach links zum **Parkplatz (1)** folgen.

4 Rundwanderung an der Küste bei Tapia de Casariego

5.45 Std.

Auf Kelten- und Pilgerspuren

Dieser Rundweg führt uns zunächst von Tapia de Casariego aus auf dem europäischen Fernwanderweg E 9 an der Küste entlang über die Teiche von Salave und den Strand von Porcía bis zum Cabo Blanco. Das »weiße Kap« verdankt seinen Namen dem weißen Kalkgestein, das es formt. Vor ca. 2000 Jahren befand sich in seiner Nähe eine keltische Siedlung. Abgerundet wird die Tour durch den Rückweg auf dem Jakobsweg.

Ausgangspunkt: Tapia de Casariego, Pilgerherberge über der Playa de Represas, 20 m. Am östlichen Ortsrand auf der Av. del Muelle in Richtung Küste, dann rechts in die C/ del Trobo und rechts in die C/ San Martín. Parkmöglichkeit bei der Pilgerherberge.
Höhenunterschied: 300 m im Auf- und Abstieg.
Anforderungen: Flache, lange Küstenwanderung auf befestigten Wegen, Feldwegen, Pfaden und kleinen Straßen. Der GR-E9 ist meistens markiert (rot-weiß, Kilometersteine) und verläuft an der Küste ein kurzes Stück auf einem grasigen Pfad. Der Teil des Jakobswegs ist hervorragend markiert (gelbe Pfeile, Jakobsmuscheln). Im Sommer ausreichend Flüssigkeit mitführen.
Einkehr/Unterkunft: In Tapia de Casariego zahlreiche Möglichkeiten. In Porcía Mesón El Forniello (Tagesmenüs, Tel. +34 985 478 368); 1. Juli–30. Sept. Strandbar.
Variante: Mit Kindern empfehlen wir, nur bis zum Strand von Porcía und von dort auf dem Jakobsweg zurückzugehen; auf diese Weise verkürzt sich die Tour um knapp 7 km/1.45 Std.
Karte: IGN-CNIG 10-IV Tapia de Casariego (1:25.000).

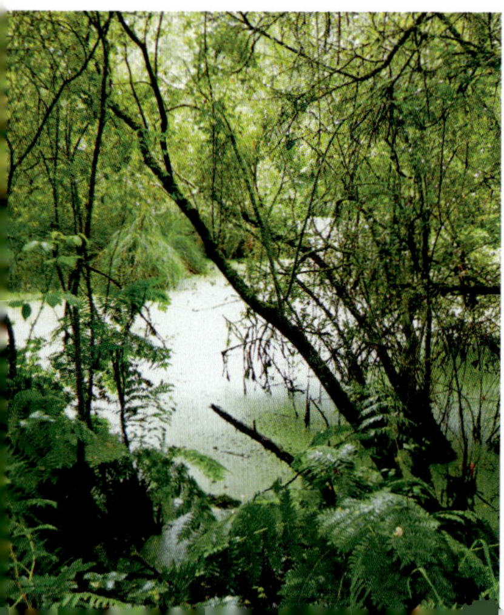

Von der Pilgerherberge in **Tapia de Casariego (1)** gehen wir auf der Straße in Richtung Osten aus dem Ort. Nach ca. 600 m folgen wir dem Schild »Viavélez GR-E9« nach links. Ein Stück weiter wird die Straße zum Fahrweg. Wir ignorieren einen Abzweig nach rechts. Anschließend beschreibt der Weg eine Rechtskurve; wir lassen einen weiteren Abzweig links liegen und gehen parallel zur Küste geradeaus in Richtung Wald. Nach ca. 300 m biegen wir an der Kreuzung rechts in die kleine Straße ein. An der nächsten Kreu-

Die magischen Teiche von Salave.

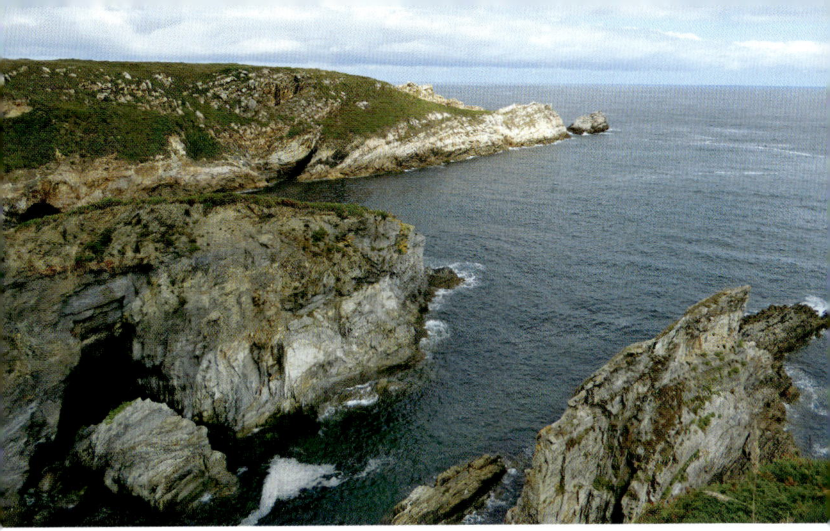

Die schroffe Küste um das Cabo Blanco.

zung gehen wir links, halten uns an der folgenden Gabelung erneut links und wandern in den Wald hinein. Wir gelangen zu einer Gabelung, an der wir dem Schild »Viavélez« nach rechts folgen. Am Ende des Walds kommen wir nach links hinunter (Schild »Lagunas de Salave«) zu den magisch anmutenden Teichen der **Lagunas de Salave (2)**.
Vom Infoschild geht es hinauf zu einer asphaltierten Straße, der wir nach links folgen. Nach der Bushaltestelle wendet sich die Straße nach links von der N-634 weg. An der nächsten Gabelung halten wir uns links und folgen der asphaltierten Straße durch einen kleinen Weiler. Ca. 150 m nach den letzten Häusern macht die Straße eine Rechtskurve, wir gehen jedoch nach links auf dem Fahrweg weiter. Wir passieren einen Abzweig nach links und biegen an der folgenden Kreuzung links ab. Der Weg endet an der Steilküste. Nun folgen wir nach rechts einem grasigen Pfad. Gleich darauf erreichen wir einen Rastplatz und schlagen dort nach rechts wieder einen Fahrweg ein. Wir passieren einen Abzweig nach links, einen weiteren nach rechts und einen dritten nach links und gehen dann an der T-Kreuzung nach links.
Bei der Gabelung vor der kleinen Siedlung halten wir uns links (Schild des GR-E9), dann zweigen wir links ab, gehen bei der Gabelung am Spielplatz links und folgen dann immer geradeaus einem Fahrweg. Wir folgen dem in Küstennähe verlaufenden breiten Weg (Abzweig rechts ignorieren) und gelangen wieder auf eine Straße. Bei der T-Kreuzung gehen wir nach links unten und an der nächsten Kreuzung biegen wir mit dem Hauptweg rechts ab

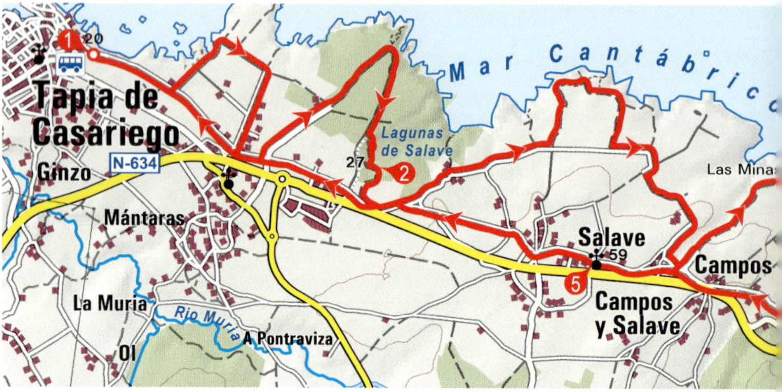

und wandern neben dem Fluss bis zur Straße, der wir rechts über die Brücke in **Porcía (3)** folgen. Wir bleiben auf der Straße (Abzweig rechts zur Kapelle ignorieren), durchlaufen eine kleine Links- und eine große Rechtskurve und nehmen dann den ersten Abzweig nach links unten (Schild »excepto residentes«, Zufahrt nur für Anlieger). Wir erreichen einen ersten Rastplatz, bei dem wir uns rechts halten (links geht es zum Strand), treffen 5 Min. später auf einen weiteren Rastplatz sowie eine Strandbar (rechts, nur im Sommer) und einen Parkplatz (geradeaus). Wir folgen dem Küstenweg nach links (rechts

Der Hafen von Tapia de Casariego.

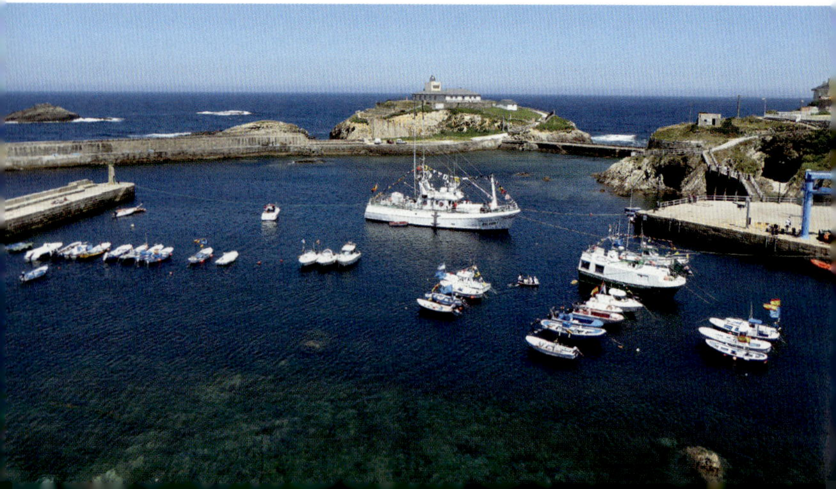

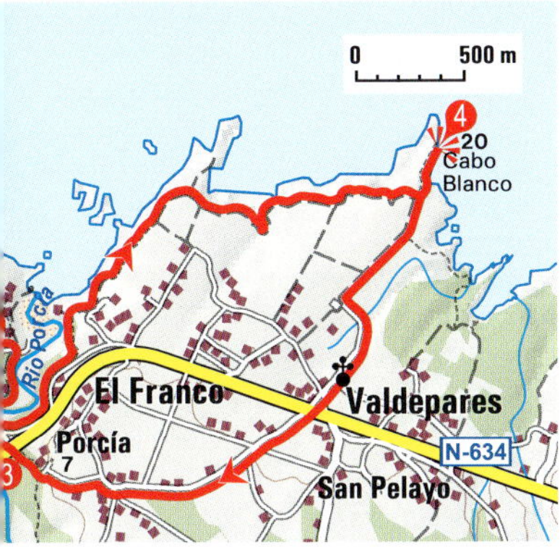

oben befindet sich in 100 m die Einkehrmöglichkeit) und bleiben nun immer auf dem Küstenweg (an der Kreuzung geht es links an den Strand) und passieren zwei weitere Rastplätze. An der Gabelung mit dem Schild »Atalaya« (nach links, schöner Aussichtspunkt) gehen wir rechts und an der nächsten Gabelung links weiter an der Küste entlang. Wir kommen an einem weiteren Rastplatz mit Trinkbrunnen vorbei und sehen geradeaus bald das Kap. Durch den Eingang am Holzzaun und die Schutzgräben der einstigen Keltensiedlung gelangen wir zur Spitze des **Cabo Blanco (4)**. Dort können wir die Aussicht auf den Atlantik genießen und uns vorstellen, wie die Kelten damals an den gegenüberliegenden Klippen Seeigel und Muscheln gesammelt haben.

Nach der lohnenden Besichtigung des Kaps kehren wir zum Weg zurück und wandern an der Infotafel vorbei landeinwärts. Nach dem Friedhof folgen wir der nun asphaltierten Straße durch eine Rechtskurve und gelangen an eine Gabelung bei einer Brücke. Hier halten wir uns mit dem Schild »Valdepares« rechts. Wir gehen an der Kirche vorbei und wechseln hier vom Fernwanderweg GR-E9 auf den Jakobsweg. Wir lassen den Spielplatz und den Brunnen links liegen, überqueren die N-634 und gelangen in den Ort El Franco. Am Spielplatz halten wir uns rechts und nehmen dann den ersten Abzweig links. An der folgenden T-Kreuzung biegen wir links ab und beim ersten Abzweig im Wald rechts. Wir überqueren die N-634 und kommen gleich darauf links abbiegend wieder nach **Porcía (3)**. Wir gehen links und nach der Brücke auf der Straße bergauf. Wir ignorieren den ersten Abzweig rechts (unser Hinweg) und nehmen den zweiten Abzweig nach rechts. An der Gabelung am Ende der Steigung (Spielplatz) gehen wir rechts und gleich darauf an der nächsten Gabelung links. Wir passieren die Kirche von **Salave (5)** und verlassen den Ort geradeaus. Nach dem nächsten Spielplatz (Brunnen) nehmen wir den zweiten Abzweig schräg rechts und folgen nun dem asphaltierten Sträßchen geradeaus zurück nach **Tapia de Casariego (1)**.

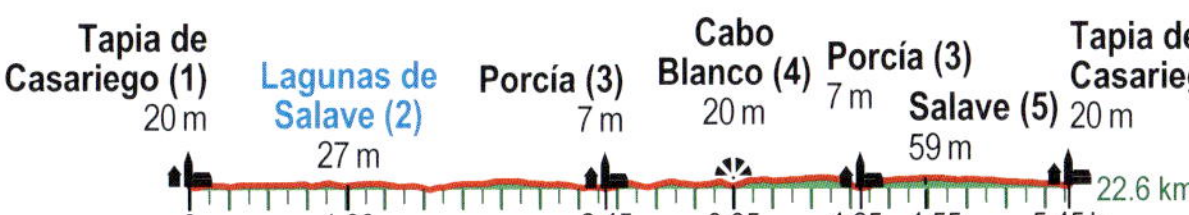

5 Ruta de los Castros

5.30 Std.

Kelten, Honig und ein Gipfel

Dieser Rundweg ist nach den Ruinen der Keltensiedlung (sp. »castro«) Castro de Pendía benannt, die das kulturelle Highlight der Tour bildet. Ebenfalls aus der Keltenkultur stammen die Hügelgräber (sp. »túmulos«), die wir direkt nach dem landschaftlichen Höhepunkt, dem Gipfel des Penácaros (733 m) antreffen. Auch gastronomisch kommen wir auf unsere Kosten: Die Gemeinde Boal ist in ganz Asturien für ihren Honig (sp. »miel«) bekannt. Passend dazu ist das kleine Informationszentrum »Casa de la Apicultura« (Haus der Imkerei) bei Los Mazos unser Ausgangspunkt.

Ausgangspunkt: Los Mazos, 350 m, Casa de la Apicultura. Von Navia auf der AS-12 in Richtung Boal (bei km 4 nach rechts Sicht auf das Castro de Coaña) bis Los Mazos. Die Casa de la Apicultura mit der Touristeninformation (Wanderschild) befindet sich auf der rechten Seite, ein Parkplatz direkt ggü. (22 km/30 Min.).
Höhenunterschied: 740 m im Auf- und Abstieg.
Anforderungen: Mittelschwere Rundwanderung durch Wälder und über Hochwiesen. Abgesehen vom Abschnitt über den Gipfel Penácaros ist die Tour durchgängig als PR-AS-129 gelb-weiß markiert. Steile An- und Abstiege, vor allem im nicht markierten Teil.
Einkehr/Unterkunft: In Los Mazos und am Weg keine Einkehr; in Los Mazos Apartamentos Rurales Los Mazos (Tel. +34 985 620 686, apartamentoslosmazos.com). Einkehr- und Übernachtungsmöglichkeiten in Boal (4 km) und Navia.
Karte: IGN-CNIG 26-I Boal (1:25.000).

Gegenüber der Casa de la Apicultura bei **Los Mazos (1)** gehen wir links vorbei an den Apartamentos Rurales Los Mazos die Schotterpiste hinunter und an der T-Kreuzung rechts. Kurz danach gehen wir nach links bergab und überqueren den Arroyo de Pendial auf einer kleinen Brücke. Wir folgen dem Fahrweg bergauf durch die Linkskurve und verlassen ihn in der scharfen Rechtskehre geradeaus. Im Wald wird der Weg zum Pfad. Er verläuft zunächst flach, steigt dann an und wieder ab, um den Bach auf zwei Holzbohlen erneut zu überqueren. Anschließend wandern wir ein Stückchen geradeaus und leicht bergab durch einen Wald, bis der Pfad ansteigt und wir anschließend rechts in einen geteerten Fahrweg einbiegen. Dieser führt uns ein kurzes Stück bergauf und wird zu einem Pfad. Auf diesem gelangen wir zu einer Gabelung bei einer Hütte, an der wir rechts gehen. Nach ca. 30 Min. gelangen wir wieder an ein Landsträßchen, dem wir nach

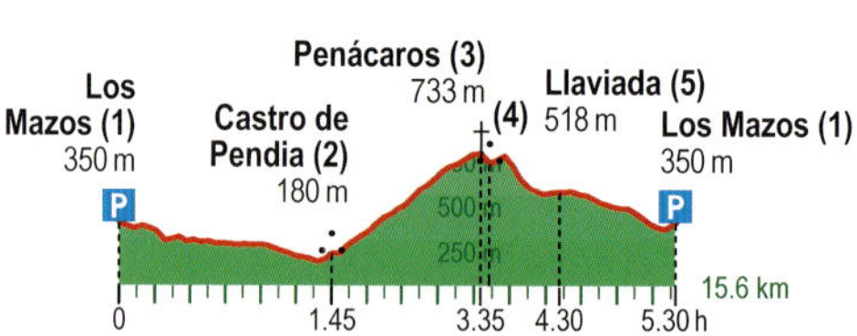

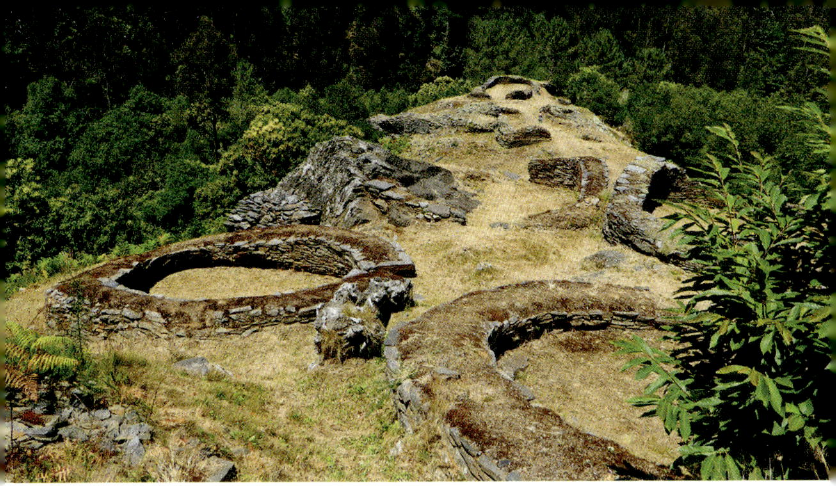

Blick auf das Castro de Pendía.

rechts unten folgen. An der Kreuzung gehen wir geradeaus und treffen sogleich auf die ersten Häuser des kleinen Orts Pendía. Wir folgen der Straße durch die Rechtskurve und überqueren nach 800 m erneut den Arroyo de Pendial und einen Bewässerungskanal. Direkt dahinter nehmen wir den ersten Abzweig nach rechts und gehen bergauf, bis wir rechts den Abzweig zum **Castro de Pendía (2)** einschlagen (Infoschild).
Nach Besichtigung der Keltensiedlung kehren wir zurück auf den Hauptweg und wandern nach rechts oben weiter. An der ersten T-Kreuzung gehen wir rechts und an der nächsten Gabelung geradeaus bergauf, bis wir auf einen betonierten Fahrweg gelangen. Auf diesem wandern wir nach rechts hinauf zur Landstraße BO-1. Wir folgen ihr bis zum ersten Abzweig nach links, halten uns an der nächsten Gabelung rechts und biegen nach 200 m rechts in

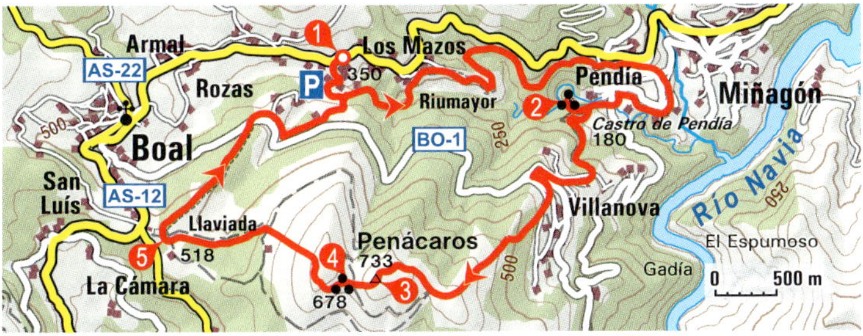

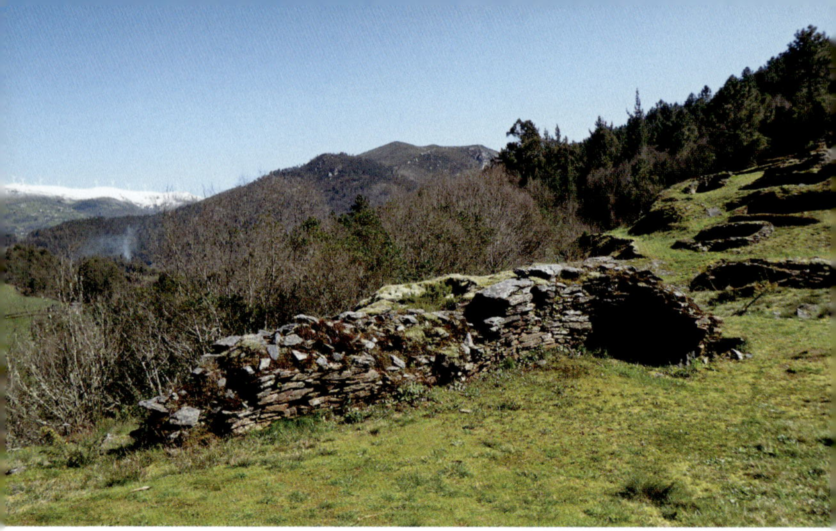

Die Kelten, die hier lebten, hatten einen schönen Ausblick.

einen Weg ein. Nun wandern wir immer auf dem Hauptweg bleibend durch den Wald. Am Waldende wird der Weg zum schmalen Pfad und mündet schließlich in eine Wiese. Zwischen weit verstreuten Ginsterbüschen steigen wir bergauf in Richtung Sattel und gehen dort rechts. An der Kreuzung mehrerer Pfade gehen wir geradeaus in Richtung der einzeln in der Landschaft liegenden Felsen weiter. Direkt davor, bei der Fichtengruppe, gehen wir links (in Richtung Südwesten) bergauf zum Gipfel des **Penácaros (3)**, 733 m. Vom Gipfel steigen wir in Richtung Westen bergab, überqueren geradeaus einen Fahrweg und sehen rechts das Infoschild der **Túmulos (4)**, der keltischen Hügelgräber.
Unser Weg steigt nun durch lose gestreute Felsfindlinge am Hang der Pena da Escuita wieder bergan. Oben gehen wir vor der größten Felsansammlung links hinunter und dann mit direktem Blick auf den Ort Boal immer geradeaus bergab. Unten durchqueren wir nach links das Gatter eines Weidezauns und erreichen gleich darauf eine Schotterpiste, der wir nach rechts unten folgen. An der Kreuzung beim Fußballplatz von **Llaviada (5)** schlagen wir den Weg rechts ein, der uns hinunter zur Landstraße BO-1 bringt. Dieser folgen wir ca. 800 m nach rechts bis zum Ortsendeschild von Serredo, wo wir nach links unten in den Wald abzweigen. Wir gehen bergab, schlagen nach der Linkskurve rechts den kleinen Pfad ein und gelangen so wieder auf den vom Hinweg bekannten Weg und zurück nach **Los Mazos (1)**.

1.15 Std.

Cascadas de Oneta 6

Drei Wasserfälle auf einen Streich

Diese Tour lädt uns zu einem Tagesausflug zu den drei Wasserfällen des Río Oneta ein: Sowohl Firbia, Maseirúa als auch La Ulloa erwarten uns mit wunderbaren Badestellen und Picknickplätzen. Nicht weniger beeindruckend ist die unterwegs zu besichtigende Wassermühle.

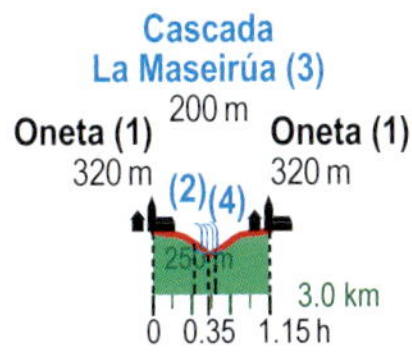

Ausgangspunkt: Oneta, 320 m, Wandertafel »Cascadas de Oneta«. Von Navia auf der AS-25 in Richtung Villayón, bei km 10 dem Schild links auf der AS-36 nach Oneta (22 km/30 Min.).
Höhenunterschied: 120 m im Auf- und Abstieg.

Anforderungen: Durchgehend markierte Wege und Pfade. Ein paar kurze An- und Abstiege auf steinigen Waldpfaden verlangen Trittsicherheit.
Einkehr/Unterkunft: In Oneta Alb. de Oneta (Rest., Herberge, Tel. +34 659 274 404).
Karte: IGN-CNIG 26-II Naraval (1:25.000).

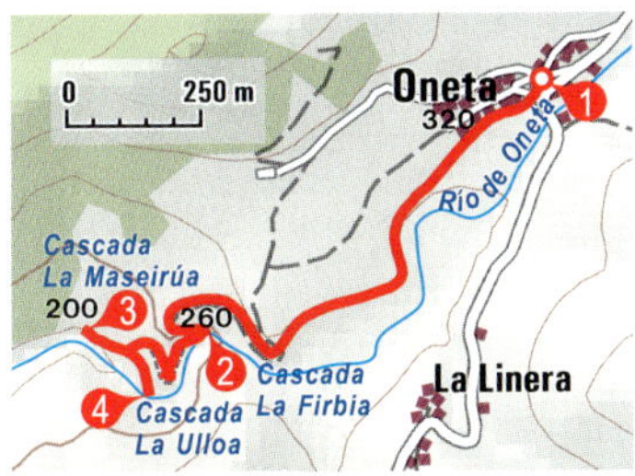

In **Oneta (1)** weist uns das Schild »Cascadas de Oneta« auf einen Feldweg. Wir gehen an der ersten Gabelung links, an der zweiten rechts, an der dritten links und wandern in 20 Min. erst über Felder, dann durch Wald zur **Cascada La Firbia (2)**. Dann kommen wir stromabwärts an den Wassermühlen Molín de Abaxo und Molín de Oneta (Infoschild) vorbei. Danach verläuft der Weg an einer Mauer und an deren Ende links bergab, unterwegs passieren wir ein Haus. Unten folgen wir dem Uferpfad erst nach rechts und gelangen in 5 Min. an die kleine **Cascada La Maseirúa (3)**. Dann gehen wir auf dem Pfad zurück, passieren geradeaus den Abzweig des Hinwegs und gelangen in 5 Min. zur **Cascada La Ulloa (4)**. Nun auf dem Hinweg zurück nach **Oneta (1)**.

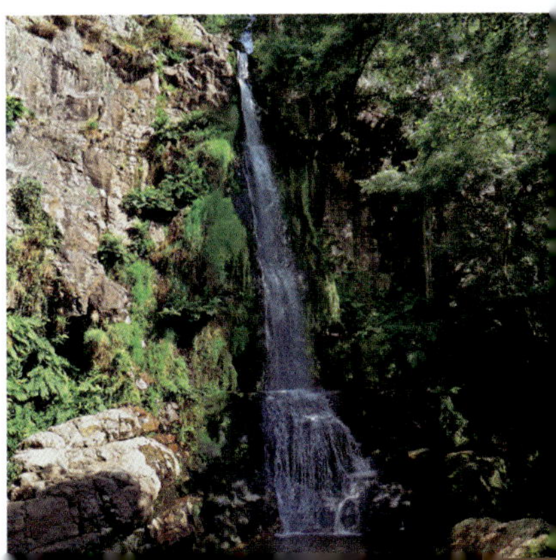

Cascada La Firbia.

7 Foces del Esva

5.15 Std.

Wie die Vaqueiros de Alzada durch die Esva-Schlucht

Das Highlight dieser Tour ist der Weg durch die Schlucht des Río Esva. Jahrhundertelang nutzten die Vaqueiros de Alzada diese Route, um ihr Vieh aus der Gemeinde Valdés auf die höher gelegenen Sommeralmen in den Gemeinden Tineo, Cangas del Narcea und Somiedo zu treiben. Wir können auf ihren Spuren zunächst den spektakulären Blick von oben in die Schlucht hinein genießen und uns schließlich an einem frischen Bad im Río Esva erfreuen.

Ausgangspunkt: San Pedro de Paredes, 110 m. Von Cadavedo auf der VA-3 bzw. AS-268 in Richtung Cortina, dort links auf der N-634 bis Brieves, dort rechts auf der AS-221 bis Meras und nach links auf der AS-351 bis San Pedro de Paredes. Parkmöglichkeiten hinter der Kirche (20 km/30 Min.).
Höhenunterschied: 700 m im Auf- und Abstieg.
Anforderungen: Mittelschwerer Rundweg auf Pfaden, Wegen, Holzstegen bzw. Treppen und Asphalt mit einigen anspruchsvollen Anstiegen. Die Tour verbindet die beiden kürzeren, gelb-weiß markierten Wanderwege PR-AS 1 und PR-AS 2. An einigen Stellen ist die Markierung daher etwas verwirrend.
Einkehr: In San Pedro de Paredes Bar Casa el Obispo (Restaurant, Tel. +34 667 079 988, bar-casa-el-obispo.negocio.site). In Longrey Bar el Suco (Tagesmenüs, Tel. +34 671 919 644).
Variante: Als kinderfreundliche Variante kann man vom Parkplatz vor Ese de Calleras (westlich von Calleras) aus auch nur durch die Schlucht hin- und zurückgehen. Gehzeit knapp 1.45 Std. Anfahrt: östlich von Tineo auf der AS-359 bis Fastias, ab dort auf der TI-8 durch Calleras bis zum Parkplatz rechts der Straße (Schilder »Ruta del Esva«; 22 km/30 Min.).
Karte: IGN-CNIG 27-I Muñás (1:25.000).

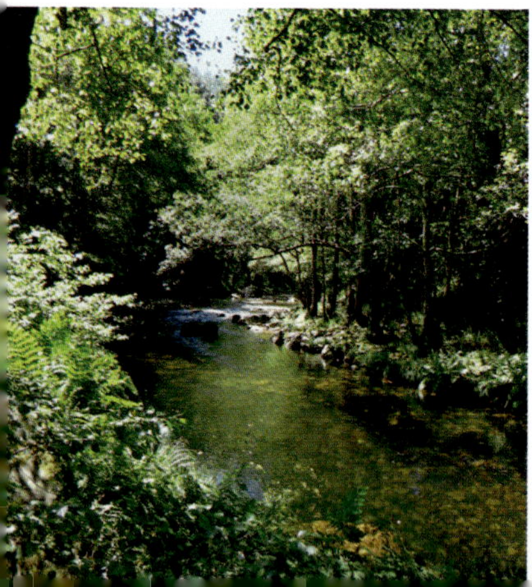

Mit der Kirche von **San Pedro de Paredes (1)** im Rücken gehen wir nach links, dann nach rechts und über eine Brücke. Wir passieren den Friedhof, überqueren den Río Esva auf einer Steinbrücke, gehen rechts und folgen dann immer dem gelb-weiß markierten PR-AS 1. Wir wandern rund 1 Std. steil bergauf, halten uns an der Kreuzung rechts und gelangen nach 20 Min. oben an die beschilderte Kreuzung von **Adrao (2)**. Links geht es zur Alm Braña

Ein schattiges Plätzchen am Río Esva.

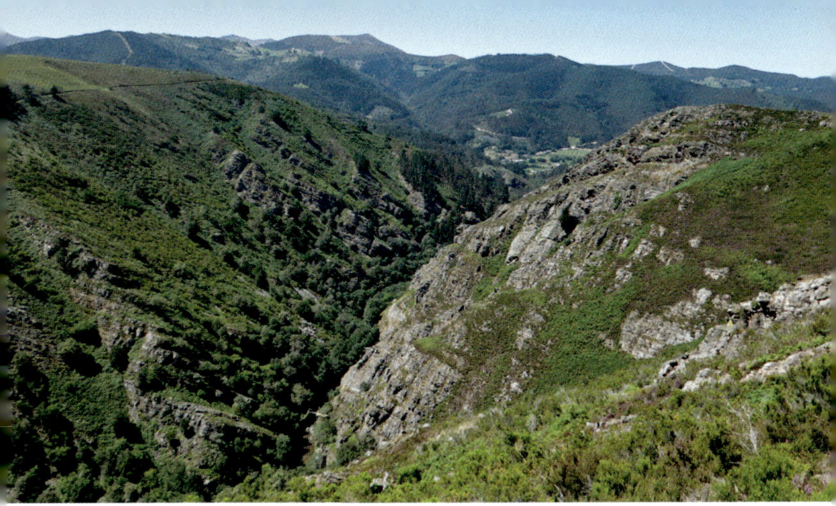

Blick in die Schlucht hinein.

Adrao, wir aber folgen den Schildern rechts in Richtung »Calleras« und »Foces (hoces) del Esva«. Wir wandern immer auf dem markierten Hauptweg bleibend bergab und gelangen nach 30 Min. an die Kreuzung mit dem **PR-AS 2 (3)**. Wir biegen nach links in den Pfad in Richtung »Calleras« ein. Er verläuft zunächst am Hang und später durch den Wald bergab, wo er allmählich zum Waldweg wird. An der ersten Kreuzung gehen wir geradeaus, gleich darauf windet sich der Weg nach links den Berg hinunter. An der nächsten Kreuzung halten wir uns ebenfalls geradeaus und folgen dann immer dem Fahrweg (der kleine Abzweig des PR-AS 2 links nach Calleras kann stark verwachsen sein, weshalb wir empfehlen, auf der Schotterpiste zu bleiben). Schließlich treffen wir auf eine asphaltierte Straße, auf der wir nach rechts hinunter zur Hauptstraße und dem Brunnen von **Calleras (4)** gelangen.
Dort gehen wir rechts und ca. 750 m an der Straße entlang, bis wir auf einen Parkplatz (Ausgangspunkt für die kinderfreundliche Variante) treffen **(5)**. Nun folgen wir nach rechts den Schildern in die Foces del Esva. Wir bleiben immer auf dem Hauptweg (an beiden Gabelungen rechts) und gehen dann

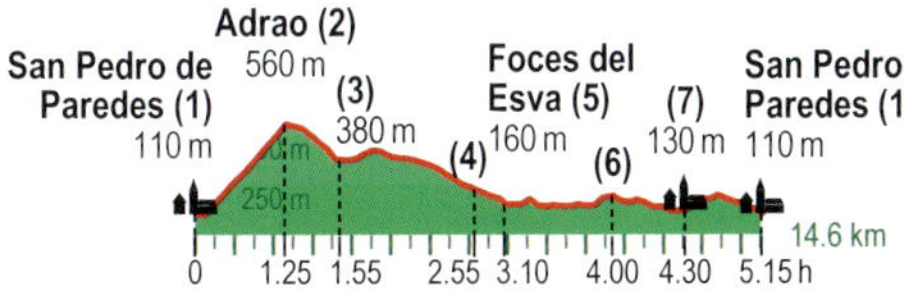

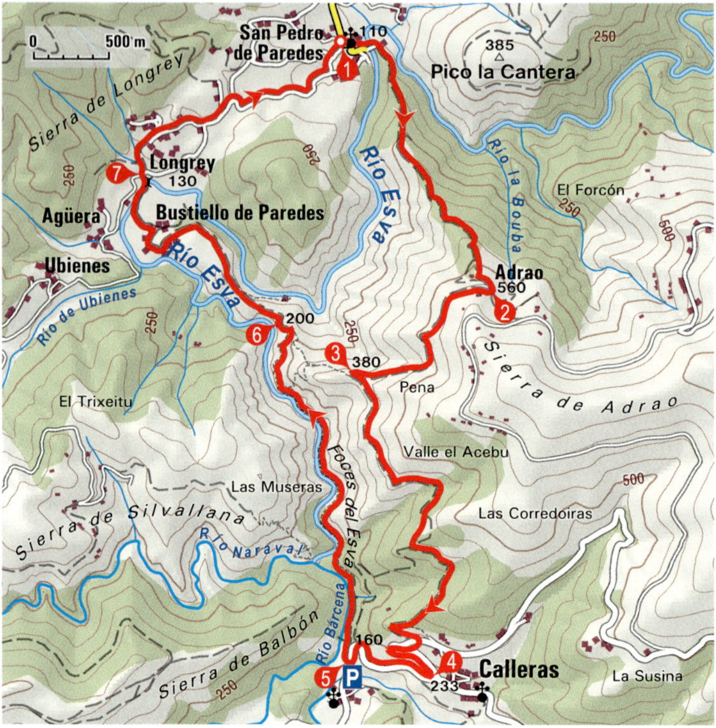

rechts neben dem Flüsschen durch die Schlucht, vorbei an mehreren Badestellen und einer alten Schleuse. Schließlich geht es bergauf zu einem Wegkreuz am Ende der Foces del Esva **(6)**. Ab hier folgen wir dem PR-AS 1 in Richtung »Agüera«. An einem leerstehenden Gebäude gehen wir rechts vorbei, an der Gabelung im Eukalyptuswald geradeaus. Der Weg verlässt den Wald, wird zu einer Schotterpiste und schließlich zu einer kleinen Straße, die uns durch den kleinen Ort Bustiello (am ersten Haus rechts hinunter, erste Gabelung rechts, zweite links) zum Fluss führt. Wir überqueren ihn und gelangen nach links nach **Longrey (7)**. Wir gehen rechts und gleich wieder links und bleiben auf der asphaltierten Straße, bis wir auf eine etwas größere Landstraße treffen, der wir geradeaus folgen. Dann nehmen wir den ersten Abzweig nach rechts (Schild »San Pedro«), gehen an der Gabelung links bergab und dann immer geradeaus zurück nach **San Pedro de Paredes (1)**.

5.45 Std.

El Mulleiroso, 1254 m

8

Abenteuerlicher Aufstieg auf einen Aussichtsberg

Dieser Rundweg ist weder ausgeschildert, noch wird er gepflegt, doch spätestens der Blick vom Gipfel des Mulleiroso aufs Meer ist die Strapazen wert. Mit 1254 m ist er der höchste Berg der Gemeinde Tineo, die vor allem für die Viehzucht bekannt ist. Nicht weniger beeindruckend sind die Zeitreise in die Vergangenheit beim Besuch der beiden verlassenen Siedlungen Curriellos und Besapié und der Weg, der sie verbindet. Zu guter Letzt kann man an mehreren Stellen der Tour noch heute genutzte »Cortines« (Rundmauern zum Schutz von Bienenstöcken) betrachten.

Ausgangspunkt: Recorba, 550 m. Von Tineo auf der AS-217 bis Piedrafita, dort auf der AS-350 nach Bárcena de Monasterio, dann auf der AS-219 links in Richtung Pola de Allande, dann geradeaus an der Brücke über den Río Barcena vorbei (km 41) in Richtung Riocastiello bis Recorba. Parkplatz im Ort unterhalb der Ermita de San Lorenzo (24 km/30 Min.).
Höhenunterschied: 880 m im Auf- und Abstieg.

Anforderungen: Ausgedehnte Tour mit langen An- und Abstiegen, u. a. auch über Geröllfelder. Die größte Schwierigkeit liegt jedoch in der Orientierung, da der Weg weder ausgeschildert ist noch instand gehalten wird; teilweise sehr verwachsene, kaum erkennbare Pfade.
Einkehr/Unterkunft: Nur in Navelgas (18 km/30 Min.) und Tineo (22 km/30 Min.).
Karte: IGN-CNIG 26-IV Navelgas (1:25.000).

Der einsame Weg zwischen Recorba und Curriellos.

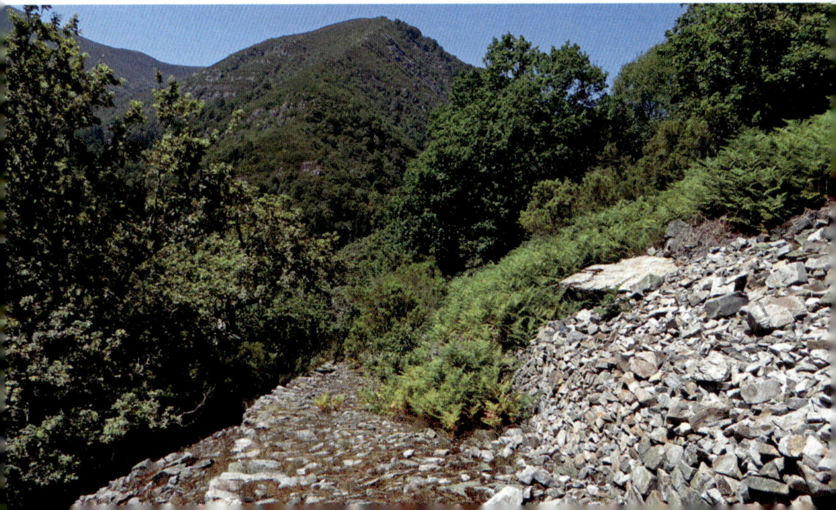

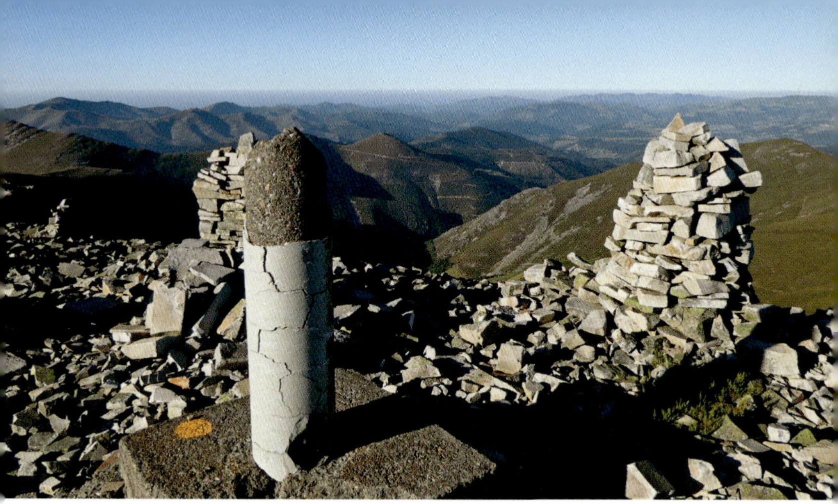

Mehrere Steinmännchen zieren den Gipfel des Mulleiroso.

Vom Parkplatz in **Recorba (1)** gehen wir auf der in der Kurve abzweigenden Straße bergauf. Wir folgen ihr durch die scharfe Links- und die leichte Rechtskurve und verlassen sie nach insgesamt ca. 15 Min. in der nächsten scharfen Linkskurve geradeaus auf einem Waldweg. Auf diesem überqueren wir einen Bach und gehen dann am Hang weiter. An der ersten Gabelung halten wir uns links und an der zweiten rechts. Der Weg zieht sich immer rechts des Bachs am Hang entlang (Aussicht nach links auf einen »Cortín«). An der nächsten Gabelung geht es rechts bergauf auf einen etwas kleineren Pfad (der Weg links hat einen Viehzaun). Unser Pfad ist an dieser Stelle teilweise schwer zu erkennen, steinig und zugewachsen. Wir überqueren erneut einen Bach, gehen rechts und treffen weiter oben auf einen etwas größeren Pfad, dem wir nach links aus dem Wald hinaus folgen. Weiter auf dem teilweise steinigen und zugewachsenen Pfad erreichen wir **Curriellos (2)**, die erste verlassene Siedlung.
Nach dem Besuch der Siedlung kehren wir zur Brücke zurück und gehen dort nach links am Bach entlang weiter. Nach 20 Min. halten wir uns an der Gabelung links, lassen den nächsten Abzweig links liegen, überqueren einen Bachzulauf und erreichen nach einer Kurve einige Häuser. An der Gabelung gehen wir rechts an der Mauer entlang bergauf, über die Wiese und gelangen so in die zweite verlassene Siedlung, **Besapié (3)**. Direkt vor der einzeln stehenden Eibe in der Mitte des Orts schlagen wir den Weg links ein. Bei der T-Kreuzung gleich danach gehen wir rechts zwischen den halbhohen Mauern bergauf und an der nächsten Gabelung wieder rechts. An der fol-

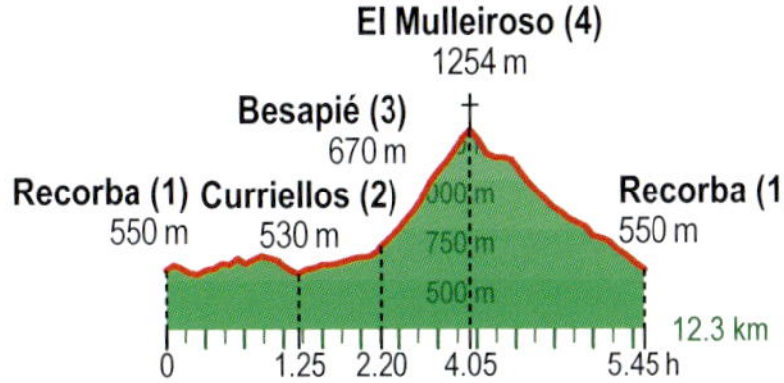

genden Kreuzung gehen wir weiter geradeaus bergauf, dann links und gelangen an die letzten Häuser der Siedlung. Neben diesen steigen wir kurz im Zickzack in Richtung Westen bergan. Nach ca. 5 Min. bringt uns eine Schotterpiste an eine Baumgruppe. Direkt an deren Anfang treffen wir auf ein Gatter und einen breiteren Weg. Wir gehen durch das Gatter, nehmen dann jedoch nicht den breiten Weg, sondern folgen rechts dem kleineren Pfad steil bergauf.

Der teilweise sehr zugewachsene und steinige Pfad steigt in Richtung Nordost immer oberhalb des Zauns den Berg hinauf. Wir behalten die Richtung bei und peilen die Rinne an, die sich zum Sattel hochzieht. Der Pfad verliert sich allmählich und wir müssen weglos im steilen Zickzack vorbei an Dornen und Disteln zum Sattel aufsteigen. Dort angelangt orientieren wir uns nach rechts (in Richtung Osten, dann Nordosten) auf den bereits sichtbaren, aber immer noch ein gutes Stück entfernten Gipfel zu. Es empfiehlt sich, den **El Mulleiroso (4)**, 1254 m, rechts des Zauns (Vorsicht: Strom) zu besteigen. Der Abstieg vom Gipfel erfolgt in Richtung Südosten auf einem gut sichtbaren Pfad. Dieser führt uns rechts am nächsten, kleineren Gipfel vorbei und über die Wiese weiter bergab. Dann steuern wir auf einen Weg zu, der an einer ummauerten Weide beginnt. Diesem folgen wir nun immer am Nordhang des Tals bergab, lassen alle Abzweige rechts liegen, durchqueren noch einen letzten Viehzaun und treffen dann auf eine Straße, die uns zurück zu unserem Ausgangspunkt in **Recorba (1)** bringt.

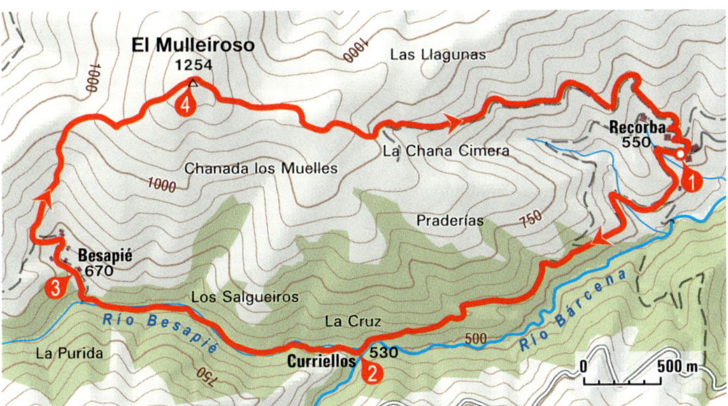

9 Auf dem Camino Primitivo von Salas nach Pola de Allande

2 Tage

Viel Grün auf dem ersten aller Jakobswege

Diese Zweitagestour führt uns zu den Ursprüngen des Jakobswegs. Um das Jahr 800 soll der asturische König Alfonso II el Casto (der Keusche; 760–842) als erster Pilger auf diesen Pfaden von Oviedo bis zum angeblichen Grab des heiligen Apostels Jakobus im heutigen Santiago de Compostela gereist sein. Bald folgte die christliche Welt in Scharen seinem Beispiel. Doch mit Verlagerung des politischen Geschehens verlor der Camino Primitivo (der ursprüngliche) Weg zugunsten der weiter südlich über Burgos und León verlaufenden Route an Bedeutung. Inzwischen erwacht der fast vergessene, aber landschaftlich äußerst reizvolle Weg aus seinem Dornröschenschlaf.

Ausgangspunkt: Salas, 240 m, Kirchplatz. Parkmöglichkeiten im Zentrum.
Endpunkt: Pola de Allande, 530 m.
Höhenunterschied: Insgesamt 1490 m im Auf- und 1200 m im Abstieg.
Anforderungen: Hervorragend mit gelben Pfeilen und blauen Kacheln mit gelben Jakobsmuscheln (der Muschelboden weist die Richtung) markierte Streckenwanderung; einige kräftige An- und Abstiege auf teils unbequemen, steinigen und auch nassen Pfaden. Vor allem der zweite Tag erfordert mit knapp 27 km Ausdauer.
Einkehr: In Salas, La Espina, El Pedregal (einfache Bar), Tineo, Campiello, Borres (einfache Bar), La Mortera (einfache Bar), Porciles de Tineo und Pola de Allande.
Übernachtung: In Salas. In Tineo Hotel Palacio de Meras (palaciodemeras.com, Tel. +34 985 900 111), Pensión Bar Tineo (Tel. +34 985 800 710). In Pola de Allande Hotel-Restaurante La Nueva Allandesa (regionaltypische Tagesmenüs, Tel. +34 985 807 027).
Hinweis: Für die Übernachtung in den Pilgerherbergen ist in der Regel der Pilgerausweis notwendig (»Credencial del Peregrino«; in Tourismusinformationen, größeren Kirchen und manchen Herbergen erhältlich). Generell, aber ganz besonders von Frühjahr bis Herbst, sollten diese Unterkünfte Pilgern, die eine längere Strecke auf dem Jakobsweg wandern, vorbehalten bleiben.
Karte: IGN-CNIG 27-IV Salas, 27-III Tineo, 51-I Soto de la Barca, 26-Navelgas und 50-II Pola de Allande (alle 1:25.000).

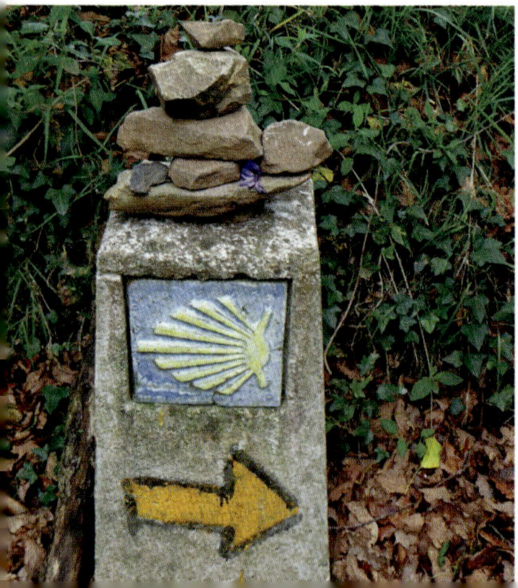

Tag 1: Salas – Tineo, 5.45 Std., 19,9 km, 730 m im Auf- und 320 m im Abstieg

Von der Kirche in **Salas (1)** gehen wir durch den Bogen bei der alten

Die Jakobsmuschel weist uns den Weg.

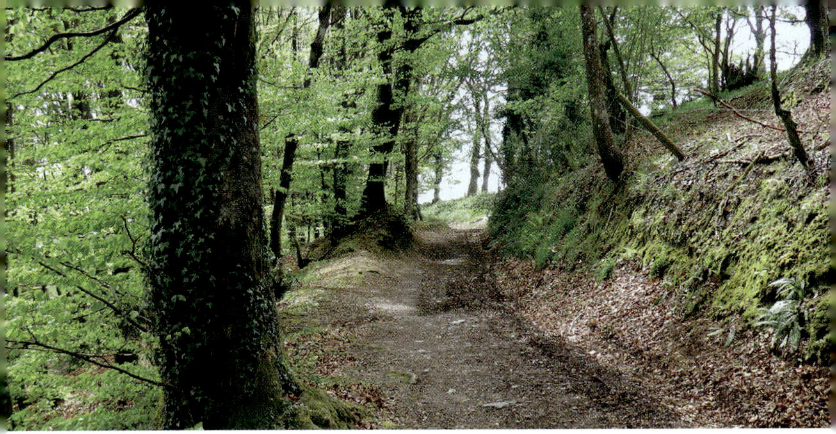

Waldweg vor Tineo.

Burg, dann an einem Brunnen und einem Infoschild über die Etappe des Jakobwegs vorbei. Nach 5 Min. verlassen wir Salas auf einem Fahrweg, der uns in den Wald führt. Dort treffen wir auf einen Brunnen und nach gut 1.15 Std. teils steilen Aufstiegs auf die verkehrsarme N-634. Diese überque-

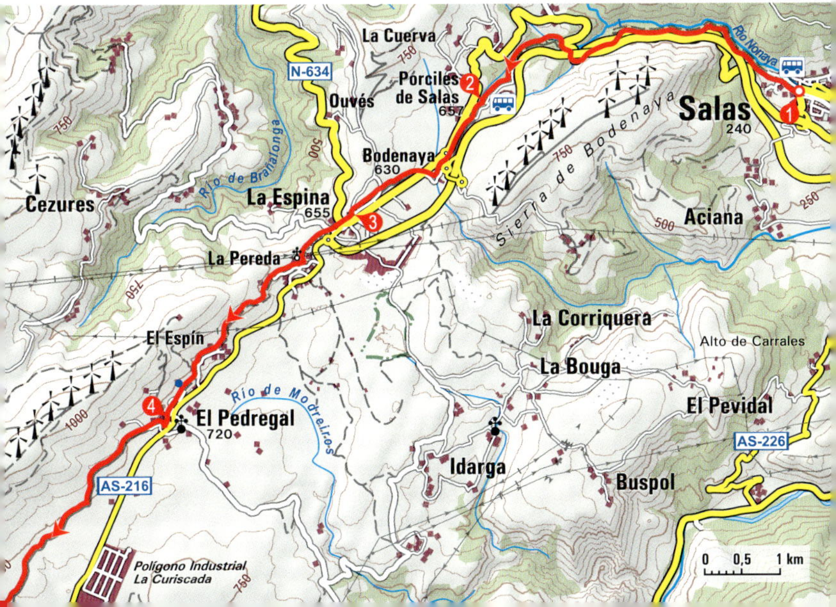

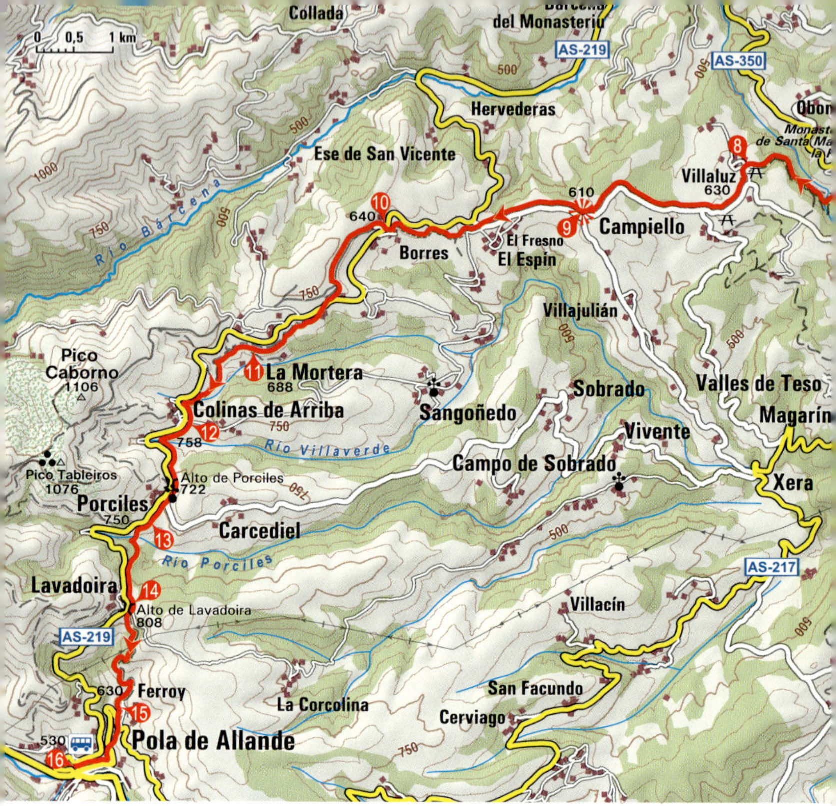

ren wir und folgen ihr nach rechts. Nach ca. 1 km verlassen wir sie nach links bergauf auf einem Fahrweg. Danach folgt nochmals ein kurzes Stück Straße, dann bringt uns erneut ein Fahrweg in die Streusiedlung **Porciles de Salas (2)**. Wir durchqueren den gelben Pfeilen folgend den kleinen Ort Bodenaya und erreichen wenig später **La Espina (3)**. An der Kirche gehen wir links, dann nach rechts an der Hauptstraße entlang bis zum Ortsausgang und am Kreisverkehr rechts auf den Pfad. Dieser führt uns in den Ort La Pereda, an dessen Kapelle wir rechts bergauf gehen und sogleich auf den Brunnen El Espín treffen. Immer am aussichtsreichen Hang entlang gelangen wir zu einem weiteren Brunnen kurz vor der AS-216. Wir folgen dieser nach rechts

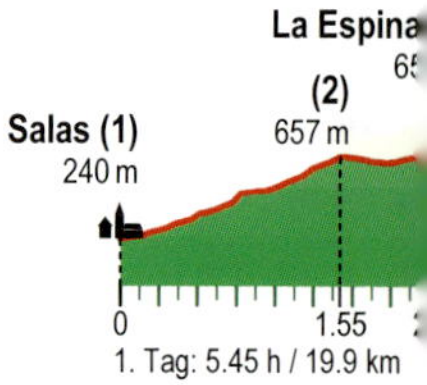

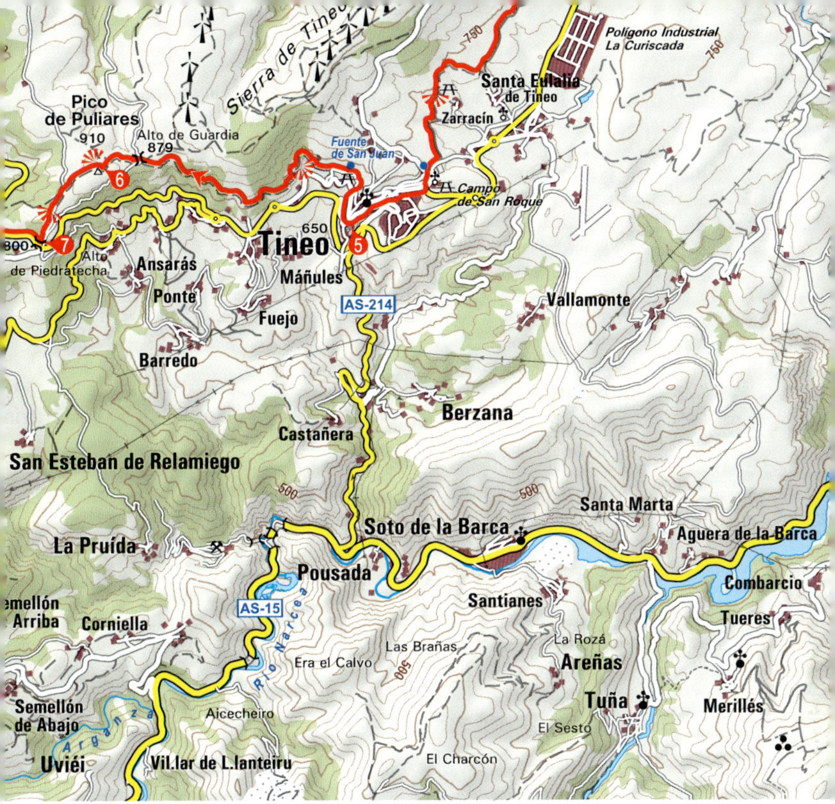

oben durch **El Pedregal (4)** und verlassen sie nach rund 450 m nach rechts. Kurz darauf biegen wir links ab und wandern auf schönen Wegen am Fuß der Sierra de Tineo entlang. Nach knapp 1.45 Std. erreichen wir die Ermita

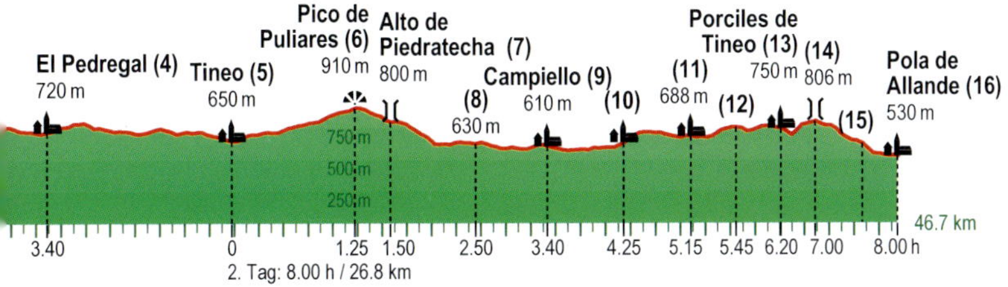

de San Roque und einen Rastplatz oberhalb von Tineo. Wir gehen geradeaus weiter; kurz nach der Kapelle weisen bei einer metallenen Pilgerfigur gelbe Pfeile nach links unten den Weg zur städtischen Pilgerherberge (»Albergue de Peregrinos«). Der Jakobsweg führt geradeaus weiter hinunter nach Tineo. Auf Höhe der Kirche weisen die gelben Pfeile nach rechts, wir aber gehen geradeaus hinunter zum zentralen Platz mit dem Rathaus von **Tineo (5)**.

Tag 2: Tineo – Pola de Allande, 8 Std., 26,8 km, 760 m im Auf- und 890 m im Abstieg

Vom zentralen Platz in **Tineo (5)** aus folgen wir der Hauptstraße (Calle Calvo Sotelo) in Richtung Norden, bis uns die Markierung des Jakobswegs in einen nach rechts oben abzweigenden Weg lenkt. Am Ortsende passieren wir einen Brunnen. Nach 10 Min. treffen wir im Wald auf eine gefasste Quelle. Wir überqueren den Bach Regueiro de Robleu auf einer Brücke und wandern auf dem Waldweg bergauf. Nach ca. 1 Std. erreichen wir am Alto de Guardia ein Sträßchen und folgen nach 100 m dem Feldweg rechts. Leicht ansteigend streifen wir die Kuppe des **Pico de Puliares (6)**, dann geht es in knapp 30 Min. hinunter zum **Alto de Piedratecha (7)**.
Wir überqueren die Straße und folgen dann nach rechts dem Pfad links der Straße. Bald gehen wir bergab durch einen Wald, an der Gabelung halten wir uns links. Nach rund 1 Std. erreichen wir den Rastplatz bei **Villaluz (8)**, überqueren ihn und folgen der Straße bergauf. An der nächsten T-Kreuzung gehen wir rechts bergab und durchqueren die Weiler Vega de Rey, Berrugoso und

Saftige Almwiesen am zweiten Tag in der Nähe von La Mortera.

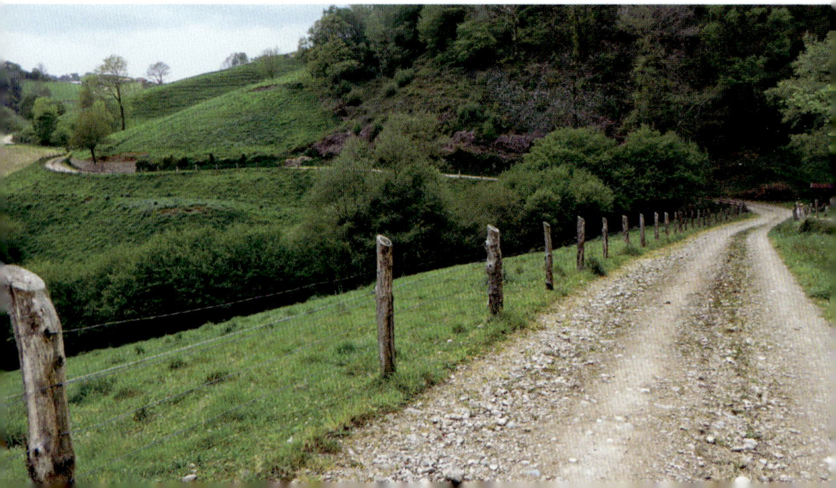

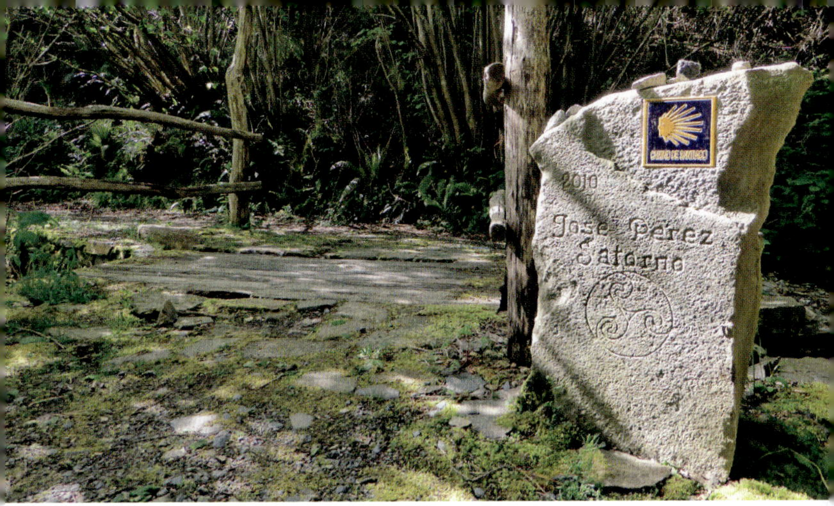

Wegmarkierung mit Jakobsmuschel und der keltischen Dreierspirale (sp. »Trisquel«).

Las Tiendas und gelangen nach gut 45 Min. nach **Campiello (9)**. Weiter an der Hauptstraße entlang durchqueren wir die Weiler El Fresno und El Espín, gehen dort links auf eine etwas kleinere Straße und zweigen bald rechts auf einen Waldweg ab. So erreichen wir nach 45 Min. **Borres (10)**, das wir auf dem Fahrweg bergauf verlassen. Nun wandern wir wieder durch einen Wald, bis wir auf eine beschilderte Wegverzweigung treffen. Rechts zweigt die »Ruta de los Hospitales« ab, eine Variante des Camino Primitivo. Wir gehen geradeaus in Richtung Pola weiter. Kurz darauf verlassen wir den Wald, überqueren bei Samblismo die AS-219 und wandern auf einem Feldweg nach **La Mortera (11)**.
Zunächst folgen wir einem Feldweg, anschließend gehen wir ein Stück an der AS-219 entlang, bis wir nach rechts **Colinas de Arriba (12)** durchqueren. Am Ortsausgang überqueren wir die Straße und gehen links bergab in den Wald hinein, unten über eine Brücke und wieder bergan erneut zur Straße. Auf dem Pfad links daneben gelangen wir nach **Porciles de Tineo (13)**. Am Ortsende steigen wir nach links auf einem steinigen Weg steil bergab und wieder bergauf und treffen erneut auf die AS-219. An ihr wandern wir über den **Alto de Lavadoira (14)**. Kurz vor dem Gemeindeschild von Pola de Allande verlassen wir die Straße auf einem Waldweg nach links und wandern auf diesem hinunter ins Tal. Wir passieren einen Brunnen und kommen durch das Dorf **Ferroy (15)**. Danach gehen wir ein kleines Stück auf der Straße und dann wieder auf einem Pfad neben einem Bach entlang. Auf diesem gelangen wir zur Landstraße und an dieser nach **Pola de Allande (16)**. Das Etappenziel befindet sich im Ortszentrum an der Brücke über den Río Nisón.

10 *Laguna de Noceda*

5.45 Std.

Wasser, Heide und Wälder in Asturiens Weinregion

Dieser Rundweg führt uns durch die beeindruckende Landschaftsvielfalt der flächenmäßig größten Gemeinde Asturiens, Cangas del Narcea. Dank des besonderen Mikroklimas ist es der einzige Ort Asturiens, in dem Wein angebaut wird. Auch dem eher seltenen violett blühenden Ginster begegnen wir hier. Doch auch der Wasserfall, der auf 1260 m gelegene Teich sowie die urigen Kastanienwälder am Ende der Tour machen die Wanderung zu einem ganz besonderen Erlebnis in dieser abgelegenen Region.

Ausgangspunkt: Posada de Rengos, 560 m, Rast- und Spielplatz (Brunnen, Infotafel) bei der Kirche. Von Cangas del Narcea auf der AS-15 in Richtung Süden bis Posada de Rengos. Parkmöglichkeiten bei der Kirche (18 km/20 Min.).
Höhenunterschied: 830 m im Auf- und Abstieg.
Anforderungen: Relativ gut markierte Tour (PR-AS 111, gelb-weiß) auf teils befestigten, teils unbefestigten Wegen, Straßen und Pfaden. An ein paar Stellen ist Trittsicherheit (Matsch, Bäche), an einigen Stellen, vor allem auf dem nicht markierten Stück von der Laguna de Noceda bis nach Villar, ist Orientierungssinn notwendig.
Einkehr/Unterkunft: In Posada de Rengos L'Artesana (Restaurant, Bar, Dorfladen und Apartments, Tel. +34 680 64 33 98, laartesana.org); Casa Rural Casa Mario (Übernachtung, Tel. +34 985 911 198, casamario.net); Casa Rural Posada de Rengos (Übernachtung, Tel. +34 985 911 088), Casa Rural Casa Ponce (Übernachtung, Tel. +34 693 256 575), casaponce.com).
Karte: IGN-CNIG 75-IV Xedré (1:25.000).

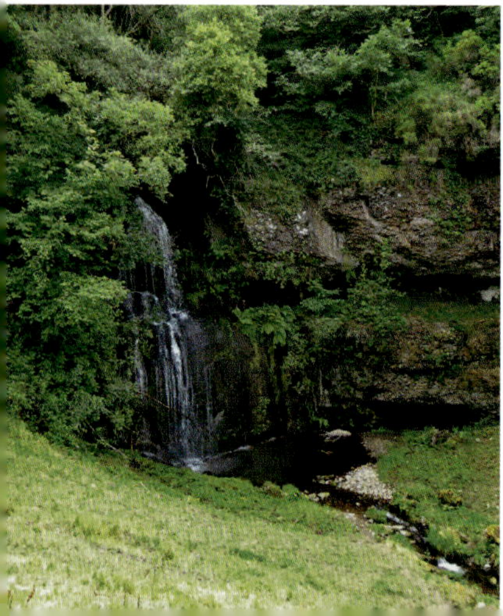

Vom Platz bei der Kirche in **Posada de Rengos (1)** gehen wir in Richtung unserer Anfahrt zurück und schlagen bei erster Gelegenheit die Schotterpiste nach rechts oben ein. Wir folgen immer dem markierten Weg bergauf, der bald zu einem Pfad wird. In der scharfen Rechtskurve gehen wir geradeaus und wandern Höhe haltend am Hang weiter. An der nächsten Gabelung (Schild »Cascada de Aguas Blancas«) gelangen wir nach links unten sogleich zu einem Aussichtspunkt. Dort gehen wir rechts bergab in den

Cascada de Aguas Blancas.

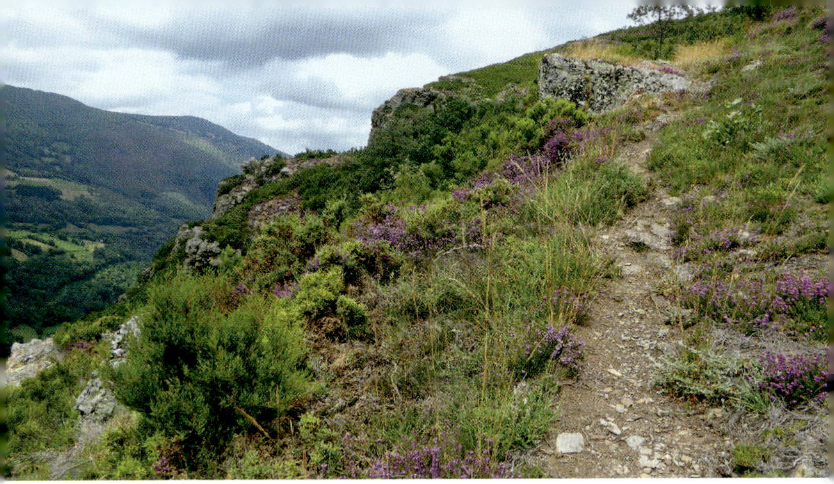

Lila blühender Ginster begleitet uns auf dem Weg.

Wald, durch zwei Gatter und dann links neben dem Fluss bergauf zur **Cascada de Aguas Blancas (2)**. Wir steigen direkt links neben dem Wasserfall steil die Wiese hinauf, überqueren zwei kleine Pfade und überwinden eine flache Mauer. Gleich danach gehen wir links und wandern auf dem breiten befestigten Weg zum **Mirador Busapena (3)**.

Wir folgen der Schotterpiste, biegen am Schild (»Ermita de San Luis«) rechts ab (also nicht zur Ermita) und passieren nach einigen Minuten geradeaus einen Abzweig nach rechts und wandern geradeaus bergauf. In der ersten Rechtskurve mit einem Abzweig nach links bleiben wir auf unserem Weg, in der zweiten scharfen Rechtskehre gehen wir nach links auf einem kleinen Pfad in den Wald hinein. An der Gabelung halten wir uns links, überwinden mit einer Übersteighilfe einen Viehzaun und treten schließlich aus dem Wald auf eine Hochebene mit Weide. Dort gehen wir rechts durch den Viehzaun, passieren die Überreste der Almsiedlung **Braña de La Trapa (4)** und treffen auf die Wegweiser des Fernwanderwegs GR 203, an denen wir rechts in Richtung »Trasmonte« gehen.

An der Gabelung gehen wir links eben weiter und erreichen so die **Laguna de Noceda (5)**. Ab jetzt fehlt die Markierung. Nach dem Teich halten wir uns rechts, an der Gabelung erneut rechts und wandern immer bergab, bis wir nach insgesamt knapp 45 Min. die Hütten der **Braña de Noceda (6)** erreichen. Von hier aus können wir bereits den Ort Noceda sehen.

Die Schotterpiste beschreibt eine enge Linkskurve, anschließend lassen wir einen Abzweig nach links liegen. An der ersten Gabelung halten wir uns links (man könnte auch geradeaus gehen und so den Weg etwas abkürzen), an

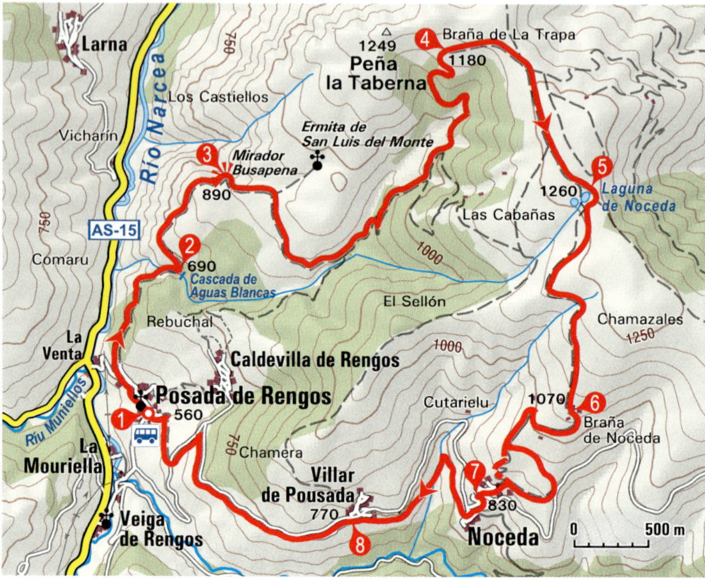

der zweiten nach rechts unten und erreichen so **Noceda (7)**. Wir gehen bergab durch den Ort, überqueren geradeaus die Landstraße und schwenken dann auf dem erstmöglichen Pfad nach rechts in den Wald hinein. Zunächst gehen wir immer bergab, überqueren den Bach Reguero del Candenéu (führt nach Regentagen bzw. im Frühjahr eventuell etwas mehr Wasser, Überquerung aber problemlos) und wandern danach bergauf an beeindruckenden Kastanienbäumen vorbei in den Ort **Villar (8)**.

An der Hauptstraße halten wir uns links (ab hier nun wieder gut markiert) und wandern an dieser bergab, bis nach einer scharfen Linkskurve schließlich rechts ein kleiner Weg abzweigt, der uns in wenigen Minuten zurück zu unserem Ausgangspunkt in **Posada de Rengos (1)** führt.

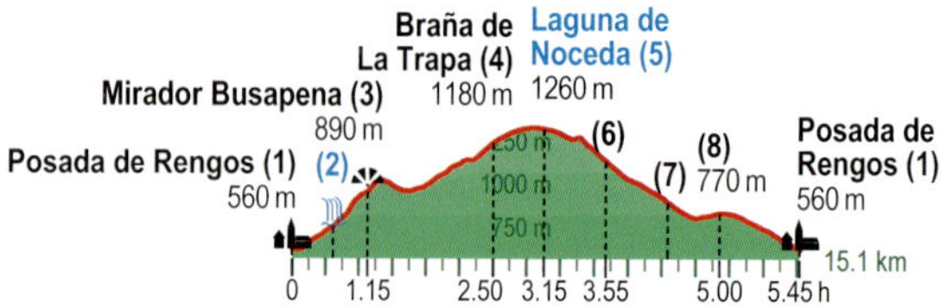

5.45 Std.

Genestoso – El Cabril, 1920 m

11 TOP

Auf Bärenspuren

Diese wunderschöne Gebirgstour führt uns entlang der Grenze zwischen der asturischen Gemeinde Cangas de Narcea und der Nachbarprovinz León direkt in die Heimat einer der beiden größten Bärenpopulationen Asturiens. Hier leben etwa 80 % der insgesamt rund 240 asturischen Braunbären. Außerdem ist Genestoso, der Ausgangspunkt der Wanderung, für seinen Käse bekannt. Bei dem würzigen, aus Kuhmilch hergestellten »Queso de Genestoso« handelt es sich um einen der ursprünglichsten Käse Asturiens. Die kleine Privatkäserei verkauft ihre Erzeugnisse über das Hotel Rural Genestoso.

Ausgangspunkt: Genestoso, 1140 m, Wandertafel am Ende der asphaltierten Straße am östlichen Dorfrand. Von Cangas del Narcea auf der AS-213 in Richtung Puerto de Leitariegos, nach 7 km in Las Mestas nach links auf der CN-4 bis Genestoso. Parkmöglichkeit am Beginn der Tour (24 km/40 Min.).
Höhenunterschied: 820 m im Auf- und Abstieg.
Anforderungen: Längere Mittel- bis Hochgebirgstour, die nur von Frühjahr bis Herbst und bei guter Witterung und stabiler Wetterlage begehbar ist. Sie ist weitgehend als PR-AS 110 (»Ruta de el Cabril«, gelb-weiß) markiert, teilweise auch als GR 203 (rot-weiß), an einigen heiklen Punkten sind jedoch gutes Orientierungsvermögen sowie Schwindelfreiheit notwendig.
Einkehr/Unterkunft: In Genestoso Hotel Rural Genestoso (Unterkunft und traditionelle Küche, Tel. +34 985 973 019, genestoso.es). In Las Mestas (17 km entfernt, am Anfahrtsweg) Hotel-Restaurante Marroncín (Unterkunft und traditionelle Küche, Tel. +34 985 811 051); Bar-Restaurante María Luisa (traditionelle Küche, Tagesmenüs, Tel. +34 985 811 143, rtemarialuisa.blogspot.com.es).
Karte: IGN-CNIG 76-III Sorrodiles de Cibea (1:25.000).

Bei der Wandertafel in **Genestoso (1)** überqueren wir die Brücke, gehen bergauf und an der ersten Gabelung links. Nach ca. 1 Std. erreichen wir die **Fuente Los Corros (2)**. Weiterhin bergan führt uns der Weg nach knapp 45 Min. an der **Braña Los Corros (3)** vorbei. Danach geht es durch eine steinige Rinne zwischen den Gipfeln Los Corros (1925 m, rechts) und El Treisín (1879 m, links) hinauf zum

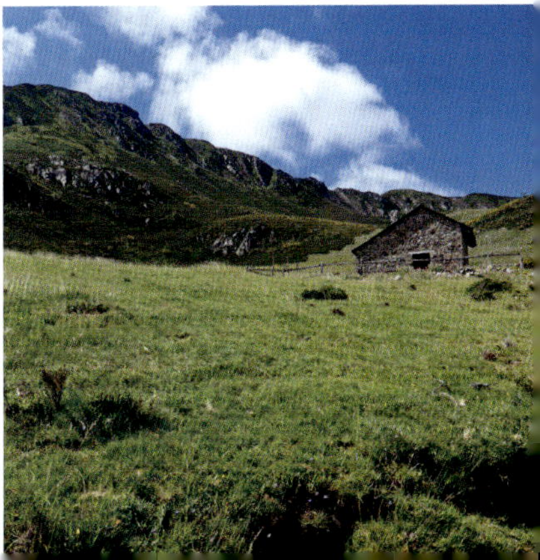

Almhütte der Braña Los Corros.

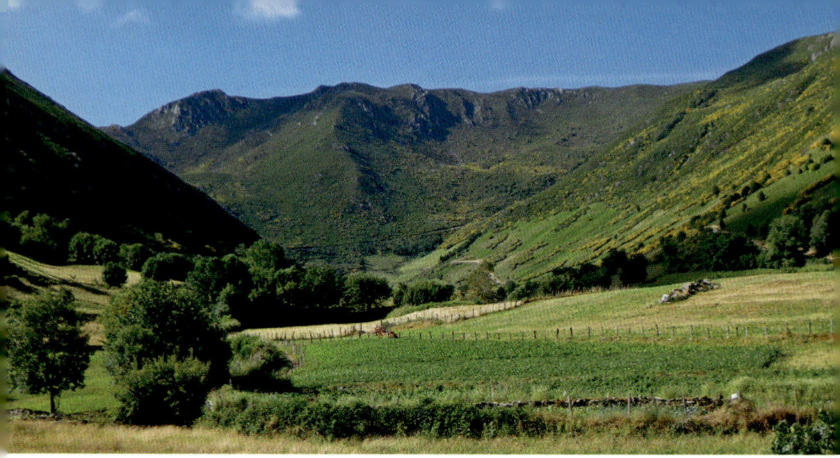

Blick von Genestoso aus auf die Berge.

Sattel **Collado Tres Lagunas (4)**. Vor den trockenen Teichen halten wir uns links und steigen zwischen den Gipfeln El Treisín (links) und El Cabril (rechts) zum **Collado Entrecuetos (5)** auf. Von hier aus machen wir einen Abstecher nach rechts auf den Gipfel des **El Cabril (6)**, 1920 m. Zunächst verläuft der Pfad durch Farn und Ginster und anschließend auf dem Berggrat (ca. 800 m, knapp 30 Min. hin und zurück).

Wieder am **Collado Entrecuetos (5)** angelangt, folgen wir dem Pfad nach rechts (Norden) am Westhang des Cabril über den Collado Carbanzosa (1806 m) bis zum Westhang des Pico de Fanarrionda (1884 m). Dabei bleiben wir immer auf dem ebenen Pfad und nehmen keine Abzweige nach links unten oder rechts oben. Nach 1.30 Std. Hangwanderung beginnt unterhalb des Pico de Cascarón (1814 m) der Abstieg **(7)**. Unser Pfad zweigt im 90-Grad-Winkel nach links (Westen) unten ab, nach ca. 150 m stößt der Fernwanderweg GR 203 zu uns und begleitet uns nun bis nach Genestoso. Etwa 20 Min. später durchquert der Pfad eine Felsbresche und dreht nach Südosten. Nach weiteren 20 Min. durch Ginster- und Farngebüsch gelangen wir an einen Sattel (1376 m). Dort schwenkt unser Weg in Richtung Südwesten. Nach einer Linkskurve führt uns ein grasiger Weg in Richtung Südosten durch einen Wacholderwald leicht bergab nach **Genestoso (1)**.

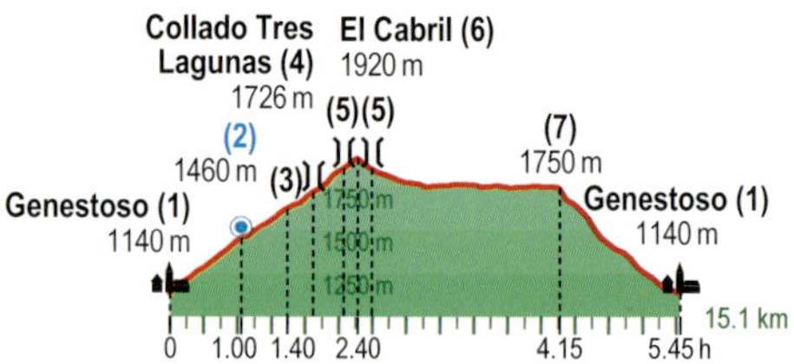

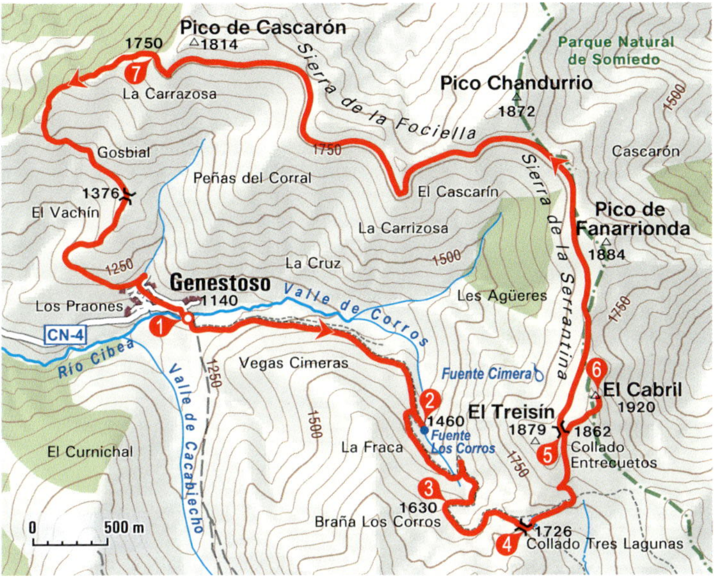

Der Weg schlängelt sich malerisch den Berg hinauf.

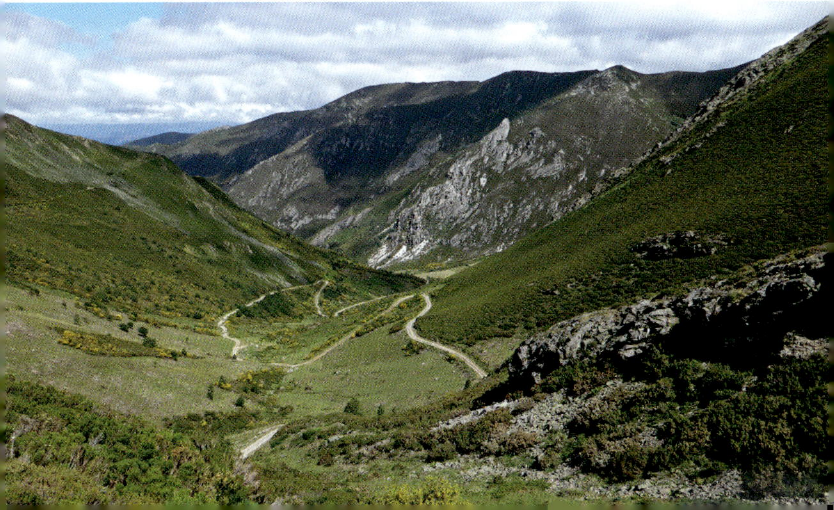

12 El Cuetu d'Arbás, 2002 m

3.15 Std.

Das Dach der Gemeinde Cangas del Narcea

Der Cuetu d'Arbás ist mit seinen 2002 m der höchste Gipfel der abgelegenen Gemeinde Cangas del Narcea. An seinem Fuß treffen wir auf einen Bergsee mit bemerkenswerter Vielfalt an Amphibien, vor allem Lurchen. Vom Gipfel aus können wir einen besonderen Ausblick sowohl über das Gemeindegebiet von Cangas del Narcea (u. a. auf den Cabril, vgl. Tour 11) als auch auf die Gipfel der benachbarten Provinz León genießen.

Ausgangspunkt: Puerto de Leitariegos, 1523 m, Parkplatz oberhalb der Kirche (Brunnen, Infotafel). Von Cangas del Narcea auf der AS-213 bis Puerto de Leitariegos (33 km/45 Min.).
Höhenunterschied: 510 m im Auf- und Abstieg.
Anforderungen: Relativ kurze, gut markierte (SL-AS 20) Bergtour. Für den kurzen, aber kräftigen Anstieg zwischen See und Sattel sind Trittsicherheit, Schwindelfreiheit und festes Schuhwerk notwendig. Die Tour kann nur bei guter Witterung bzw. vom Frühjahr bis Herbst begangen werden.
Einkehr/Unterkunft: In Puerto de Leitariegos keine Einkehr, nur Unterkunft: Apartmento Rural La Casiecha (Tel. +34 619 887 419).
Karte: IGN-CNIG 101-I Caboalles de Abajo (1:25.000).

Der Bergsee Laguna d'Arbás.

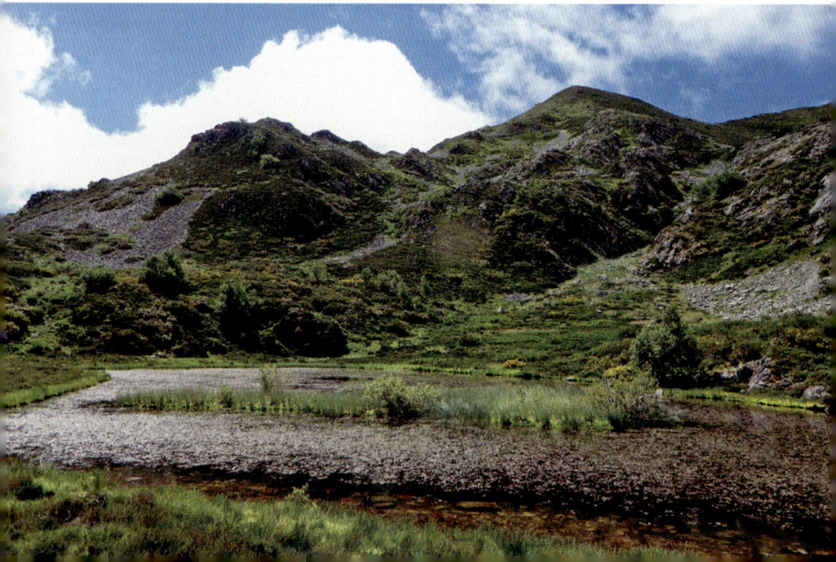

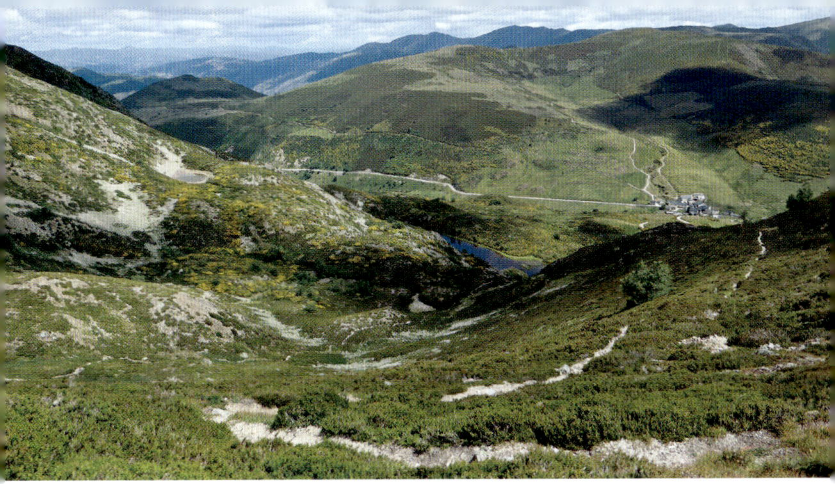

Blick vom Collado Fanetina auf die Laguna d'Arbás und Puerto de Leitariegos.

Vom Parkplatz oberhalb der Kirche von **Puerto de Leitariegos (1)** folgen wir der breiten Schotterpiste immer bergauf in Richtung des Sessellifts. Wir durchqueren ein Gatter und erreichen nach knapp 45 Min. einen Rastplatz (Infoschilder zur Fauna) und etwa 100 m dahinter die **Laguna d'Arbás (2)**. Der Abstecher zum kleinen See lohnt sich.

Wieder zurück suchen wir rechts den etwas versteckten Pfad, der ein kurzes Stück durch Felsen ansteigt. Danach geht es auf einem steilen Pfad in Richtung Südwesten, zuletzt Südosten in gut 30 Min. hinauf zum **Collado Fanetina (3)**. Dort halten wir uns rechts und wandern nun auf dem anfangs steilen, später flacheren Bergkamm in gut 30 Min. auf den **Cuetu d'Arbás (4)**, 2002 m. Auf dem Gipfel (hier sind 2007 m angegeben) befinden sich zwei Antennen und ein Schutzhütte.

Der Abstieg erfolgt auf dem Hinweg.

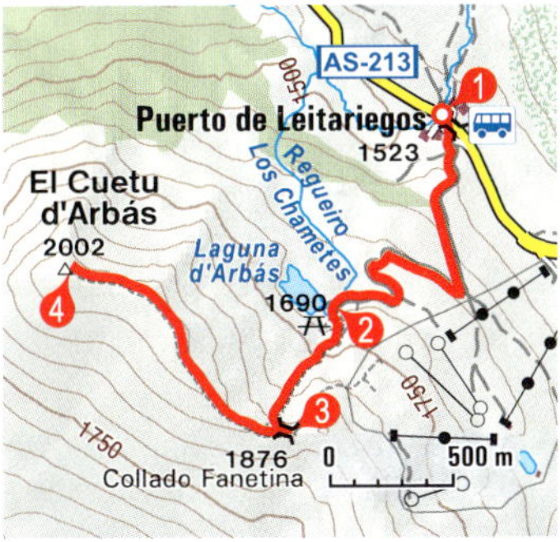

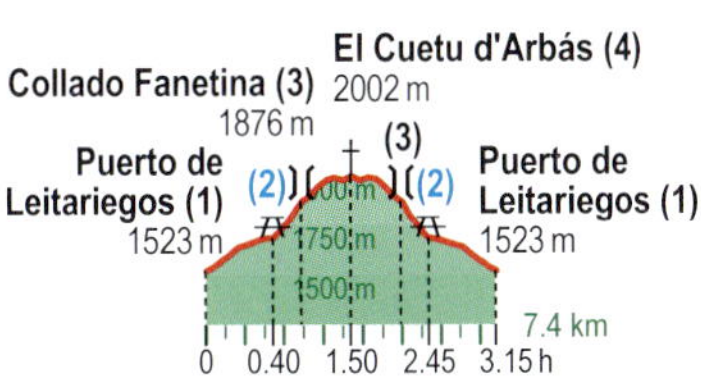

13 *El Cornón, 2188 m*

5.45 Std.

Das Horn von Somiedo

Diese Mittel- bis Hochgebirgstour bringt uns über Wiesen, Hochebenen und schroffen Fels auf den höchsten Gipfel der Gemeinde Somiedo. Ausgangspunkt der Tour ist Puerto de Somiedo (auch Santa María del Puerto, oder El Puerto bzw. El Puertu), ein auf knapp 1500 m gelegener Ort, in dem auch heute noch einige der letzten Vaqueiros de Alzada leben, die sich in einer nomadischen Lebensweise der traditionellen Viehzucht widmen. Im Laufe der Jahrhunderte haben sie sich zu einer ethnischen Minderheit mit eigener Kultur, Bräuchen und Sprache entwickelt.

Ausgangspunkt: Puerto de Somiedo, 1486 m, Wandertafel »Ruta El Cornón« kurz vor dem Ortsende gegenüber dem Spielplatz vor dem Hotel-Rest. El Coronel auf der rechten Straßenseite. Ab San Martín (südlich von Entrago an der AS-228) auf der AS-265 in Richtung Pto. de San Lorenzo/Somiedo, ab La Riera nach links auf der AS-227 in Richtung Pola de Somiedo bis Puerto de Somiedo. Parkplätze gegenüber dem Hotel-Rest. (42 km/1 Std.).
Höhenunterschied: 810 m im Auf- und Abstieg.

Anforderungen: Längere Mittel- bis Hochgebirgstour mit steilem Gipfelaufstieg, für den Ausdauer, Trittsicherheit und Schwindelfreiheit gefragt sind. Weitgehend gut gelb-weiß markiert, an einigen Stellen und vor allem bei Wetterumschwüngen (Fallnebel) ist Orientierungsvermögen notwendig.
Einkehr/Unterkunft: In Puerto de Somiedo Hotel-Rest. El Coronel (Unterkunft und traditionelle Küche, Tel. +34 985 763 700).
Karte: IGN-CNIG 76-IV Valle de Lago (1:25.000).

Von der Wandertafel mit Informationen zur Route in **Puerto de Somiedo (1)** gehen wir in den Ort hinein (gelb-weiße Markierung), halten uns an der ersten Gabelung links und folgen der Straße, bis wir nach insgesamt 200 m am Dorfrand an eine Dreiergabelung gelangen. Hier verlassen wir den Ort nach rechts auf dem Fahrweg. An der nächsten Gabelung gehen wir links, überqueren auf einer Brücke den Bach, durchqueren ein Viehgatter und halten

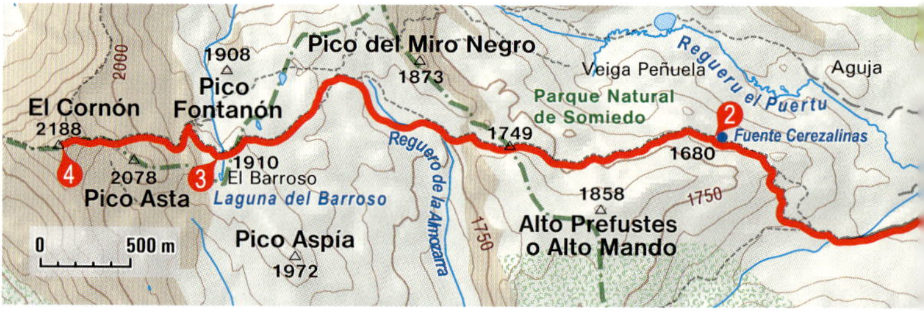

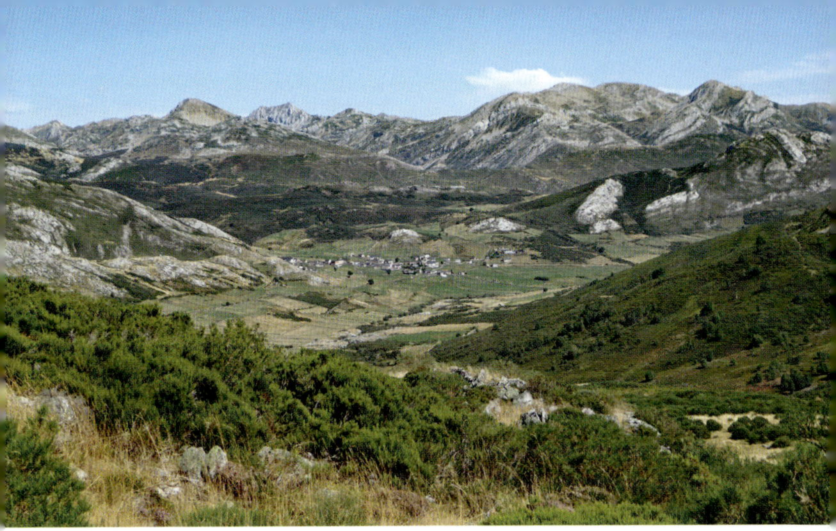

Blick zurück auf Puerto de Somiedo.

uns an der Gabelung gleich darauf rechts. Nun bleiben wir immer auf dem neben einer Mauer verlaufenden markierten Weg, bis wir einen Bewässerungskanal überqueren. Diesem folgen wir an seiner linken Seite und gehen dann auf einem Pfad links der nächsten Mauer weiter. Ca. 100 m nach Ende der Mauer steigen wir nach schräg rechts (Nordwesten) bergan. Dann dreht der Pfad in Richtung Norden und führt wenig später in einer Linkskurve (Richtung Nordwesten) in den Hangeinschnitt. Nach etwa 50 m steigen wir wieder nach rechts (Norden) bergan. An der Gabelung halten wir uns links, gehen dann 20 m über die Wiese, nehmen danach den Pfad rechts und gelangen auf einen Sattel. Auf der anderen Seite führt unser Wanderpfad bergab in Richtung Westen zur **Fuente Cerezalinas (2)** mit Wegpfosten.

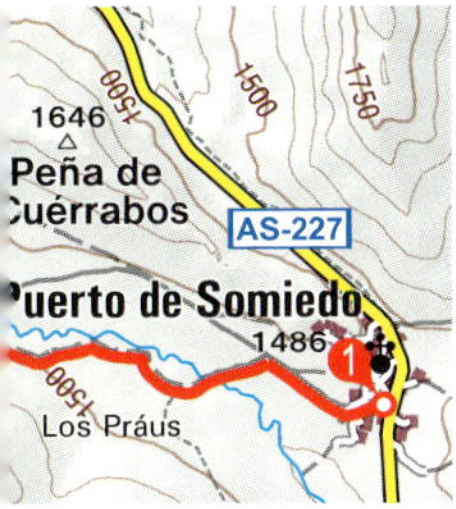

Der Pfad steigt erst geradeaus an und verläuft dann am Hang entlang, bis er sich in drei Richtungen teilt.

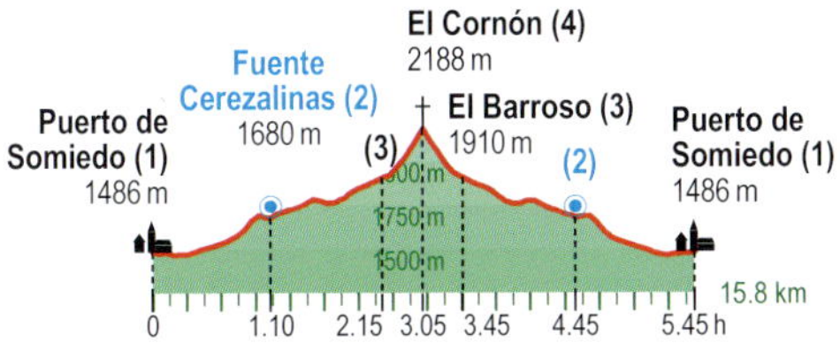

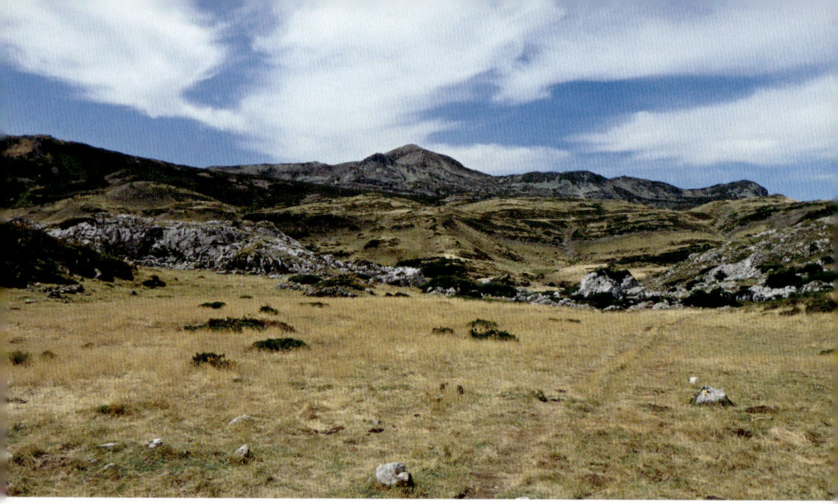

Wir sehen zum ersten Mal den Gipfel des El Cornón.

Wir gehen rechts, gelangen auf eine Hochebene und halten uns an der Gabelung rechts. Gleich darauf beschreibt der Pfad eine Linkskurve, dann, rechts oberhalb des Bachbetts, eine Rechtskurve (Nordwesten) und wir sehen schräg rechts ein kleines, grün gestrichenes Viehgehege. Ab hier ist der Weg für ca. 1 km nicht markiert. Wir gehen 20 m vor dem Viehgehege nach links, durchqueren das trockene Bachbett und steuern dann auf der Hochwiese zwischen einem weiteren Bachlauf (links) und Ginsterbüschen in Richtung Westen direkt auf den Cornón zu (höchster Gipfel geradeaus). Wir überqueren den Bach und wandern schräg rechts (Nordwesten) links oberhalb des Bachbetts bergauf. Am Ende des Bachbetts dreht der Pfad nach links (Richtung Westen) und steigt wieder an. Nach ca. 10 Min. orientieren wir uns nach links (Südwesten), um den Vorgipfel Bobia del Barroso und die davor liegenden Felsen zu umgehen. Nach rund 15 Min. dreht der Pfad wieder nach Westen, und wir treffen alsbald wieder auf gelb-weiße Markierungen und Wegpfosten. Diese leiten uns leicht ansteigend über die sumpfige Hochebene immer in Richtung der Felsen unterhalb des Gipfels. Bald führt uns der Weg bergauf und wir überqueren auf Trittsteinen einen weiteren Bach in der Senke **El Barroso (3)**.
Ab hier beginnt der gut 45-minütige felsige Aufstieg auf den Cornón. Wir folgen dabei immer den Markierungen und Steinmännchen durch die Felsen und über drei kleine Geröllfelder. Nach einem kurzen Flachstück geht es schließlich im steilen Zickzack hinauf auf den Gipfel des **El Cornón (4)**, 2188 m.
Der Rückweg verläuft auf dem Hinweg.

3.45 Std.

Von Valle de Lago zum Lago del Valle

14

Vom Seetal zum Talsee

Dieser kinderfreundliche Rundweg führt uns durch eines der schönsten Täler Asturiens, das Valle del Lago (»Seetal«), zum größten See des Kantabrischen Gebirges, den Lago del Valle (»Talsee«). Dort können wir uns sogar ein erfrischendes Bad gönnen. Während der Hinweg teilweise durch einen schönen Mischwald führt, verläuft der Rückweg auf einer einfachen Schotterpiste, die uns dafür spektakuläre Aussichten gewährt. Außerdem begegnen wir auf dieser Tour den nur in Somiedo vorkommenden »Teitos«, den typischen traditionellen Almhütten, deren Dächer mit Besenginster gedeckt sind (vgl. auch Tour 16).

Ausgangspunkt: Valle de Lago, 1240 m, großer Parkplatz nach dem Ort. Ab San Martín (südlich von Entrago an der AS-228) auf der AS-265 in Richtung Pto. de San Lorenzo/Somiedo, ab La Riera nach links auf der AS-227 bis Pola de Somiedo. Dort nach Bar Peñavera links in den Ort und im Zentrum rechts den Schildern in Richtung Valle de Lago (8 km) folgen; dort ganz durch den Ort bis zum außerhalb gelegenen Parkplatz (38 km/1 Std.).
Höhenunterschied: 370 m im Auf- und Abstieg.
Anforderungen: Leichte, kinderfreundliche Talwanderung. Die Orientierung ist einfach, auch wenn der Weg durch den Wald nicht durchgängig markiert ist.
Einkehr/Unterkunft: In Valle de Lago mehrere Möglichkeiten.
Variante: Die Tour kann ab dem Lago del Valle mit Tour 15 zu einer Zweitageswanderung ausgeweitet werden.
Karte: IGN-CNIG 76-IV Valle de Lago und 77-III Torrestío (1:25.000).

Lago del Valle – der größte Bergsee des Kantabrischen Gebirges.

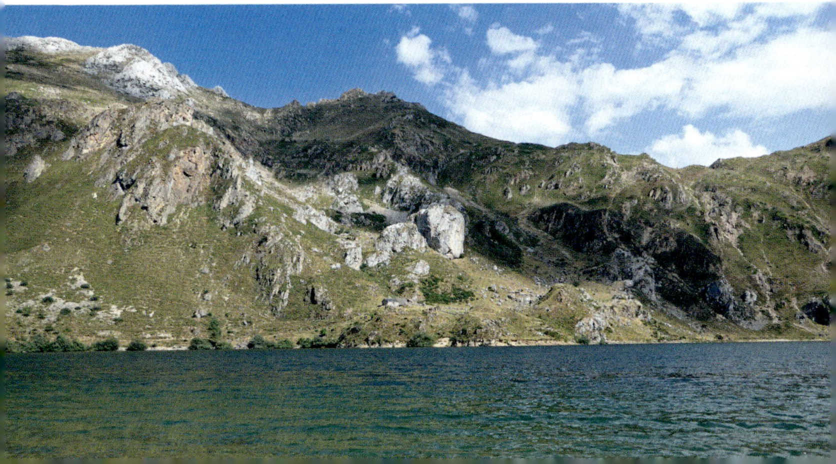

Vom Parkplatz gehen wir zurück in Richtung **Valle de Lago (1)** und schlagen rund 70 m nach der ersten Parkbucht den im spitzen Winkel nach links abzweigenden Fahrweg ein. Wir überqueren den Río del Valle und wandern ein kurzes Stück neben ihm, bis wir uns von ihm entfernen und an der nächsten Gabelung links gehen. An der folgenden Dreiergabelung wählen wir den mittleren Weg nach schräg links unten. Gleich darauf treffen wir auf einen Fahrweg, dem wir nach rechts folgen. Schließlich gelangen wir in einen dichteren Wald; an der Weggabelung im Wald gehen wir nach links unten weiter. Wir überqueren den Río del Valle auf einer Brücke und stoßen auf einen breiten Fahrweg, der später unser Rückweg sein wird. Jetzt aber schlagen wir ihn nach rechts ein und folgen ihm, bis er sich nach ca. 500 m gabelt (rechts führt ein kleiner Pfad hinunter zum Fluss). Wir nehmen den Fahrweg schräg rechts (auf dem linken kehren wir später zurück). Bald überqueren wir den Río del Valle erneut auf einer Brücke, gehen dann ein Stück bergauf und sehen zu unserer Linken die traditionellen »Teitos« (Almhütten mit Besenginsterdächern, siehe Tour 16) der **Braña el Gabitón (2)**.
Nun bleiben wir auf dem Fahrweg, bis uns ein Schild links hinauf in Richtung »Lago del Valle« weist. Ab hier folgen wir dem etwas schmaleren Pfad und

Das erste Teito auf dem Weg zum See.

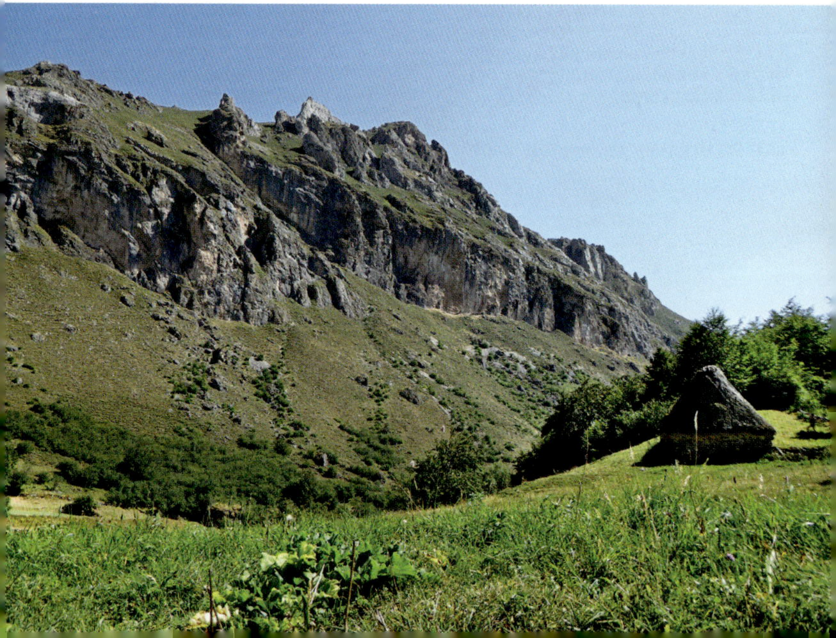

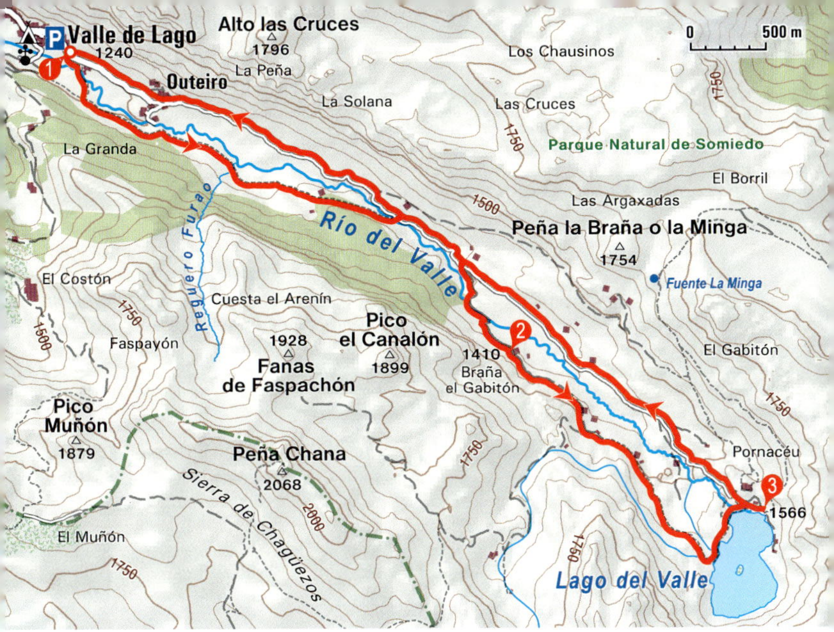

erblicken rechts bald die Staumauer des aufgestauten Bergsees. Wir erreichen ihn am rechten (südlichen) Ende der ersten Staumauer, gehen nach links an ihr entlang, folgen danach dem Pfad durch das Ginstergebüsch und erreichen die zweite Staumauer. Bald sehen wir links ein kleines Häuschen, bei dem die Schotterpiste für den später ganz einfachen Rückweg beginnt. Gehen wir allerdings ein wenig weiter an der Mauer entlang und über ihr Ende hinaus, gelangen wir an zwei Badestellen des **Lago del Valle (3)** sowie den Verbindungspunkt mit Tour 15 (direkt hinter dem Zaun links bergauf, Schild PR-AS 15 »Ruta de los Lagos de Saliencia«)

Für den Rückweg schlagen wir den oben erwähnten, bei dem Häuschen beginnenden Fahrweg ein und wandern auf ihm gemütlich zurück nach **Valle de Lago (1)**.

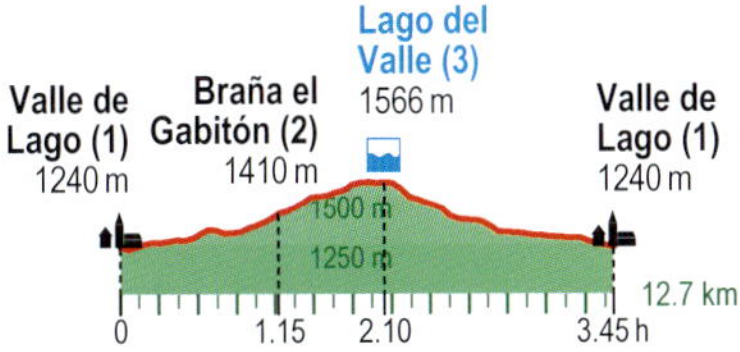

TOP **15**

Los Lagos de Saliencia

5.15 Std.

Bergseen, schroffe Gipfel und Hochebenen

Die Seen von Saliencia sind eines der beliebtesten Ausflugsziele in Asturien. Das tiefblaue Wasser der Bergseen bietet einen spektakulären Kontrast zur roten Erde des eisenreichen Gebiets. Die meisten Besucher gehen nur bis zum dritten See und verpassen so das Beste: eine faszinierende, von grauen Felsspitzen umgebene Hochebene, die wunderbare Aussicht über das Valle del Lago sowie das erfrischende Bad im Lago del Valle (vgl. Tour 14).

Ausgangspunkt: Alto de la Farrapona, 1700 m, großer Parkplatz am Pass. Von der AS-227 zwischen La Riera und Pola de Somiedo auf die SD-1 in Richtung »Veigas/Saliencia/Valle de Saliencia« abbiegen und bis zum Pass fahren (ab Abzweig 19 km/30 Min.).
Talort: Salienca, 1110 m.
Höhenunterschied: 600 m im Auf- und Abstieg.
Anforderungen: Der Großteil der Tour verläuft auf markierten Wegen und Pfaden (PR-AS 15 »Ruta de los Lagos de Saliencia«, gelb-weiß). Für den Abstieg ins Tal sind Trittsicherheit und Schwindelfreiheit notwendig. Da spontane Wetterumschwünge und Fallnebel zur Gefahr werden können, sollten Vorkehrungen (warme Kleidung, Karte, Kompass) getroffen werden.
Einkehr/Unterkunft: In Saliencia (7 km entfernt) La Casona (im Sommer Tagesmenüs, im Winter nur Snacks und Getränke, Tel. +34 985 763 647); Albergue de Saliencia (Herberge, durchgängig typische Küche und Menüs, Tel. +34 985 763 800).
Variante: Die Tour kann ab dem Lago del Valle mit Tour 14 zu einer Zweitageswanderung ausgeweitet werden.
Karte: IGN-CNIG 77-III Torrestío (1:25.000).

Vom Parkplatz am **Alto de la Farrapona (1)** gehen wir auf der Schotterpiste in Richtung Westen (Wandertafel des PR-AS 15) bergab und erreichen in 20 Min. den ersten See, den **Lago de la Cueva (2)** (Infoschild). Wir folgen dem markierten Weg und gehen an der Gabelung rechts hinauf. An der

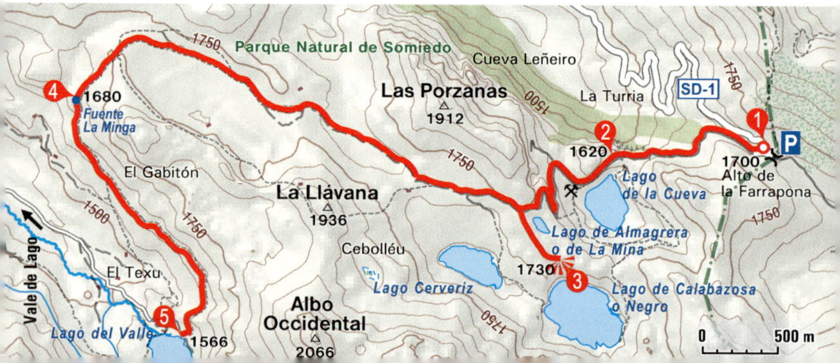

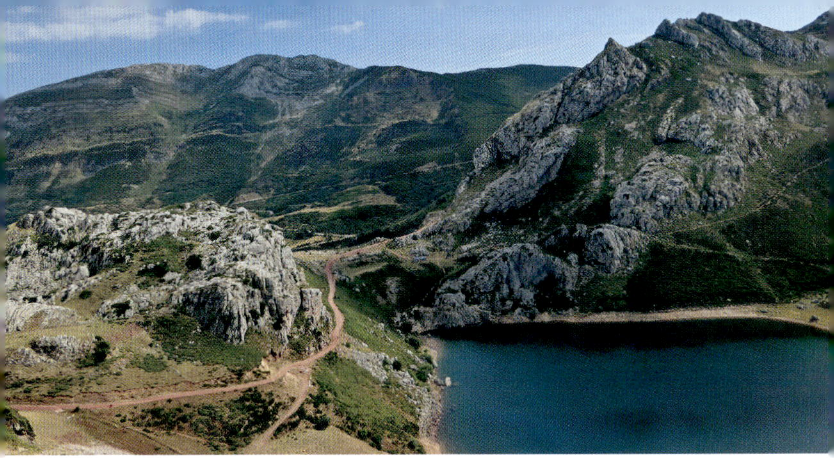

Blick auf den Lago de la Cueva und den Rückweg.

nächsten Wegkreuzung lenkt uns ein Schild nach links weiter bergauf. Bald erreichen wir den höchsten Punkt der Tour. Ein kurzes Stück weiter zeigt uns ein Schild nach links den lohnenden Abstecher zum Aussichtspunkt über dem **Lago Calabazosa (3)** an.
Wir kehren wieder zum Hauptweg zurück und folgen ihm nach links. An der nächsten Gabelung lenken uns die Schilder nach rechts in Richtung Lago del Valle (links geht es zu dem bereits vom Weg aus gut sichtbaren Lago Cerveriz). Nun wandern wir knapp 45 Min. in Richtung Nordwesten und durchqueren dabei drei Senken, wobei wir uns beliebig einen der Wiesenpfade aussuchen können. Am dritten und größten Sattel angelangt (Zaunstücke) drehen wir nach links (Südwesten) und treffen bald wieder auf ein Schild (»Lago del Valle«) und den wieder gut erkennbaren Wanderpfad. An der nächsten Gabelung wählen wir den rechten Weg, der uns an der **Fuente La Minga (4)** vorbeiführt. Bald stehen wir über dem in Tour 14 beschriebenen Valle del Lago. An der nächsten Gabelung gehen wir links hinauf und folgen dann immer dem markierten Hauptweg. Absteigend erreichen wir schließlich den **Lago del Valle (5)** direkt neben einer Zaunpforte und bei einer Badestelle. Der Rückweg verläuft auf dem Hinweg.

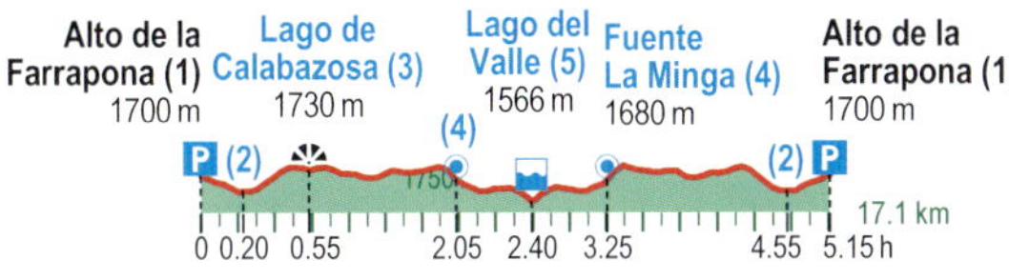

16 Las Brañas de Saliencia

4.15 Std.

Somiedos Markenzeichen: die »Teitos«, urige Almhütten

Der Höhepunkt dieses Rundwegs durch das wunderbar gepflegte Naturschutzgebiet von Somiedo sind zweifelsohne die auffälligen »Teitos«: aus Naturstein errichtete Almhütten, deren spitze Dächer mit den Zweigen des Besenginsters gedeckt sind. Nach einem kräftigen Anstieg wandern wir über die Hochebene durch drei sogenannte »Brañas de Teitos«, kleine Almsiedlungen. Einige der Hütten sind frei begehbar und werden auch heute noch im Sommer als Unterstände für das Vieh genutzt. Andere wurden zu Wochenend- bzw. Ferienhütten umgebaut. Leider verfallen auch viele, doch manche werden von Kulturliebhabern und Institutionen gepflegt, damit diese besondere Art der Almwirtschaft im Einklang mit der Natur nicht in Vergessenheit gerät.

Ausgangspunkt: Arbellales, 1000 m, Kurve am Ortseingang. Von der AS-227 zwischen La Riera und Pola de Somiedo auf die SD-1 in Richtung Veigas/Saliencia/Valle de Saliencia abbiegen und bis Arbellales fahren (ab Abzweig 8 km/15 Min.). Beste Parkmöglichkeit bei der Kurve am Ortseingang neben den Müllcontainern.

Höhenunterschied: 510 m im Auf- und Abstieg.

Anforderungen: Vor allem der erste Anstieg (ca. 1 Std.) verlangt Trittsicherheit und Ausdauer. Direkt danach ist ein wenig Orientierungsvermögen gefragt. Der Rest der Tour verläuft meist markiert (PR-AS 12 »Ruta de las Brañas de Saliencia«, gelb-weiß) auf (teils breiten) Wegen bzw. Straße.

Einkehr/Unterkunft: In Saliencia La Casona (im Sommer Tagesmenüs, im Winter nur Snacks und Getränke, Tel. +34 985 763 647); Albergue de Saliencia (Herberge, durchgängig typische Küche und Menüs, Tel. +34 985 763 800).

Karte: IGN-CNIG 77-I La Plaza (1:25.000).

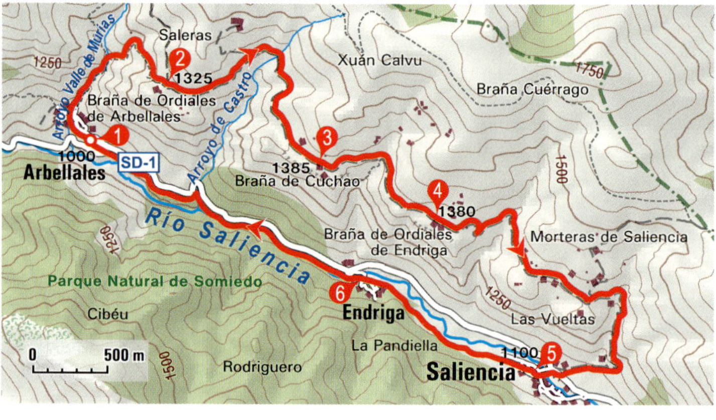

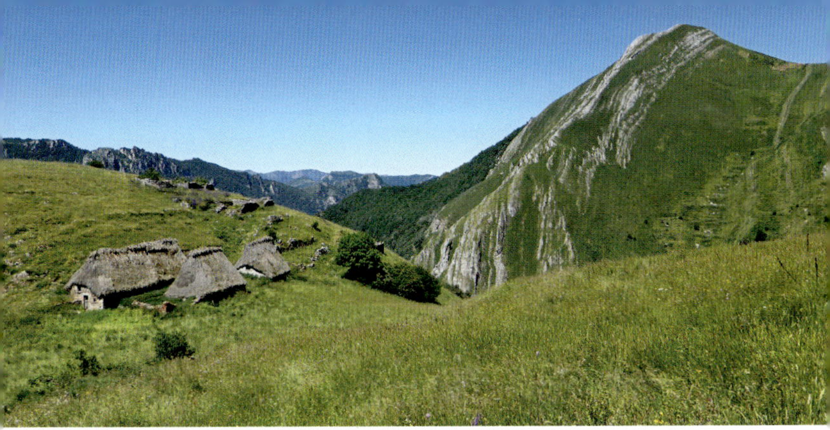

Die Braña de Ordiales de Arbellales.

Von der Kurve am Ortseingang von **Arbellales (1)** gehen wir durch den Ort (gelb-weiße Markierung) bis zu einem Brunnen. Dort beginnt unser Anstieg. Zunächst steigen wir knapp 45 Min. neben dem Bach durch die Klamm bergan. Dann gehen wir durch ein Gatter und direkt dahinter rechts hinauf (nicht links über die Brücke). Anschließend schwenkt der Pfad nach Nordosten, dann geht es im spitzen Winkel nach rechts (Südosten) zur **Braña de Ordiales de Arbellales (2)**. Dort orientieren wir uns in Richtung Osten und peilen dabei ein paar verfallene Hütten auf dem Hügel direkt vor uns an (nicht nach rechts zur Antenne gehen!). Nach 50 m treffen wir auf einen Fahrweg, dem wir nach rechts folgen. Er führt uns zunächst zu einem Brunnen, durch ein zweites Gatter (der PR-AS 12 zweigt links ab, wir aber gehen geradeaus auf dem Fahrweg weiter!), zu einem weiteren Gatter und schließlich zur **Braña de Cuchao (3)**. Nach zwei weiteren Brunnen gelangen wir zur letzten Alm, der **Braña de Ordiales de Endriga (4)**.

Wir folgen weiter dem Fahrweg, halten uns an der einzigen Gabelung rechts und gelangen bergab nach **Saliencia (5)**. Nach der Brücke am Ortseingang gehen wir auf der ersten Straße nach rechts durch den Ort. Am Ortsende wird sie zu einem schattigen Pfad neben dem Río Saliencia. Nach 20 Min. erreichen wir den Ort **Endriga (6)**, wo wir auf einer Brücke den Bach überqueren und dann bergauf zur Kirche gehen. Dort treffen wir auf die Landstraße SD-1, der wir nun nach links bis nach **Arbellales (1)** folgen.

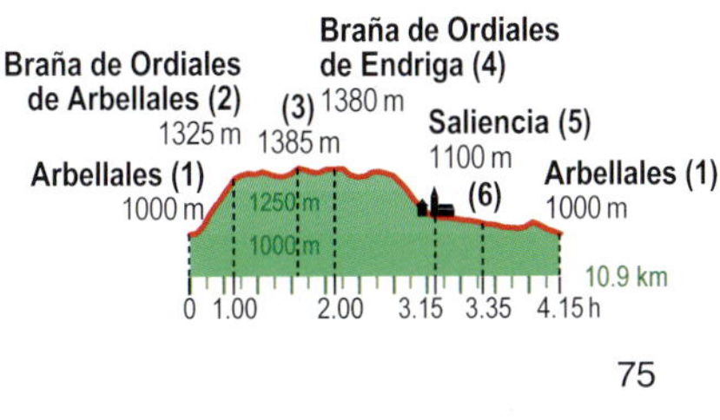

TOP **17**

Peña Rueda, 2151 m, und Los Puertos de Agüeria

7.15 Std.

Der imposanteste Berg des Kantabrischen Gebirges

Der Peña Rueda ist in gewisser Hinsicht der »größte« kantabrische Berg: Zwar ist er nicht der höchste Gipfel, doch wirkt der isoliert stehende Kalkklotz so wuchtig und massig wie kein anderer Berg in der Region. Von seinem Gipfel bietet sich ein ganz außergewöhnlich umfassender Panoramablick von den nahen Gebirgszügen wie etwa dem der Peña Ubiña bis hin zu den fernen Picos de Europa. Eine weitere Besonderheit sind auch die auf über 2000 m Höhe angelegten Schützengräben und Verteidigungsmauern. Diese sind Zeitzeugen des Spanischen Bürgerkriegs (1936–1939). Sie wurden 1937 von republikanischen Milizen zur Abwehr der Angriffe der franquistischen Truppen von den Puertos de Agüeria her angelegt. Der Abstieg durch den bezaubernden Buchenwald in der Schlucht zwischen den Puertos de Agüeria ist ein weiterer Höhepunkt dieses attraktiven Rundwegs.

Ausgangspunkt: Lindes, 930 m, Kirche. Von Pola de Lena auf der A-230 in Richtung Bárzana de Quirós bis zum Alto de la Cobertoria. Dort links auf der QU-5 in Richtung Las Llanas/Las Chanas, bei der T-Kreuzug (Ortschild von Cortes) nach links auf der QU-4 bis nach Lindes. Parkmöglichkeit auf der Wiese vor der Kirche (22 km/45 Min.).
Höhenunterschied: 1300 m im Auf- und Abstieg.
Anforderungen: Lange Hochgebirgstour auf Wegen, Pfaden und über Wiesen. Ausdauer und Trittsicherheit notwendig. Die Tour ist trotz ihrer Beliebtheit nur mangelhaft markiert, weshalb ein GPS-Gerät und -Track bzw. Karte und Kompass sowie ein guter Orientierungssinn unabdingbar sind. Vor Aufbruch sollte man die Wettervorhersage beachten. Auch wetterfeste Kleidung und solides Schuhwerk sind Voraussetzung.
Einkehr/Unterkunft: In Lindes Bar el Pixoto (nur Getränke, täglich geöffnet). Zahlreiche Möglichkeiten in Pola de Lena.
Karte: IGN-CNIG 77-IV Torrebarrio (1:25.000).

Von der Kirche in **Lindes (1)** folgen wir der Straße nach links (in Richtung Süden) und verlassen den Ort sogleich an der Gabelung am Ortsausgang auf dem Weg nach rechts oben. Nach ca. 600 m gabelt sich der Weg; wir folgen dem Schild rechts in Richtung »Manín/Peña Rueda« (von links: unser späterer Rückweg). Nun wandern wir immer auf unserem Pfad bleibend durch den Buchenwald bergauf. Nach einem kurzen, sehr steilen Stück wird der Weg flach, verläuft rechts an einem Zaun entlang und gabelt sich gleich darauf. Wir verlassen den Zaun und folgen dem Pfad nach rechts oben.
Direkt nach einer Linkskurve durchqueren wir eine Pforte. Kurzzeitig verliert sich der Pfad im Wald, doch Steinmännchen weisen uns den Weg in Richtung Südwesten. Dann verlassen wir den Wald und treffen auf die Wiese mit der **Manín de Arriba (2)** genannten Hütte. Ab hier folgen wir dem mit Steinmännchen markierten Pfad links der Senke. Anschließend durchqueren wir

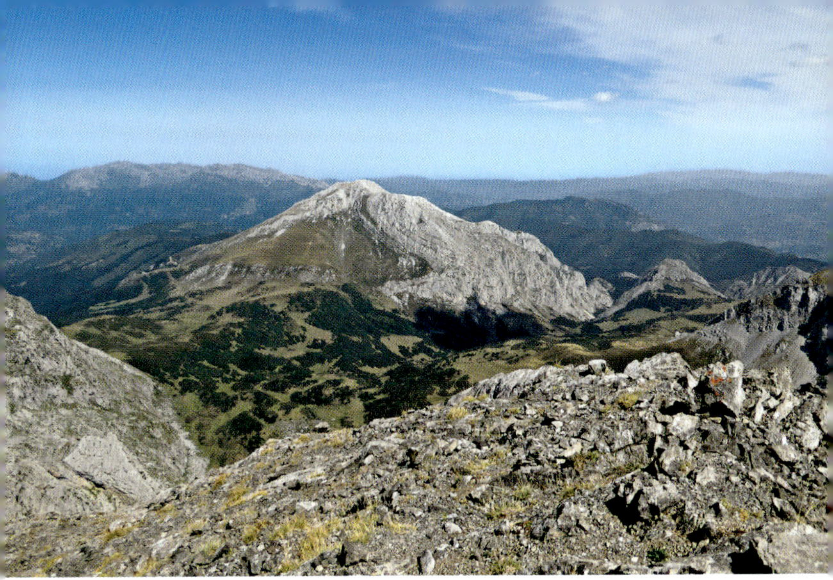

Blick von den Picos del Fontán auf die Peña Rueda.

erneut ein kleines Waldstück auf dem oberen Pfad. Dann kommen wir auf eine mit Felsbrocken durchsetzte Wiese und sehen zu unserer Rechten zum ersten Mal den Gipfel der Peña Rueda. Wir überqueren die Wiese in einem Rechtsbogen und gelangen an eine Tränke unter einem Baum. Ab hier folgen wir dem Pfad in Richtung Nordwesten bergauf. Nach 150 m dreht der Pfad nach Westen und wird steiler. Nach weiteren 300 m beginnen wir einen kurzen, sehr steilen Anstieg durch einen Felskanal (den Steinmännchen folgen) in Richtung einiger Felsen (Norden). Bei diesen angelangt steigen wir nach links (Westen) auf die Hochebene **El Praón (3)** und haben einen direkten Blick auf den Gipfel der Peña Rueda. Rechts daneben sehen wir auch den Kamm (El Cuchillar), über den wir den Gipfel besteigen werden. Zunächst aber folgen wir dem Pfad am grasigen Hang entlang in Richtung Nordwesten (Steinmännchen). Nach einer kleinen Senke erreichen wir den Zugang zum Kamm. Dort angelangt steigen wir nach links durch Felsen hinauf zum Gipfel der **Peña Rueda (4)**, 2151 m.
Wir verlassen den Gipfel auf einem Pfad rechts unterhalb des Schutzbunkers aus dem Spanischen Bürgerkrieg in Richtung Südwesten. Zu Beginn des Abstiegs sehen wir zu unserer Linken noch die Reste von Schützengräben. Nun folgen wir immer dem deutlich erkennbaren Pfad steil bergab (an der Gabelung links halten). Zunächst geht es über Geröll (Rutschgefahr)

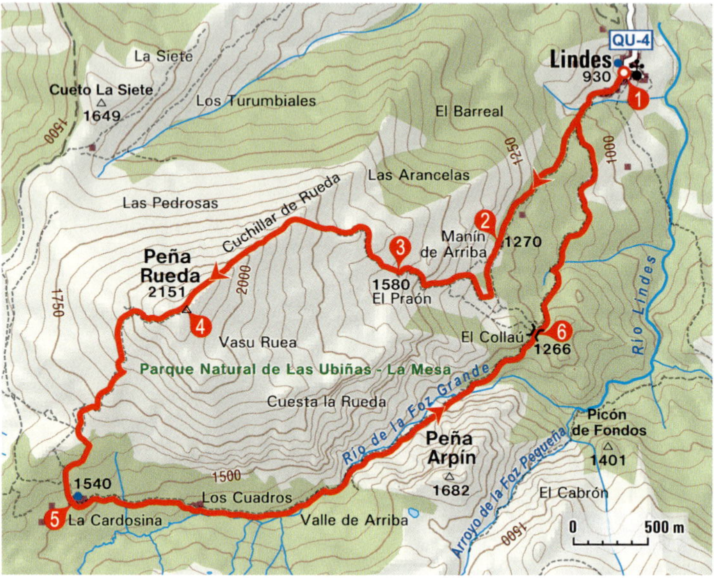

und anschließend auf Pfaden am begrasten Hang entlang. Unsere generelle Richtung ist immer Südwest, als Orientierungspunkte helfen uns die Hütten der Alm La Cardosina sowie der Bach im Tal. Gegen Ende des Bergrückens wird es nochmals steiler, wobei wir den kleinen Sattel anpeilen. Dort gehen wir links im schmalen, begrasten Streifen zwischen dem Gebüsch hinunter und suchen nach 100 m einen Pfad rechts durch das Gebüsch. Auf ihm überqueren wir einen Bach und sehen dann schon die Hütten unseres nächsten Ziels. Die Baumgruppe umgehen wir nach rechts und steigen über einen grasigen Pfad zur Alm **La Cardosina (5)** ab.

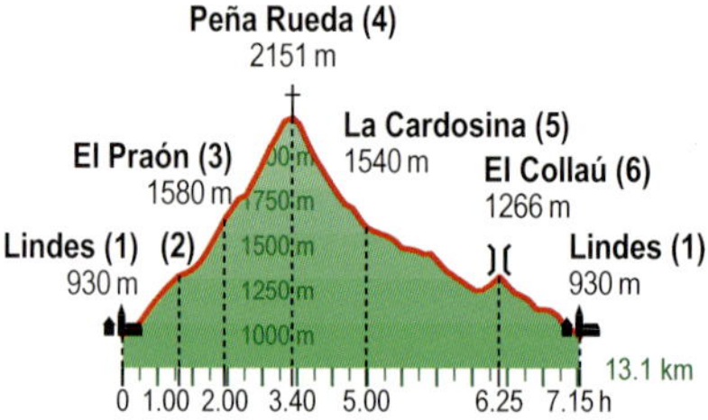

Ab hier folgen wir dem Pfad in Richtung Osten ins Tal hinein. Nach 50 m erreichen wir einen Trinkbrunnen und steigen auf dem Pfad neben dem Bachlauf bergab. Wenig später treffen wir auf eine Wiese mit verfallenen Hütten. Nach 50 m erreichen wir einen Pfad und auf diesem nach links durch den Wald eine weitere Wiese. Wir gehen geradeaus zu ihrem unteren Ende, wo wir wieder einen Pfad finden (Achtung: weder dem markierten Pfad bergauf noch dem Pfad links in den Wald hinein folgen!). Nach einem kurzen Waldstück gehen wir erneut über eine Wiese und anschließend durch einen kleinen Stechpalmenwald etwas oberhalb des Bachs Río de la Foz Grande. Danach erreichen wir eine größere Wiese und nähern uns stetig dem Bach, bis uns der Pfad direkt neben ihm in die Schlucht durch die Puertos de Agüeria hineinführt. Zunächst gehen wir links des Bachs und überqueren ihn nach einem Geröllfeld. Dann wandern wir auf dem Pfad durch einen Buchenwald, durchqueren ein Gatter und erneut den Bach auf einer Brücke und folgen dem Pfad links und sofort wieder rechts weiter durch den Wald. Bald steigt er ein Stück zum Sattel **El Collaú (6)** an. Danach wandern wir bergab, überqueren einen Bach und erreichen eine Gabelung mit Schild, an der wir links unten in Richtung Lindes gehen. Schließlich treffen wir auf die erste beschilderte Gabelung der Tour und kehren nun auf dem Hinweg nach **Lindes (1)** zurück.

Brücke über den Fluss in der Schlucht zwischen den Puertos de Agueira.

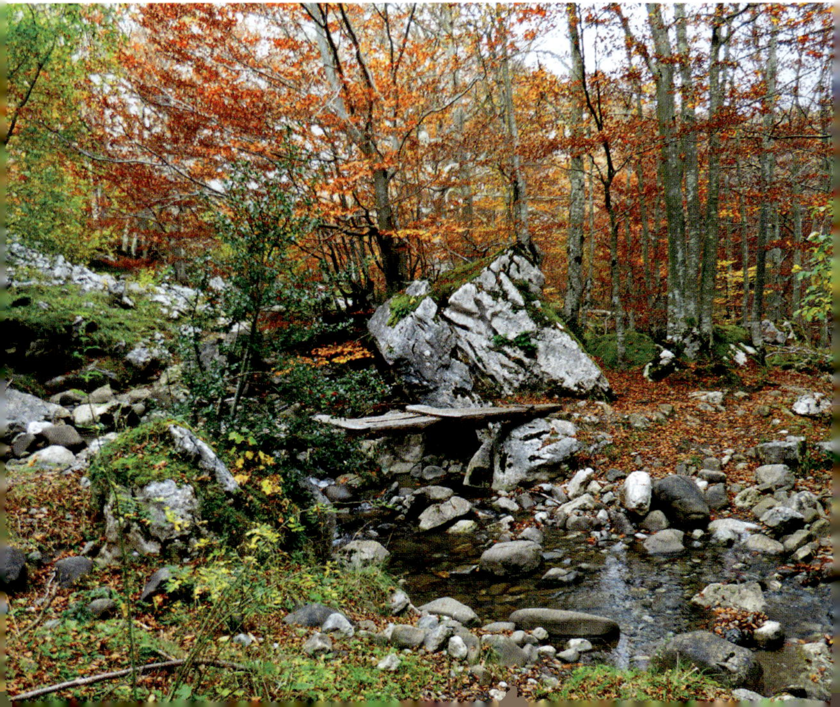

TOP **18**

Los Picos del Fontán, 2414 m und 2417 m

6.15 Std.

Die unbekannten Zwillingsgipfel der Peña Ubiña

Wer alpine Herausforderungen mit Blicken bis zur Küste sucht, kommt heute voll auf seine Kosten: Die Besteigung der beiden Zwillingsgipfel Fontán Sur (2414 m) und Fontán Norte (2417 m) ist die technisch anspruchsvollste Tour dieses Wanderführers. Beim Aufstieg durch den steilen Felskanal Canalón del Buey müssen wir uns des Öfteren mit den Händen sichern, oben werden die Mühen gleich mit zwei Gipfeln und einer wunderbaren Aussicht belohnt.

Ausgangspunkt: Tuiza Riba, 1210 m, Parkplatz am Ortseingang. Von Campomanes (an N-630 bzw. A-66) auf der LN-8 in Richtung »Parque Natural de Las Ubiñas – La Mesa« bzw. »pto. de la Cubilla«. Ein Stück nach dem Ortsendeschild von Tuiza gabelt sich die Straße: Nach links über die Brücke geht es auf den Cubilla-Pass (blaues Schild »La Cubilla«); hier geradeaus weiter nach Tuiza Riba (20 km/30 Min.).
Höhenunterschied: 1220 m im Auf- und Abstieg.
Anforderungen: Bergtour auf nicht markierten Pfaden durch eine steile Felsrinne mit losem Gestein und am Rand eines Felskars. Trittsicherheit und Schwindelfreiheit notwendig. Alpine Vorkehrungen müssen getroffen werden: Karte und Kompass oder GPS-Gerät mitnehmen, Wettervorhersage (Schnee, Fallnebel) beachten, warme Kleidung, Proviant und Flüssigkeit einpacken.
Einkehr: In Tuiza Riba C. I. Parque Natural de las Ubiñas-La Mesa (Einkehr und Informationszentrum, Tel. +34 985 496 268). Refugio del Meicín (Einkehr und Übernachtung, Tel. +34 609 969 916, refugiodelmeicin.es).
Karte: IGN-CNIG 77-IV Torrebarrio (1:25.000).

Vom Parkplatz vor dem Informationszentrum in **Tuiza Riba (1)** leiten uns die Schilder »Refugio del Meicín – summer access« bergauf aus dem Ort hinaus. Nach gut 45 Min. durchqueren wir eine Pforte und erreichen 10 Min. später das **Refugio del Meicín (2)** mit Trinkbrunnen. Ab hier orientieren wir uns nach Nordwesten in Richtung des Sattels Forqueta del Portillín zwischen

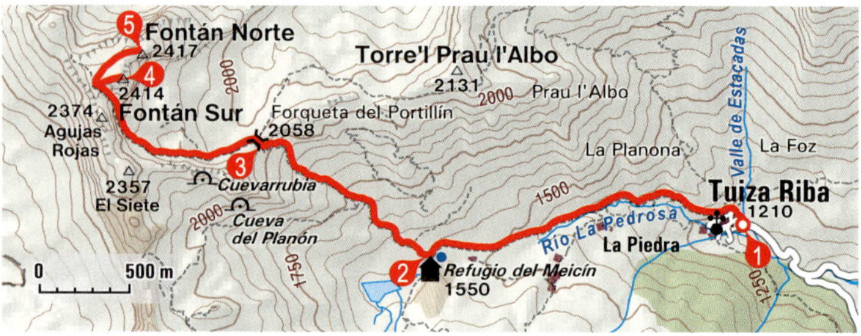

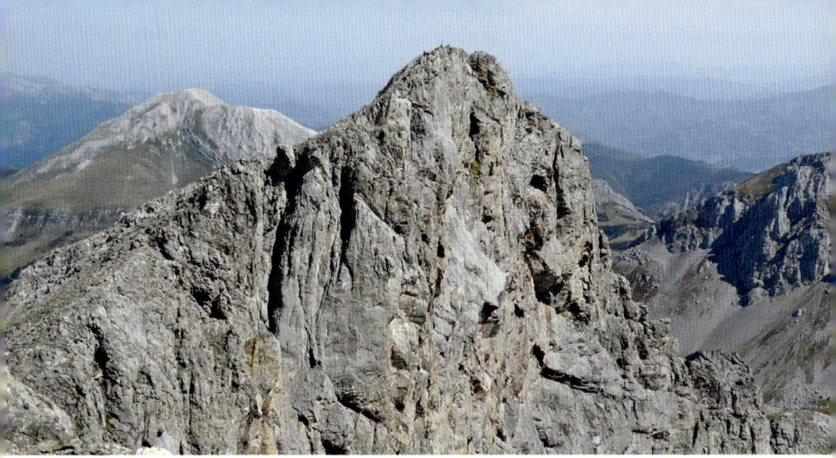

Blick vom Fontán Norte auf den Fontán Sur.

den Gipfeln Portillín Occidental (2229 m; links) und dem Pico del Canalón Oscuro (2143 m; rechts). Der Aufstieg verläuft steil durch das außer in der Schneeschmelze trockene Bachbett. Nach ca. 25 Min. treffen wir auf den Trinkbrunnen mit der Aufschrift »ICONA«. Danach folgen wir dem Pfad leicht links und steigen von dort etwa 1 Std. im Zickzack hinauf zur **Forqueta del Portillín (3)**. Dort sehen wir bereits unseren Weg am linken Rand des Kars und dann steil bergauf durch den Canalón del Buey. Wir folgen dem Pfad kurz links bergab auf das Geröllfeld und links oben auf dem ausgetretenen, leicht ansteigenden Pfad. Schließlich wird der Aufstieg steiler, und wir versuchen so nah wie möglich an der Felswand zum Sattel über dem Canalón del Buey aufzusteigen. Am Sattel orientieren wir uns nach rechts und müssen gleich darauf mit Hilfe unserer Hände eine 3 m hohe Felswand erklimmen. Oben führt uns der Pfad zunächst zum etwas niedrigeren Gipfel des **Fontán Sur (4)**, 2414 m, der lediglich an einem Steinmännchen erkennbar ist. Von dort geht es wieder ein kleines Stück bergab und dann hinauf zum Gipfelkreuz des **Fontán Norte (5)**, 2417 m. Für den Rückweg folgen wir zunächst dem Pfad rechts an der Nordseite des Fontán Sur entlang direkt zur Kletterstelle vor dem Canalón del Buey und kehren auf dem Hinweg zurück nach **Tuiza Riba (1)**.

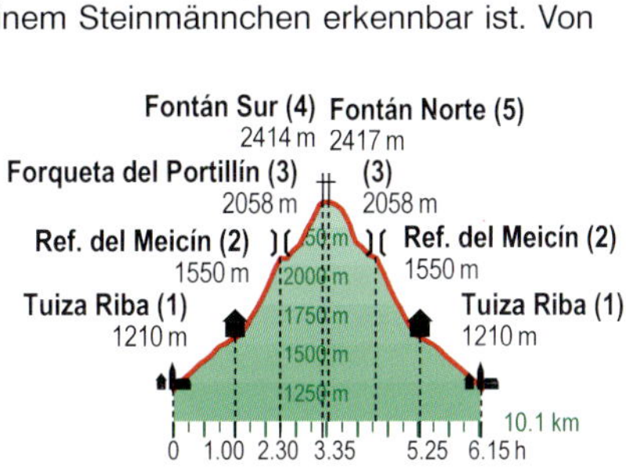

19 Peña Ubiña, 2417 m

6.15 Std.

Der weiße Riese Asturiens

Die Peña Ubiña ist neben dem Fontán Norte der höchste Gipfel des Kalksteingebirgszugs Macizo de Ubiña. »Ubina« bedeutet im – in dieser Region gesprochenen – Asturleonischen weiß. Nach dem Massiv ist auch der Parque Natural de Las Ubiñas–La Mesa benannt. Der Gipfel ist zudem einer der höchsten ganz Asturiens und wird als einer der schönsten gehandelt. Diese technisch und konditionell anspruchsvolle Tour ist etwas für erfahrene Wanderer und Wanderinnen, die Herausforderungen suchen.

Ausgangspunkt: Tuiza Riba, 1210 m, Parkplatz am Ortseingang. Von Campomanes (an N-630 bzw. A-66) auf der LN-8 in Richtung »Parque Natural de Las Ubiñas–La Mesa« bzw. »pto. de la Cubilla«. Ein Stück nach dem Ortsende-Schild von Tuiza gabelt sich die Straße: Nach links über die Brücke geht es auf den Cubilla-Pass (blaues Schild »La Cubilla«; hier geradeaus weiter nach Tuiza Riba (20 km/30 Min.).
Höhenunterschied: 1210 m im Auf- und Abstieg.
Anforderungen: Bis zum Alto Terreos teils nicht markierte, steile Pfade. Die Gipfelbesteigung verläuft durch und auf teilweise markierten Felsbrocken und Felsplatten, der Abstieg auf markierten steilen Pfaden durch Geröll und kleine Felsen. Es müssen alpine Vorkehrungen getroffen werden: Karte und Kompass oder GPS-Gerät mitnehmen, Wettervorhersage (Schnee, Gefahr von Fallnebeln) beachten, warme Kleidung, Proviant und Flüssigkeit mitführen.
Einkehr: In Tuiza Riba C. I. Parque Natural de Las Ubiñas–La Mesa (Einkehr und Informationszentrum, Tel. +34 985 496 268). Refugio del Meicín (Einkehr und Übernachtung, Tel. +34 609 969 916, refugiodelmeicin.es).
Variante: Der hier beschriebene Rückweg kann auch als etwas einfacherer, aber geringfügig längerer Aufstieg gewählt werden.
Karte: IGN-CNIG 77-IV Torrebarrio (1:25.000).

Vom Parkplatz vor dem Informationszentrum in **Tuiza Riba (1)** leiten uns die Schilder »Refugio del Meicín – summer access« bergauf aus dem Ort hinaus. Nach gut 45 Min. durchqueren wir eine Pforte und erreichen 10 Min. später das **Refugio del Meicín (2)** mit Trinkbrunnen. Ab hier folgen wir den Kuhpfaden in Richtung Südwesten den Hang hinauf. Nach ca. 1 Std. erreichen wir den Sattel **Alto Terreos (3)**, erkennbar am Zaun, der die Grenze zwischen Asturien und Castilla y León bildet. Wir bleiben

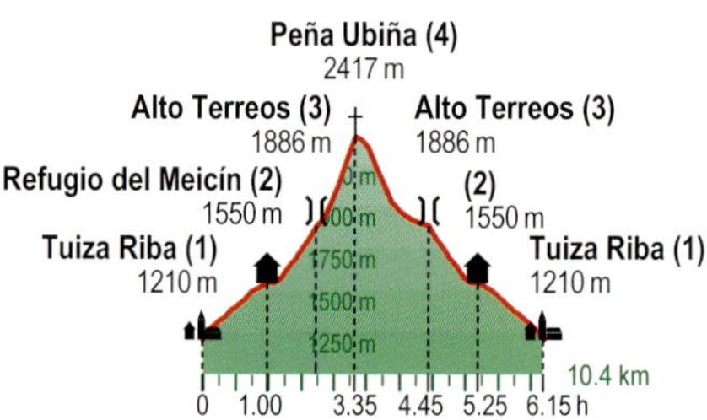

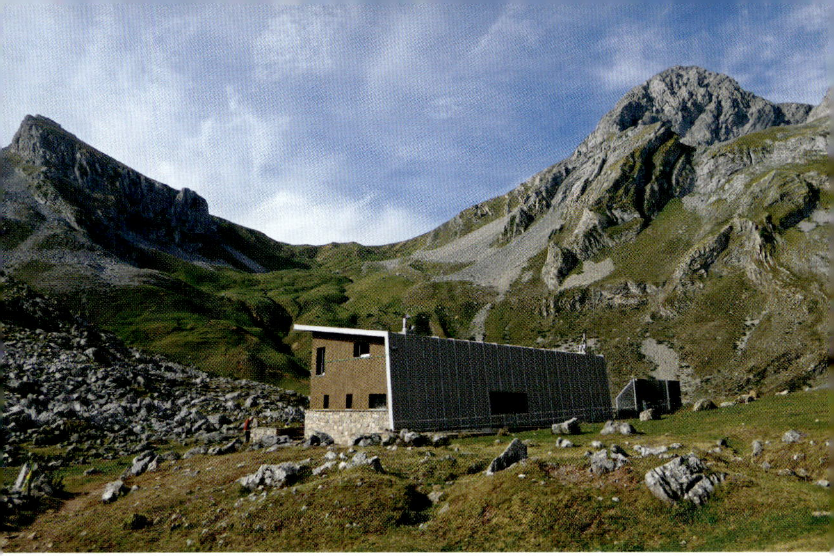

Das Refugio del Meicín, dahinter der Sattel Alto Terreos, zu dem wir aufsteigen.

vor dem Zaun und gehen rechts daneben bergan. Dann gehen wir durch das Gatter des von rechts kommenden zweiten Zauns und bleiben weiter auf dem Pfad rechts neben dem ersten Zaun. Ein Stück nach einer Linkskurve entfernt sich der Pfad vom Zaun. Wir folgen dem Pfad bergauf und gehen an der Gabelung (ca. 20 m nachdem wir den Zaun verlassen haben; vor

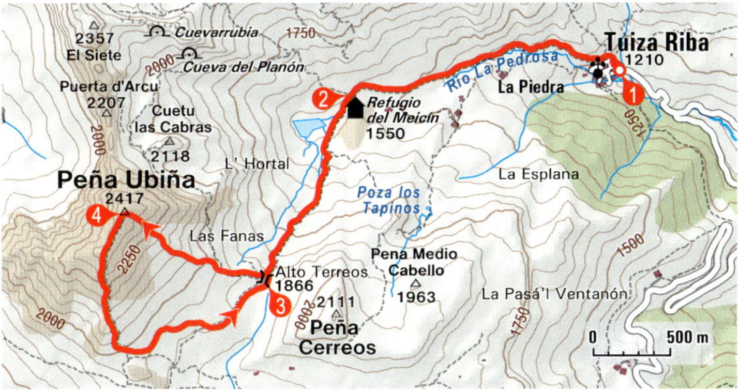

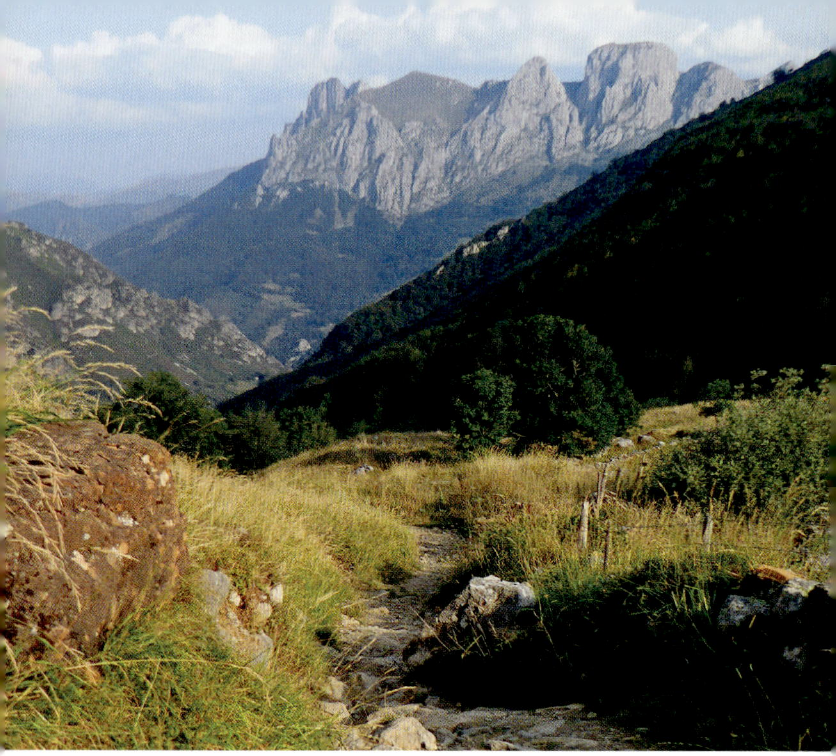

Auf dem Rückweg vom Refugio del Meicín nach Tuiza Riba.

dem Geröllfeld) rechts hinauf. Nun steigen wir im Zickzack und immer in Richtung Westen bergan. Bald erreichen wir die ersten Felsen und Steinmännchen. Nun steigen wir durch die Rinne zwischen Felsen (links) und Geröllfeld (rechts) steil auf. An einigen Stellen müssen wir uns mit den Händen sichern (Rutschgefahr) und erreichen schließlich das Gipfelkreuz der **Peña Ubiña (4)**, 2417 m.

Für den Rückweg gehen wir zunächst ca. 200 m auf dem Berggrat in Richtung Südwesten (gelb-weiße Markierungen) und steigen dann nach links ab (den Zaun in Richtung Süden anpeilen). Am Zaun angelangt biegen wir Richtung Osten ab. Links oben sehen wir ein Geröllfeld. Wir gehen am Hang direkt unterhalb dieses Geröllfelds Richtung Nordosten zurück zum **Alto Terreos (3)**. Dort durchqueren wir den Zaun erneut durch das Gatter und kehren ab hier auf dem Hinweg nach **Tuiza Riba (1)** zurück.

5.30 Std.

Pico Negrón, 1896 m 20

Höhenwanderung zum schwarzen Gipfel

Die Herkunft des Namens Pico Negrón (dt. »tiefschwarzer Gipfel«) liegt beim ersten Blick auf der Hand: Im Vergleich zum benachbarten Gebirgszug der Peña Ubiña (»die Weiße«) wirkt unser Ziel düster. Unser Weg dorthin führt uns zunächst eben über sattgrüne Wiesen und schließlich etwas steiler auf den Gipfel. Dabei wechseln wir mehrmals in die benachbarte Provinz León hinüber. Nach dem Gipfel ist auch der knapp 700 m darunter verlaufende Autobahntunnel »Túnel del Negrón« benannt. Er ist die wichtigste Zufahrt von Süden her nach Asturien und mit 4,1 km einer der längeren Tunnel Spaniens.

Ausgangspunkt: Puerto de la Cubilla, 1689 m, Wandertafel. Von Campomanes (an N-630 bzw. A-66) auf der LN-8 in Richtung »Parque Natural de Las Ubiñas – La Mesa« bzw. »pto. de la Cubilla« bis zum Pass. Parkmöglichkeiten neben der Wandertafel (28 km/50 Min.).

Höhenunterschied: 700 m im Auf- und Abstieg.

Anforderungen: Durchgehend markierte Tour (PR-AS 75 »Ruta los Confines de Lena«, gelb-weiß) auf Wegen, Pfaden und über Wiesen, dennoch etwas Orientierungssinn und Trittsicherheit notwendig. Aufgrund von spontanen Wetterumschwüngen und Fallnebelgefahr empfiehlt sich die Mitnahme von Karte und Kompass bzw. GPS-Gerät mit Track. Im Sommer ausreichend Flüssigkeit mitnehmen (keine Quellen oder Brunnen unterwegs!).

Einkehr/Unterkunft: In Tuiza Riba C. I. Parque Natural de Las Ubiñas–La Mesa (Einkehr u. Informationszentrum, Tel. +34 985 496 268). In Espinedo Casa Ángel (Tagesgerichte, Tel. +34 985 496 188).

Karte: IGN-CNIG 77-IV Torrebarrio, 102-II Sena de Luna und 103-I Busdongo de Arbás (alle 1:25.000).

Idyllische Weide Muñón del Agua.

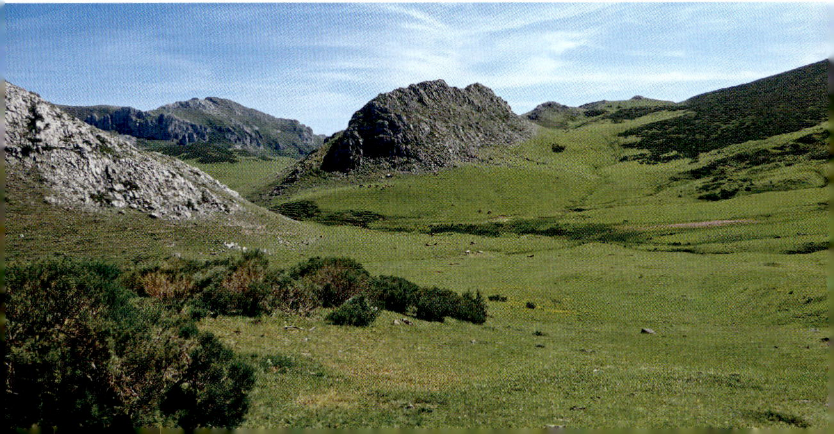

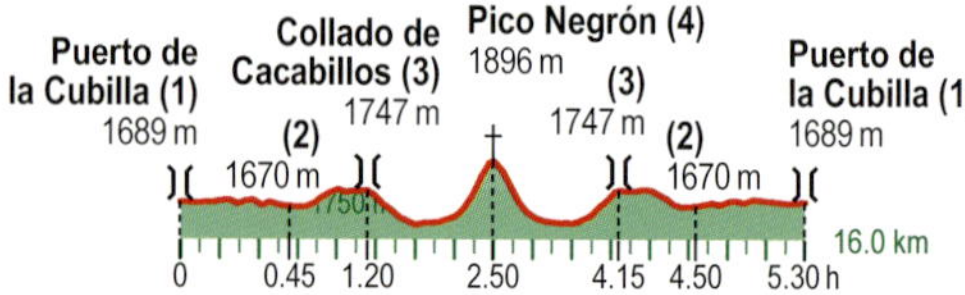

Bei der Wandertafel am **Puerto de la Cubilla (1)** durchqueren wir die Pforte und folgen der Schotterpiste nach links in Richtung Osten. Nach ca. 20 Min. erreichen wir eine Mauer, gehen durch die Pforte und direkt danach nach rechts an der Mauer entlang. Nach 250 m verlassen wir die Mauer nach links. Hier gibt es keinen Pfad mehr, wir orientieren uns in Richtung Südosten und steuern dabei das untere Ende der Felsgruppe vor uns an. Diese umgehen wir links, behalten aber Richtung und Höhe bei. Bald erblicken wir eine Felskuppe, die wir ebenfalls die Richtung beibehaltend links umgehen. Danach schwenkt der Weg nach rechts (Süden) und führt durch eine Felslücke. Anschließend wandern wir wieder in Richtung Südosten und gelangen ca. 15 Min. nach der Felslücke zur Weide **Muñón del Agua (2)**.
Dort durchqueren wir den Zaun und gehen auf dem Pfad geradeaus in Richtung Süden. Nach 200 m verlassen wir den Pfad schräg links (in Richtung Südosten) und peilen dabei ein Gehege an. Dieses umgehen wir an seiner

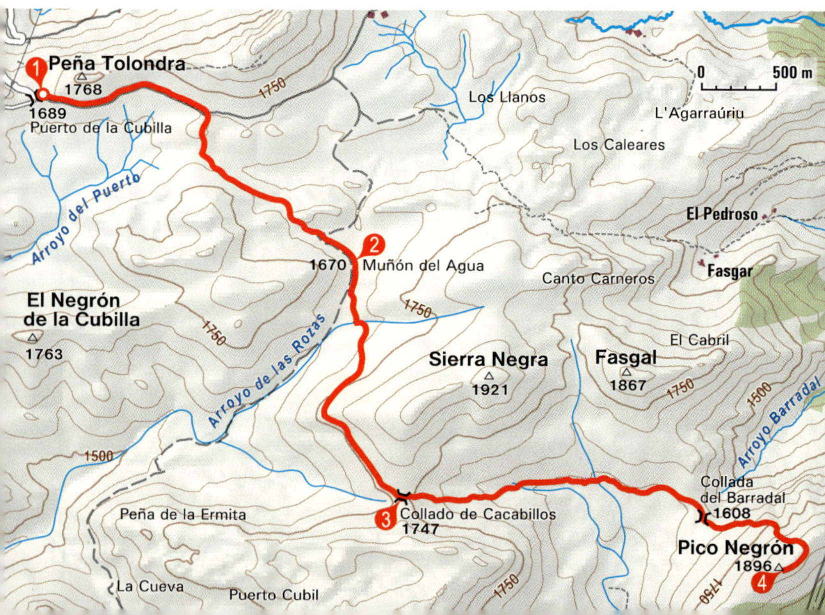

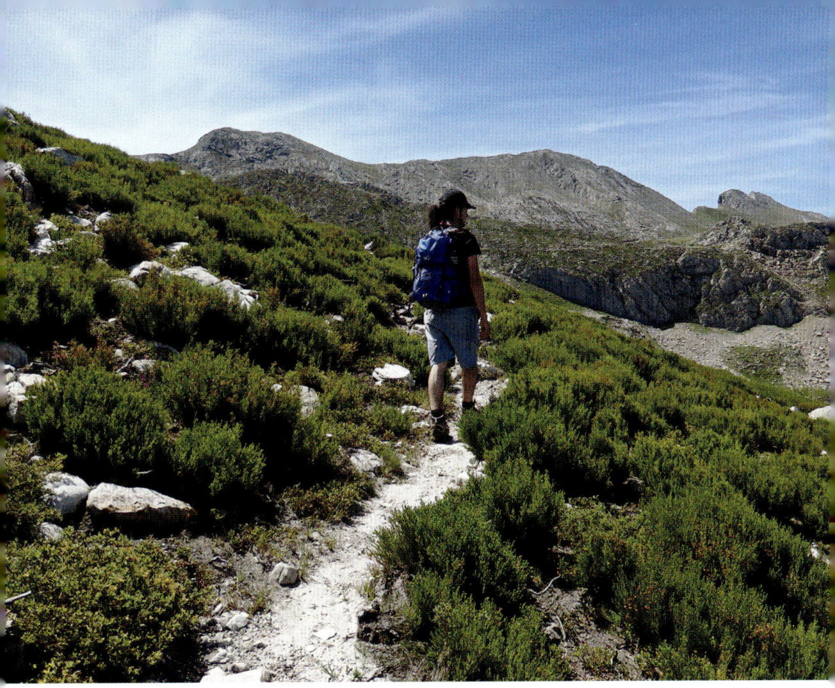

Langsam nähern wir uns dem »rabenschwarzen Gipfel«.

Oberseite. Danach folgen wir einem schmalen, jedoch markierten Pfad (Holzpfosten mit gelb-weißen Streifen) durch flaches Gebüsch leicht bergauf. Der Pfad verläuft zunächst weiter in Richtung Süden, dreht nach 200 m für ca. 10 Min. in Richtung Südwesten und bringt uns schließlich in Richtung Südosten nach weiteren 15 Min. zum Sattel **Collado de Cacabillos (3)**, wo wir zum ersten Mal den Gipfel des Negrón erblicken.
Wir durchqueren den Zaun durch die sich etwas rechts oberhalb befindende Pforte und gehen dann den Markierungen folgend durch das trockene Bachbett bzw. rechts daneben bergab. Nach gut 20 Min./1 km verlässt uns der Bachlauf nach links (Süden) und wir gehen geradeaus immer in Richtung des Gipfels über die Wiese. Bald beginnt unser insgesamt einstündiger Aufstieg auf einem schmalen, steinigen Pfad. Am Sattel (Collada del Barradal, 1608 m) angelangt, verlassen wir die Markierungen des PR-AS 75 (dieser ist als Streckenwanderung konzipiert und führt weiter in Richtung Osten), um nach rechts den Gipfel des **Pico Negrón (4)**, 1896 m, zu erklimmen.
Der Rückweg verläuft auf dem Hinweg.

21 Rundweg Los Puertos de Marabio

2.45 Std.

Ein Pass der besonderen Art

Die Puertos de Marabio (dt. Marabio-Pässe bzw. -weiden) sind ein 1225 Hektar umfassendes Karstgebiet, das 2002 zum Naturdenkmal erklärt wurde. Für uns sichtbar sind die zahlreichen Dolinen; die unterirdischen Höhlen- und Flusssysteme können wir nur erahnen. Der hier vorgestellte Rundweg führt einmal rund um das geschützte Gebiet. Wir genießen dabei stets einen Ausblick in das Karstgelände sowie auf die es umgebenden Gebirgsketten.

Ausgangspunkt: Ermita de Santa Ana, 990 m. In Entrago (an der AS-228) der Beschilderung in Richtung Puertos de Marabio folgen; Parkmöglichkeiten vor der Kapelle (8 km/15 Min.).
Talort: Entrago (Gemeinde Teverga), 340 m.
Höhenunterschied: 240 m im Auf- und Abstieg.
Anforderungen: Teils breite Wege, teils schmale Pfade. An einigen Stellen herrscht bei oder nach Regen Rutschgefahr. Obwohl als PR AS-72 (»Ruta de los Puertos de Marabio«) gelb-weiß markiert, ist an einigen wichtigen Punkten, an denen die Markierung fehlt, Orientierungsvermögen gefragt. Als generelle Orientierung gilt für die ersten zwei Drittel der Tour, immer parallel zur Straße zu gehen. Auf dem letzen Drittel ist der Ausgangspunkt in Sichtweite.
Einkehr: In Entrago Restaurante Peña Sobia (traditionelle Küche und Tagesmenü, Tel. +34 985 764 090).
Karte: IGN-CNIG 52-III Santianes (1:25.000).

Unser ständiger Begleiter ist die Aussicht auf das Kantabrische Gebirge.

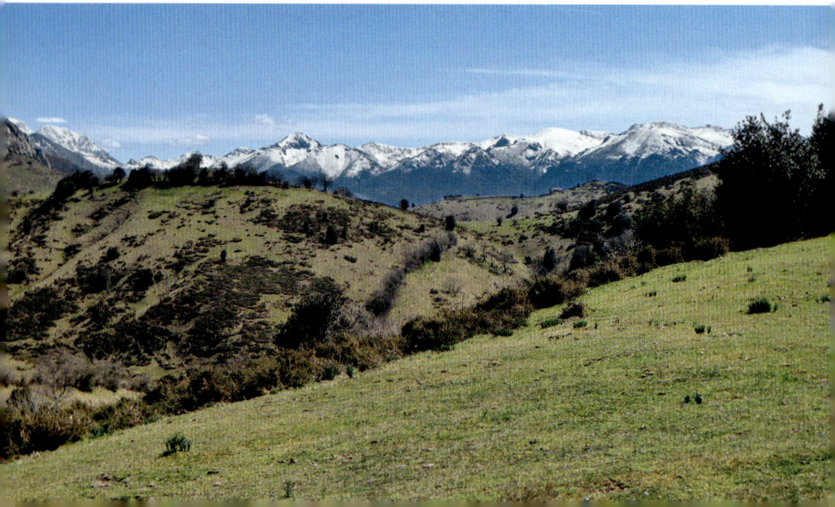

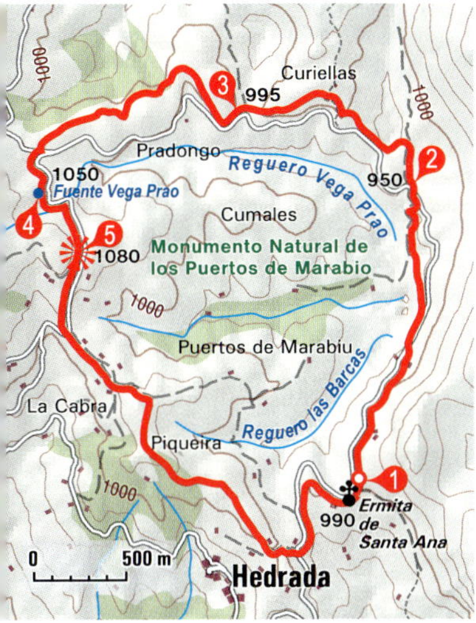

Von der **Ermita de Santa Ana (1)** aus gehen wir zunächst auf der Straße in Richtung Norden und verlassen sie nach ca. 1 km nach links. Nach nochmals 20 Min. überqueren wir die Straße **(2)** und folgen weiter dem Pfad. An der nächsten Gabelung gehen wir nach links auf einem schmalen Pfad zwischen dem Gehöft und einer Steinmauer weiter und gelangen erneut zur Straße. Wir folgen ihr rund 200 m nach rechts oben und schlagen dann wieder rechts den Pfad ein (Vorsicht: links der Markierung, nicht rechts dem breiten Weg folgen!). Wir kommen kurzzeitig auf einen Fahrweg, biegen jedoch in der Rechtskurve vor der Mauer in den Pfad links ein und treffen wenige Minuten später auf den GR 109 **(3)**. Unser Weg führt zwischen dessen Beschilderung (links) und einer großen Stechpalme (rechts) auf einem unscheinbaren Pfad weiter. Am Sattel angelangt gehen wir in einer scharfen Linkskurve in Richtung Steinhaus, folgen dem Pfad bergauf und auf der Nordseite der beiden Hügel entlang (links von uns verläuft die Straße). Über eine Wiese gelangen wir wieder zur Straße, überqueren sie und gehen am Abzweig bergab in Richtung Süden. Kurz darauf kommen wir an der **Fuente Vega Prao (4)** vorbei und erreichen 10 Min. später den höchsten Punkt **(5)** unserer Tour.

Wir folgen der Straße bergab und verlassen sie in der ersten scharfen Rechtskurve nach links auf einen Fahrweg. Der Weg verliert sich bald, wir passieren den Hügel auf seiner linken Seite, kommen über einen kleinen Sattel, halten uns dann rechts und steigen sanft über einen mit Bäumen bewachsenen Bergrücken ab (hier ist in Richtung Südosten schon der Ausgangspunkt sichtbar). Nach einer Senke und einem darauffolgenden, kurzen Anstieg treffen wir wieder auf einen Fahrweg, der uns zu unserer Anfahrtsstraße bringt. Wir folgen ihr nach links, kürzen die letzte Rechtskurve auf dem nach rechts auf die Wiese abzweigenden Pfad ab und erreichen kurz darauf die **Ermita de Santa Ana (1)**.

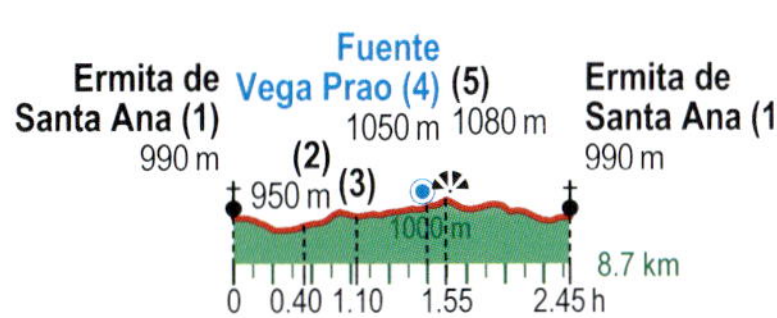

22 Pico Loral, 1248 m, und Pico del Buey Muerto, 1022 m

5.15 Std.

Ausflug in eine der am dünnsten besiedelten Regionen Asturiens

Die kleine Doppelgemeinde Yernes y Tameza zeichnet sich trotz der relativen Nähe zu Oviedo durch weitgehend unberührte Ländlichkeit ohne großen Massentrubel aus. Unsere Tour führt uns auf zwei Gipfel, unterwegs passieren wir zwei noch immer genutzte Almen sowie einen Teich. Lohnend sind auch das mit nachhaltiger Energie betriebene Umweltbildungszentrum Aula Vital (nur mit Anmeldung) und dessen frei zugänglicher botanischer Garten.

Ausgangspunkt: Yernes, 700 m, Parkplatz. Von Grado auf der AS-311 bis Yernes (22 km/35 Min.).
Höhenunterschied: 750 m im Auf- und Abstieg.
Anforderungen: Nicht markierter Rundweg teilweise auf befestigten Wegen, teilweise über Hochwiesen; Orientierungssinn notwendig. Der Abstieg erfolgt im steilen Zickzack auf nicht markierten Pfaden (Alternative: auf demselben Weg zurückkehren).
Einkehr/Unterkunft: Parrilla San Pedro, an AS-311 zwischen Km 7 und 8 (Restaurant, Tel. +34 985 753 546). Viele Einkehr- und Übernachtungsmöglichkeiten in Grado.
Tipp: Aula Vital, Tel. +34 649 574 120, infoaulavital@mail.com, fundacionvital.com.
Karte: IGN-CNIG 52-I Villabre (1:25.000).

Vom Parkplatz in **Yernes (1)** aus gehen wir an der Infotafel vorbei auf der asphaltierten Straße bergauf und gelangen nach gut 45 Min. zur **Braña Senra (2)**. Hier wird die Straße zur Schotterpiste, auf der wir nach 45 Min. den Sattel **Collado Fancuaya (3)** erreichen. Nach dem Teich gehen wir rechts und beginnen den 30-minütigen Aufstieg zum Gipfel des **Pico Loral (4)**, 1248 m.

Auf dem Rückweg: Blick auf Yernes.

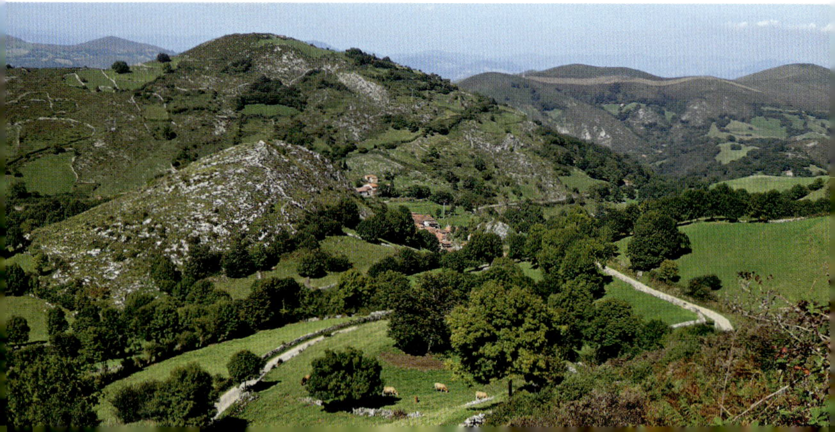

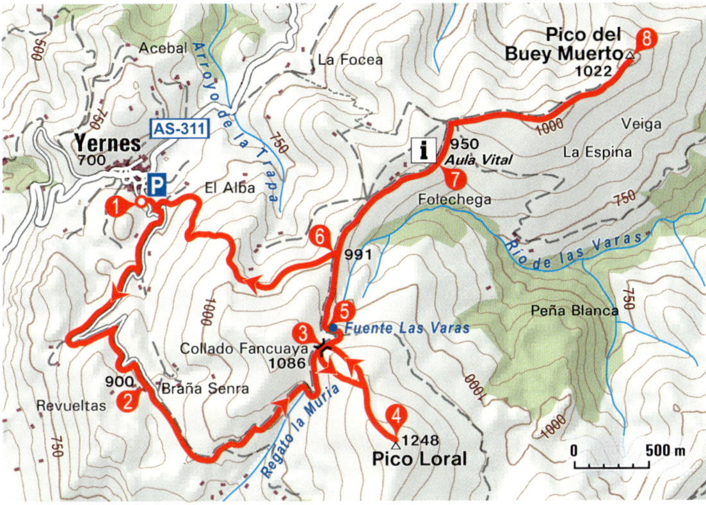

Wir kehren zum **Collado Fancuaya (3)** zurück, folgen der Schotterpiste nach rechts und gelangen nach der scharfen Linkskehre zur **Fuente Las Varas (5)**. Am Abzweig unseres späteren Weiterwegs nach links **(6)** und an den Brañas Negras vorbei kommen wir zur **Aula Vital (7)**. Nach dem Zaun des rechts gelegenen botanischen Gartens biegen wir rechts ab und beginnen den gut 30-minütigen Aufstieg zum **Pico del Buey Muerto (8)**, 1022 m. Der Gipfel befindet sich hinter dem Zaun direkt an der Grenze zwischen den Gemeinden Yernes y Tameza und Teverga.

Nun kehren wir auf dem gleichen Weg zurück, passieren wieder die **Aula Vital (7)** und schlagen 700 m nach den Brañas Negras auf dem zweiten Sattel den kleinen Pfad nach rechts ein **(6)**. An der ersten Gabelung gehen wir rechts bergab und an der zweiten links neben dem Haus bergauf. Auf dem Kamm sehen wir bereits unser Ziel Yernes. Der Abstieg verläuft im steilen Zickzack auf nicht markierten (Vieh-)Pfaden. Schließlich treffen wir auf die vom Aufstieg bekannte Straße und gehen auf dieser zurück nach **Yernes (1)**. Alternativ kann man ab dem Abzweig **(6)** auch auf der Schotterpiste des Hinwegs nach Yernes zurückkehren.

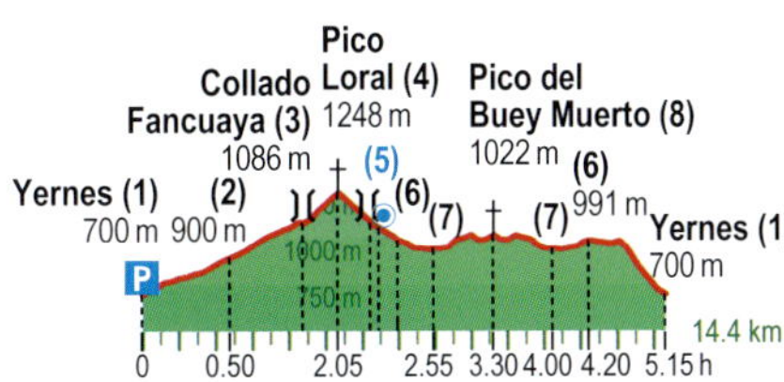

23 La Senda del Oso

3.45 Std.

Zu Besuch bei den Bären

Diese Tour ist durch und durch kinderfreundlich: Der gut markierte Weg verläuft fast eben entlang des Río Trubia und es gibt viele Einkehrmöglichkeiten, einen Picknickplatz und sogar ein Freibad. Der Höhepunkt sind aber die Bärenschutzgehege der Fundación Oso de Asturias. Die Stiftung widmet sich hier seit 1996 der Pflege verwaister und verletzter kantabrischer Braunbären, die nicht (mehr) in der Wildnis leben können. Nachdem die 28-jährige Bärin Tola Anfang 2018 gestorben ist, bewohnen derzeit nur noch Molina und Paca die Gehege.

Ausgangspunkt: Caranga Baxu, 240 m, Parkplatz am südlichen Ortsende. Von Oviedo auf der A-63 nach Westen bis Abfahrt Trubia, von Trubia auf der AS-228 nach Caranga Baxu/Caranga de Abajo (33 km/ 40 Min.); ab Busbahnhof Oviedo mit Linienbus Oviedo–Teverga (vier Mal tgl., Fahrzeit 1 Std., ctaconecta.com).
Höhenunterschied: 160 m im Auf- und Abstieg.
Anforderungen: Einfache Tour, durchgängig markiert (grüne Schilder mit weißer Aufschrift »Senda del Oso«). Es werden mehrere (dezent beleuchtete) Tunnel durchquert, weshalb kleine Entdecker eine Taschenlampe mitnehmen können.
Einkehr/Unterkunft: In Caranga Baxu La Casa'l Cura (Fusion aus traditioneller und moderner asturischer Küche; durchgängig an Ostern und Juli/August, ansonsten nur Sa/So geöffnet, Tel. +34 629 828 969). In Proaza L'Esbardu (asturische Küche, Tagesmenüs, Tel. +34 985 761 152). Im Sommer und an Wochenen-

Die sich küssenden Felsen.

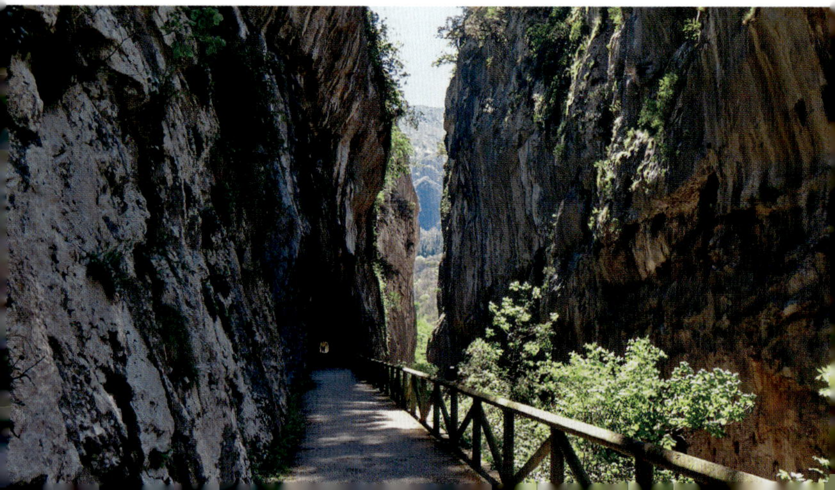

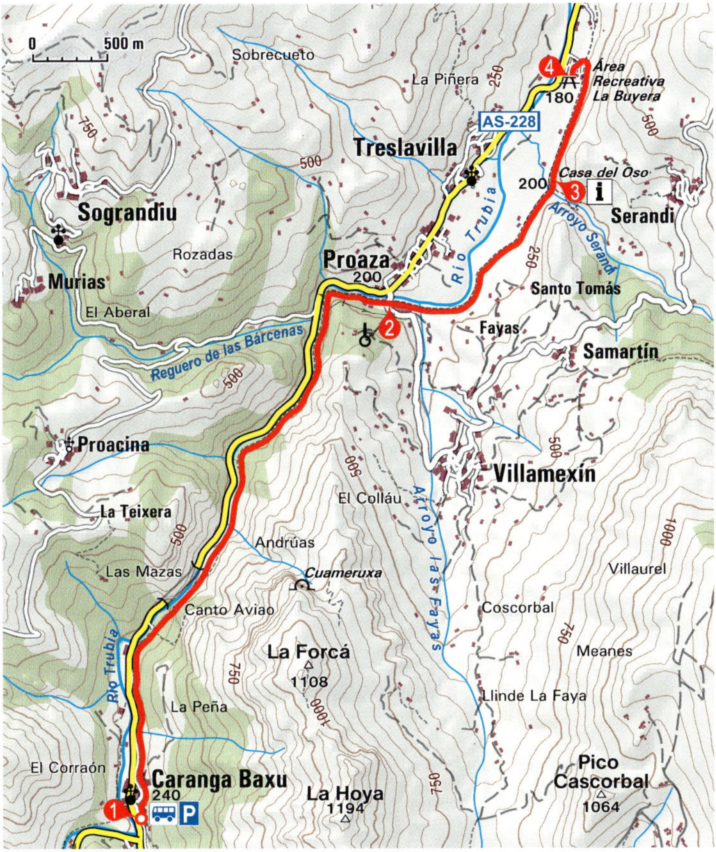

den ist der Kiosk am Rastplatz La Buyera geöffnet.

Hinweis: Information zur Stiftung Asturischer Bär auf osodeasturias.es (nur auf Spanisch). Der Weg zu den Gehegen ist an keine Öffnungszeit gebunden und gratis.

Tipp: 1. Das Freibad ist von Mitte Juni bis Mitte September geöffnet. 2. Bei Interesse kann die Tour – auch mit Fahrrad, Fahrradverleihe gibt es in Tuñón, Proaza und Teverga – in beide Richtungen erheblich verlängert werden: in Richtung Norden nach Trubia (10 km) bzw. Oviedo (40 km) und in Richtung Süden nach Teverga (10 km) oder Quirós (12 km).

Karte: IGN-CNIG 52-II Proaza und 52-III Santianes (1:25.000).

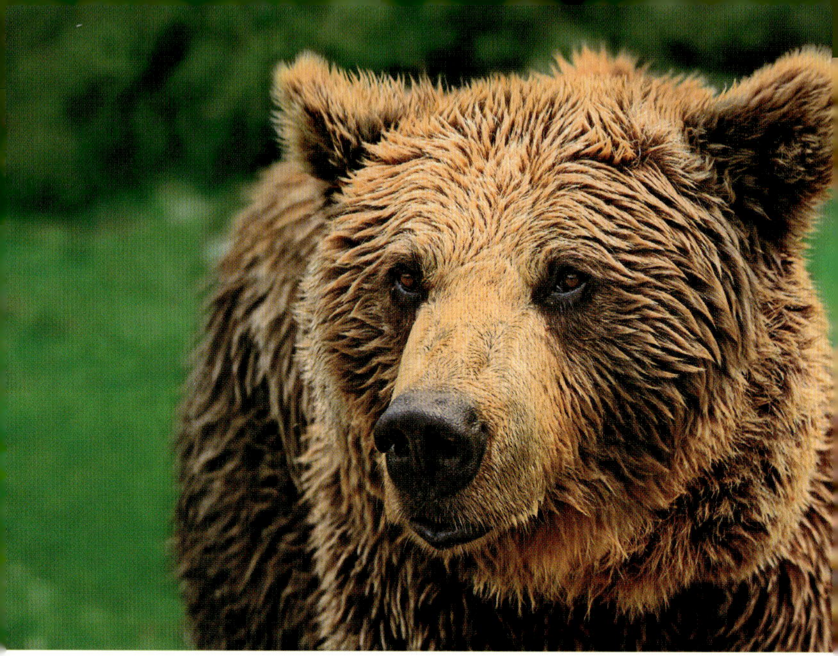

Mit großer Wahrscheinlichkeit sehen wir eine der beiden asturischen Braunbärinnen.

Beim Parkplatz in **Caranga Baxu (1)** überqueren wir die Straße, gehen ein Stück geradeaus und nach den Häusern links. Wir folgen diesem Weg 100 m, gehen durch eine Unterführung und sofort danach links hinauf und gelangen oben auf einen Schotterweg mit Holzgeländer. Dieser Fuß- und Fahrradweg ist der eigentliche »Senda del Oso« (Bärenpfad), dem wir von nun an nach rechts in Richtung Norden folgen. Nach gut 15 Min. treffen wir auf eine Gabelung, an der wir den Weg rechts wählen. Rund 50 Min. später erreichen wir ein Elektrizitätswerk und einen Abzweig, wo man nach links in den Ort **Proaza (2)** abbiegen könnte. Zu den Bärengehegen und zur **Casa del Oso (3)** der Stiftung Asturischer Bär wandern wir jedoch geradeaus weiter. Nach den Gehegen empfehlen wir, noch ein Stück weiter geradeaus zum Rastplatz **La Buyera (4)** mit Einkehrmöglichkeit und Freibad zu gehen.

Der Rückweg verläuft auf dem Hinweg.

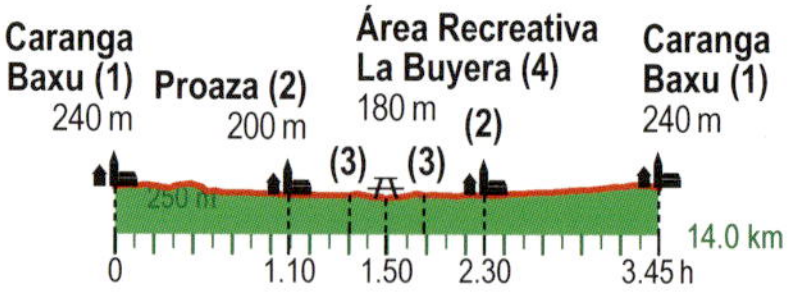

3.15 Std.

Desfiladero de Las Xanas

24 TOP

Durch die Schlucht der Wassernymphen

Dieser schöne Rundweg ganz in der Nähe von Oviedo ist einer der beliebtesten Tagesausflüge in Asturien. Hauptattraktion ist die Schlucht »Desfiladero de Las Xanas«. Benannt ist sie nach den »Xanas«, Fabelwesen der asturischen Mythologie. Der Sage nach sollen die bildhübschen Wassernymphen in diesen Gewässern besonders zahlreich sein. Aber auch das Waldstück direkt neben dem Bachlauf, der Ort Pedroveya sowie die spektakulären Aussichten und Kulturlandschaften auf dem zweiten Teil der Wanderung machen diese Tour zu einem rundum gelungenen Erlebnis für die ganze Familie.

Ausgangspunkt: Molín de Las Xanas, 180 m, Park- und Rastplatz sowie Infotafel. Von Oviedo auf der A-63 nach Westen bis Abfahrt Trubia, von Trubia auf der AS-228 bis zum Schild links »Desfiladero de Las Xanas« (25 km/30 Min.); ab Busbahnhof Oviedo mit Linienbus Oviedo–Teverga bis Bushaltestelle »Villanueva/Cruce las Xanas« (vier Mal tgl., Fahrzeit gut 1 Std., ctaconecta.com).
Höhenunterschied: 480 m im Auf- und Abstieg.
Anforderungen: Bis auf den Einstieg anfangs nicht markiert, aber die Orientierung ist einfach; ab Pedroveya als PR-AS 187 ausgeschildert. Schmale, teils steinige Pfade, einige kurze Anstiege. Mit Kindern kann man die Tour abkürzen, indem man ab dem Wald oder in Pedroveya umkehrt.
Einkehr/Unterkunft: Am Ausgangspunkt Bar Las Xanas (Tel. +34 985 761 471). In Pedroveya Casa Generosa (hervorragende, hausgemachte Gerichte, mittwochs geschlossen, Tel. +34 985 783 046).
Karte: IGN-CNIG 52-II Proaza (1:25.000).

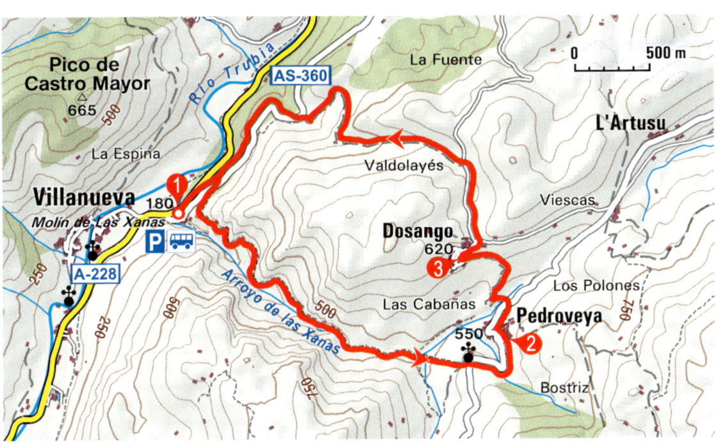

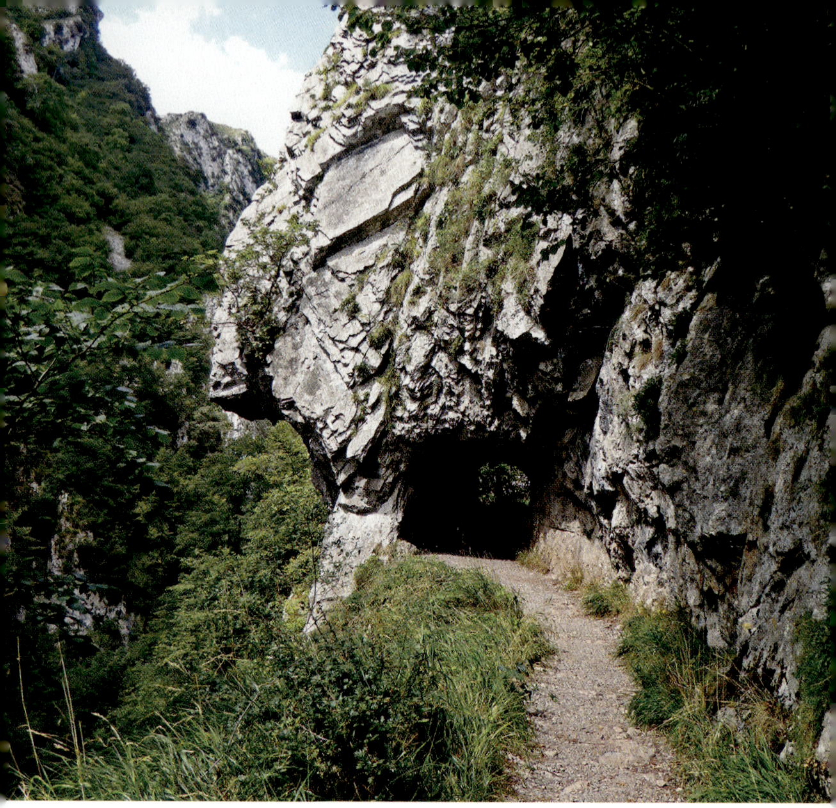

Abenteuerlicher Pfad durch die Schlucht.

Beim Parkplatz **Molín de Las Xanas (1)** gehen wir die Treppen hinauf zur Straße (AS-360), folgen ihr knapp 400 m bergauf und biegen beim Schild »Desfiladero de Las Xanas« in den Weg nach rechts oben ein. Auf diesem wandern wir nun auf dem teilweise steinigen Pfad durch die spektakuläre Schlucht bergauf. Nach ca. 50 Min. erreichen wir einen Wald und überqueren den Bach auf einer Brücke. Schließlich treffen wir auf eine Gabelung, an der wir links gehen, den Bach erneut auf einer Brücke überqueren, steil aufsteigen und den Wald verlassen. Weiter bergauf über eine Wiese erblicken wir zunächst die kleine, auf einer Anhöhe gelegene Iglesia de San Antonio und gelangen dann auf der asphaltierten Straße 10 Min. später ins Ortszentrum von **Pedroveya (2)**.

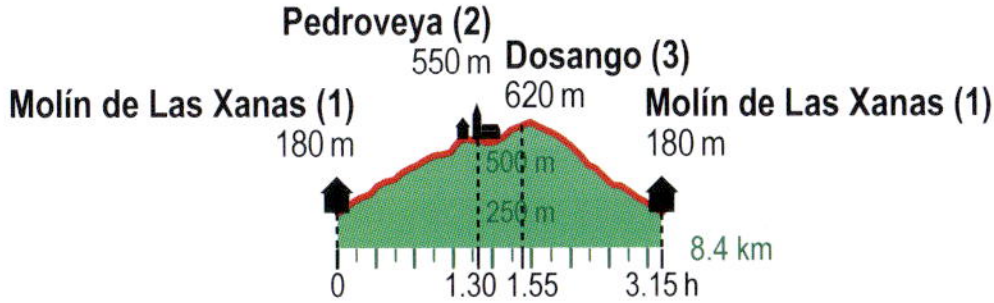

Wir gehen auf der Hauptstraße durch den Ort (nach dem Restaurant links) und folgen nach dem Ortsende links dem als PR-AS 187 ausgeschilderten Weg. Nach knapp 30 Min. gelangen wir hinauf in den etwas kleineren Ort **Dosango (3)**, den wir auf der Hauptstraße durchqueren. Am oberen Dorfrand treffen wir auf eine etwas größere Straße, der wir nach links ca. 500 m bergab folgen, bis uns wieder ein Schild nach links auf einen Weg zum »Desfiladero de Las Xanas« weist. Wir wandern auf dem markierten Weg nun stets bergab, gehen dann links auf einem Fahrweg weiter, der schließlich wieder auf die AS-360 trifft. An dieser gehen wir nach links kurz bergauf, dann immer bergab und zuletzt auf dem Bürgersteig zurück zu unserem Ausgangspunkt **Molín de Las Xanas (1)**.

Der Ort Pedroveya mit der Sierra de Aramo im Hintergrund.

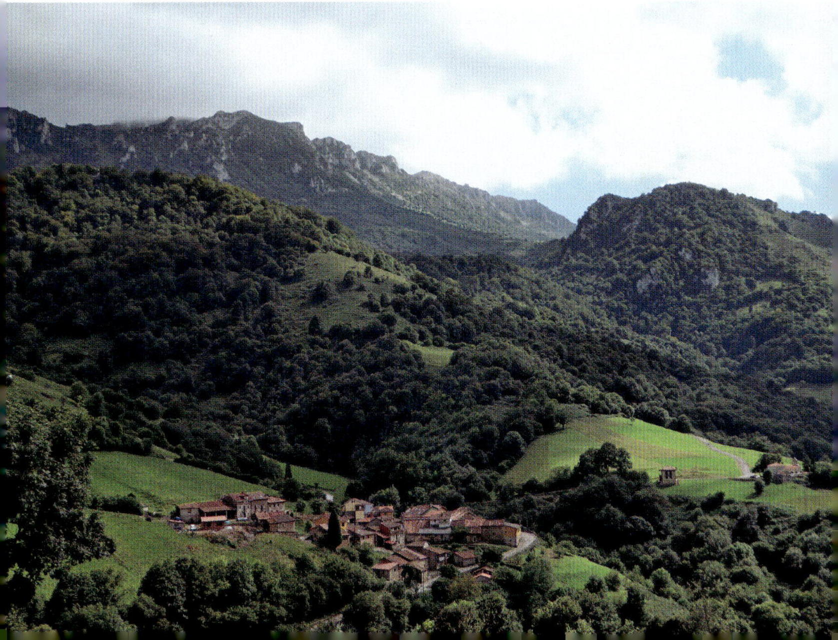

25 La Mostayal, 1304 m

4.15 Std.

Der schönste Gipfel in der Nähe von Oviedo

Der Mostayal ist nicht der höchste Punkt der aus Oviedo stets sichtbaren Sierra del Aramo. Dennoch ist der Aufstieg zum Gipfel eine der beliebtesten Bergtouren in der Nähe der Hauptstadt. Der abwechslungsreiche Weg über die nach Süden ausgerichteten Wiesen und Felsen ist kurzweilig, der Gipfel belohnt mit einem hervorragenden Ausblick von den Picos de Europa bis zum Atlantik.

Ausgangspunkt: La Vara, 550 m, Parkplatz am Spielplatz. Von Oviedo auf der A-66 in Richtung Mieres bis Ausfahrt 35, dann auf der N-630 in Richtung Soto de Ribera/Morcín/Riosa. Zwischen km 38 und 39 rechts nach Santa Eulalia de Morcín (auch Santolaya de Morcín) abzweigen und den Schildern zur MO-1 folgen. Auf dieser zwischen km 5 und 6 rechts den Schildern nach El Perco/Melendreda/La Vara bis in den Ort La Vara folgen. Parkmöglichkeit beim Spielplatz (18 km/30 Min.).
Höhenunterschied: 750 m im Auf- und Abstieg.

Anforderungen: Weitgehend markierter Gipfelaufstieg (zwei gelbe horizontale Linien). Zwar noch keine »schwarze« Tour, aber an einigen Stellen sind Orientierungsvermögen, Trittsicherheit und Schwindelfreiheit notwendig. Generell zu jeder Jahreszeit begehbar, aber Wettervorhersage beachten.
Einkehr/Unterkunft: In Santa Eulalia de Morcín.
Variante: Mit dem Auto bis zur Alm Vega de Bobies fahren. Dadurch rund 2.15 Std./5,4 km kürzer und 370 Hm weniger.
Karte: IGN-CNIG 52-II Proaza und 52-IV La Vega (1:25.000).

Beim Parkplatz vor dem kleinen Spielplatz in **La Vara (1)** gehen wir nach rechts (Norden) auf der Hauptstraße bergauf durch den Ort. An der Quelle am Ortsende gabelt sich die Straße, wir gehen links hinauf und folgen dann gleich wieder rechts der Hauptstraße. Auf ihr wandern wir in 1.15 Std. zur Alm **Vega de Bobies (2)** mit einem Gehege (Startpunkt für die kürzere Variante). Nun orientieren wir uns in Richtung des nordwestlich gelegenen Sattels. Zunächst gehen wir links des Bachs in Richtung Westen über die Wiese bergauf (keine Markierungen) und folgen bald darauf den nach rechts (Norden) verlaufenden Pfaden. Bei den zwei Bäumen gehen wir geradeaus und sehen sogleich drei Almhütten. Wir schwenken nach links, lassen die Hütten hinter uns und kommen

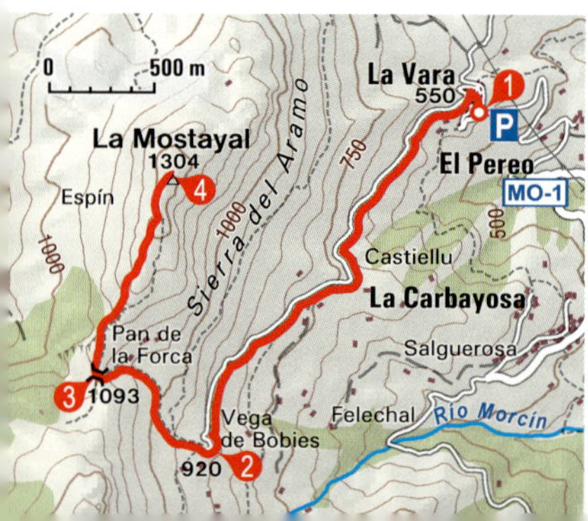

nach 5 Min. an einer Quelle vorbei. Wir gehen weiter bergauf und treffen bald auf Felsen mit Farbmarkierungen. Diese leiten uns hinauf zum Sattel **Pan de la Forca (3)**. Dort orientieren wir uns nach rechts in Richtung der im Norden sichtbaren Felsen. Dann halten wir uns zunächst etwas links der Felsen und rechts des Zauns. Am Ende des Zauns schwenken wir nach Nordosten und steigen zu einer kleinen Wiese auf. Dort angelangt folgen wir immer den Markierungen durch die Felsen und gelangen leicht links des Kammes zum Gipfel der **La Mostayal (4)**, 1304 m. Der Abstieg verläuft auf dem Hinweg.

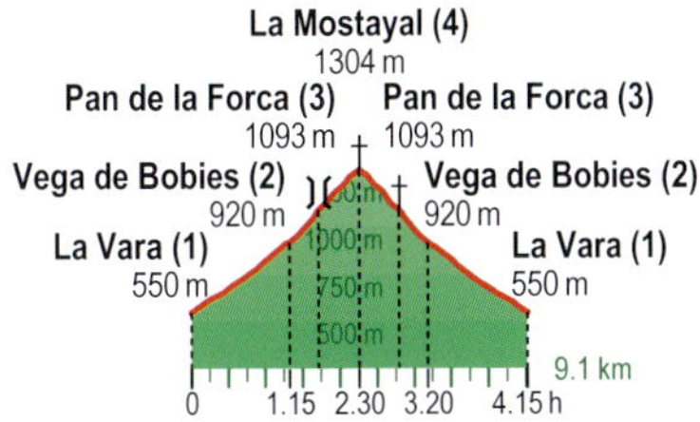

Geschafft! Auf dem Gipfel angelangt.

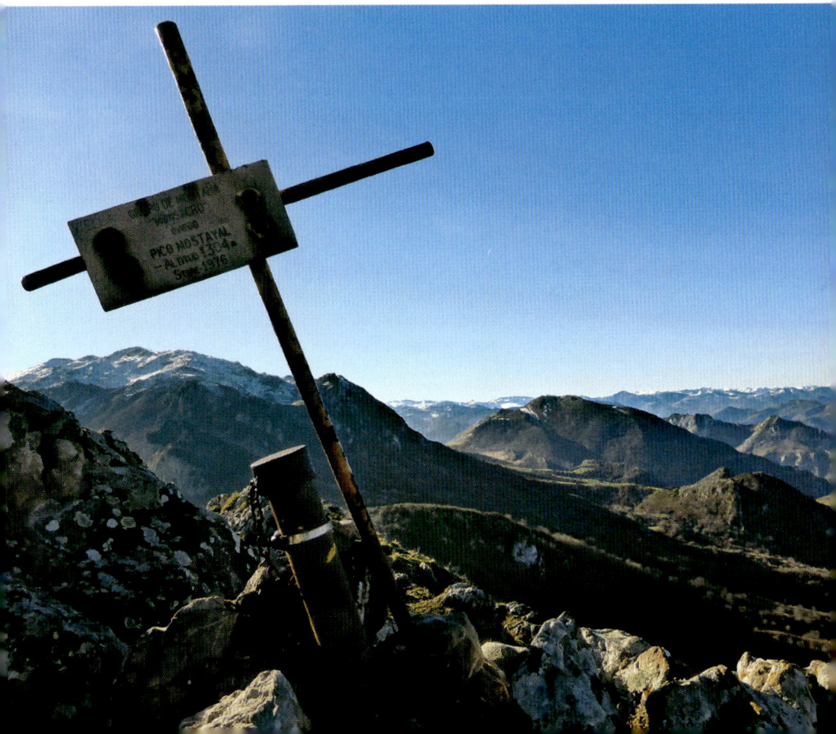

26 La Gamonal, 1712 m

4.30 Std.

Der wildeste Gipfel des Aramo-Gebirges

Diese Tour führt uns an drei idyllischen Almen vorbei auf den zweithöchsten Gipfel der Sierra del Aramo. Seine Nähe zur Hauptstadt Asturiens macht ihn zu einem beliebten Ausflugsziel und seine zentrale Lage in Asturien ermöglicht eine hervorragende Aussicht vom kantabrischen Gebirgszug im Süden bis zum Atlantik im Norden.

Ausgangspunkt: Vega de Bobies, 920 m. Von Oviedo auf der A-66 in Richtung Mieres bis Ausfahrt 35, dann auf der N-630 in Richtung Soto de Ribera/Morcín/Riosa. Zwischen km 38 und 39 rechts nach Santa Eulalia de Morcín (auch Santolaya de Morcín) abzweigen und den Schildern zur MO-1 folgen. Auf dieser zwischen km 5 und 6 rechts den Schildern nach El Perco/Melendreda/La Vara bis in den Ort La Vara folgen; am Ortsende links bergauf (Achtung: sehr steile Kurve) bis zum Ende der Straße bei der Alm Vega de Bobies (20 km/35 Min.)
Höhenunterschied: 800 m im Auf- und Abstieg.
Anforderungen: Nicht markierte Mittelgebirgstour über meist schmale Pfade und Wiesen; einige steile Anstiege. Karte und Kompass bzw. GPS-Gerät und Track sind Voraussetzung. Im letzten Drittel der Tour ist der Gipfel sichtbar und dient damit als Orientierungshilfe. Wettervorhersage beachten, vor allem im Sommer Gefahr von spontanen Fallnebeln. Nach Regenperioden und Schneeschmelze ist die erste Hälfte der Tour sehr matschig.
Einkehr/Unterkunft: In Santa Eulalia de Morcín.
Variante: Start der Tour bereits in La Vara, dadurch rund 2.15 Std./5,4 km länger und 370 Hm zusätzlich.
Karte: IGN-CNIG 52-II Proaza und 52-IV La Vega (1:25.000).

Bei der **Vega de Bobies (1)** orientieren wir uns zunächst in Richtung Süden auf den Stall zu, gehen aber nach 5 m nach rechts über die Wiese zu den beiden Felsinseln. Diese umgehen wir links, sehen dann zu unserer Rechten eine Steinhütte und finden geradeaus einen Kuhpfad. Nun folgen wir immer diesem Pfad. Er führt durch ein Gatter, beschreibt eine Kurve, überquert dabei einen Bach und durchquert dann ein weiteres Gatter. Über eine Wiese und einen weiteren Bach erreichen wir eine Quelle. Dann halten wir uns leicht links, passieren die Hütten der Alm **Fonfría (2)** und überqueren abermals einen Bach. In Richtung Südosten sehen wir am Hang einen Pfad, den wir geradeaus durch die Senke erreichen. Dann folgen wir dem Pfad bergauf und überqueren da-

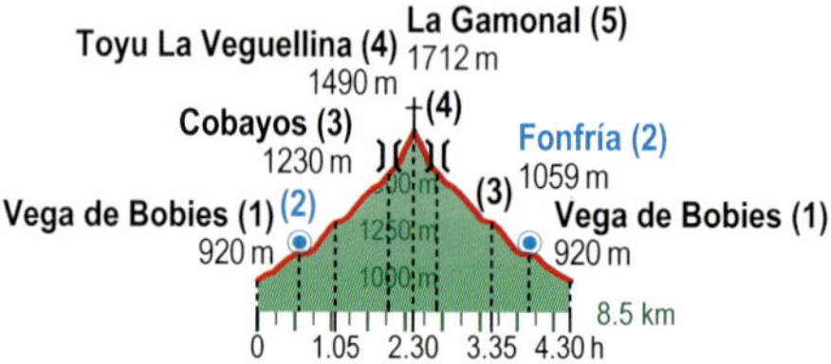

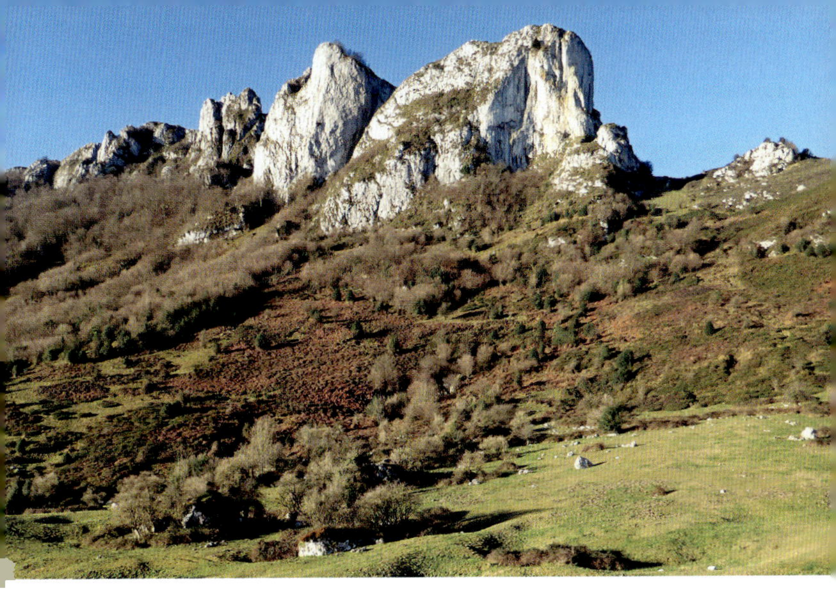

Auf der Vega de Bobies.

bei einen weiteren Bach. Auf einer Wiese am Hang verläuft sich der Pfad kurz: Wir halten uns rechts bergauf und treffen dann erneut auf einen Pfad. Nach ca. 5 Min. gabelt sich der Pfad in drei Richtungen, wobei wir dem unteren linken Weg folgen. Wir kreuzen auf Höhe einiger großen Felsen (zu unserer Linken) einen Pfad, gehen jedoch geradeaus weiter. Bald treffen wir auf eine Quelle, an der wir rechts bergauf gehen und so einen kleinen umzäunten Teich erreichen. Sogleich gelangen wir zu den ersten Häusern der Alm **Cobayos (3)**.

Wir gehen geradeaus zur Landstraße, folgen dieser ein kleines Stück rechts hinauf und biegen in der Linkskurve gemäß dem Schild »Co-

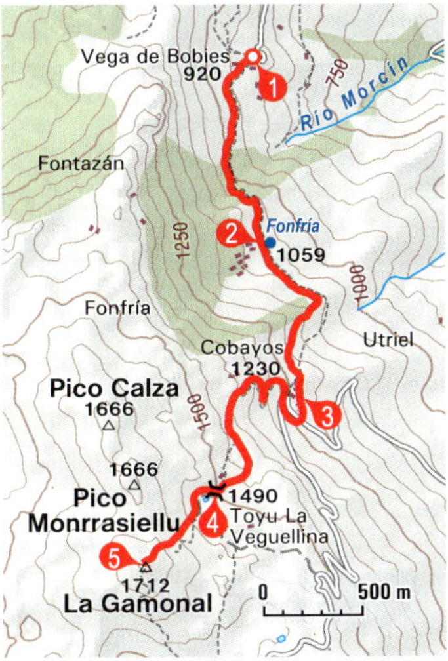

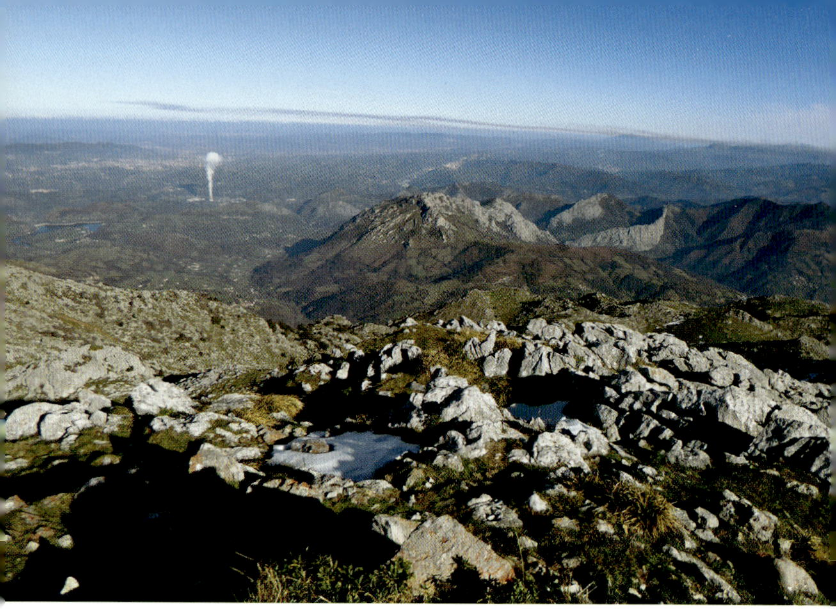

Blick vom Gipfel auf Oviedo.

bayos« rechts ab. Wir gehen rechts an den Hütten vorbei und dort auf einen Pfad. Dieser führt uns nun in drei großen Kehren bergauf durch einen kleinen Wald. Schließlich verlassen wir den Wald in Richtung Süden auf einem leicht ansteigenden Pfad. Dieser Pfad gabelt sich nach ca. 120 m etwas unterhalb einer Hütte in zwei ungleich breite Pfade. Wir wählen den schmaleren, grasigen Pfad, der geradeaus in die gleiche Richtung wie bisher verläuft. Bald erreichen wir die ersten Felsen, die wir in Richtung Südosten durchqueren. Kurz darauf ist der Gipfel des Gamonal – an seiner Antenne erkennbar – zu sehen. Wenig später umgehen wir eine Senke und eine kleine Hütte nach links. Vor uns erblicken wir eine weitere Senke, die wir geradeaus durchqueren. Die nächste Senke umgehen wir rechts. Die dritte und letzte Senke durchqueren wir wieder geradeaus und steigen danach zum Sattel **Toyu La Veguellina (4)** auf.
Gleich dahinter befindet sich ein Wasserspeicher, den wir nach rechts auf einem Fahrweg umgehen. In einer Kurve ist der Fahrweg betoniert; dort gehen wir rechts auf einem Pfad bergauf. Ab hier verläuft der Aufstieg »auf Sicht«: Immer im steilen Zickzack, teilweise über Pfade, teilweise über Wiesen und Felsen erreichen wir den Gipfel **La Gamonal (5)**, 1712 m.
Der Abstieg verläuft auf dem Hinweg.

4.15 Std.

Rundweg über dem Valle de Cuna **27**

Vielseitige Tour im Herzen Asturiens

Diese Wanderung führt uns aus dem anschaulichen Talort Cenera auf schönen Wanderwegen zunächst durch Eichen- und Kastanienwälder, später über sattgrüne Wiesen und Hochebenen. Dabei kommen wir des Öfteren in den Genuss wunderbarer Ausblicke auf die Sierra del Aramo, das asturische Zentralgebirge.

Ausgangspunkt: Cenera 290 m. Von Mieres del Camino auf der AS-242 in Richtung Süden, beim Kreisverkehr mit dem Autobahnschild »Oviedo/León« nach rechts über die Autobahn, bei der T-Kreuzung links in Richtung »Valle de Cuna Cenera« abbiegen, dann rechts über die Bahnbrücke und auf der MI-4 der Ausschilderung nach Cenera folgen. Parkmöglichkeit im Ort vor dem alten Stadtpalast (7 km/15 Min.).

Höhenunterschied: 600 m im Auf- und Abstieg.

Anforderungen: Trotz recht guter Markierung (PR-AS 39 »Sendero Valle de Cuna«, gelb-weiß) ist an ein paar wenigen Stellen Orientierungsvermögen gefragt. Nach Regen kann der Aufstieg an einigen Stellen sehr matschig sein.

Einkehr/Unterkunft: In Cenera Mesón la Panoya (traditionelle Küche und Tagesmenüs, mittwochs Ruhetag, Tel. +34 985 426 350, restaurante-la-panoya.business.site).

Karte: IGN-CNIG 53-III Turón (1:25.000).

Am Sattel Campa Tio Vicente begrüßt uns eine Kuh: kein Einzelfall in Asturien.

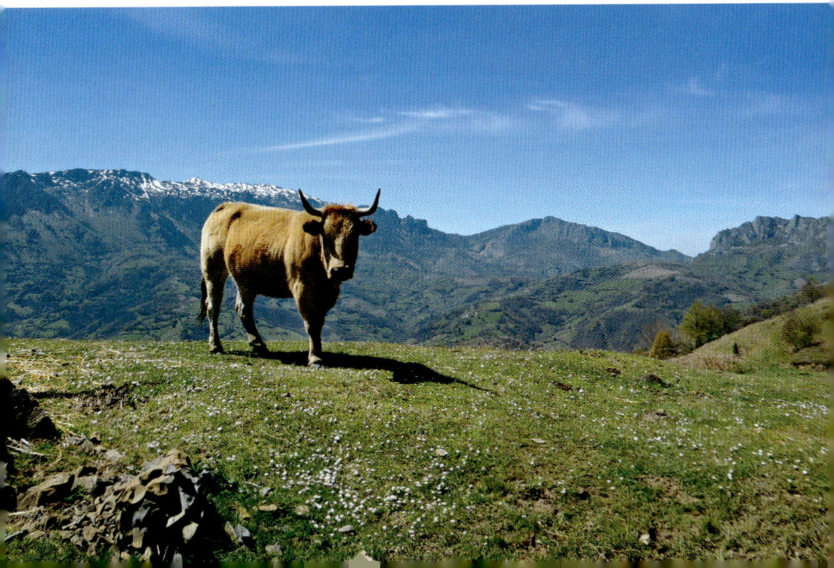

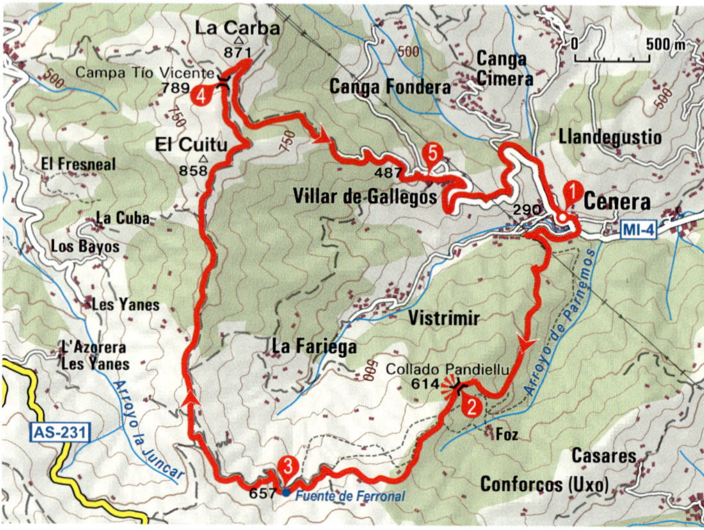

Vom Parkplatz in **Cenera (1)** gehen wir auf der Straße nach Osten aus dem Ort, folgen ihr durch die Rechtskurve (links ein zweiter Parkplatz) und schlagen dann die Straße nach rechts oben in Richtung »Foz« (Schilder) ein. Nach 5 Min. nehmen wir den Abzweig nach links (Schild »PR-AS 39 Foz 1700 m«). An der ersten Gabelung des Waldwegs gehen wir links bergauf. Dann verläuft der Weg ein kurzes Stück eben, bis er an der nächsten Gabelung wieder nach rechts ansteigt. An den nächsten drei Gabelungen gehen wir jeweils links bergauf und gelangen so auf den **Collado Pandiellu (2)** mit Ausblick auf den Bergzug des Aramo.

Anschließend überqueren wir geradeaus einen kleinen Gipfel und gehen an der nächsten Gabelung rechts bergab. Nach der Zaunpforte wandern wir geradeaus weiter. Unser Pfad wird allmählich zu einem breiteren Weg, und wir gelangen zur **Fuente de Ferronal (3)**. Wir gehen weiter bergauf und lassen einen Abzweig rechts liegen. An der Dreiergabelung wählen wir den mittleren Weg geradeaus. Nach ca. 150 m passiert unser Weg einen Abzweig nach rechts und beschreibt eine Linkskurve. Kurz danach treffen wir auf einen

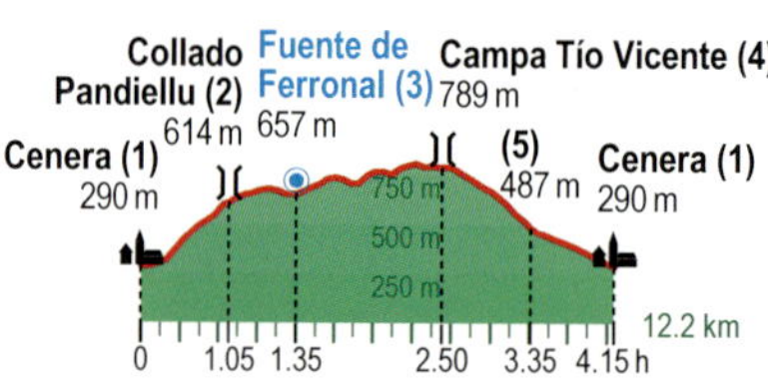

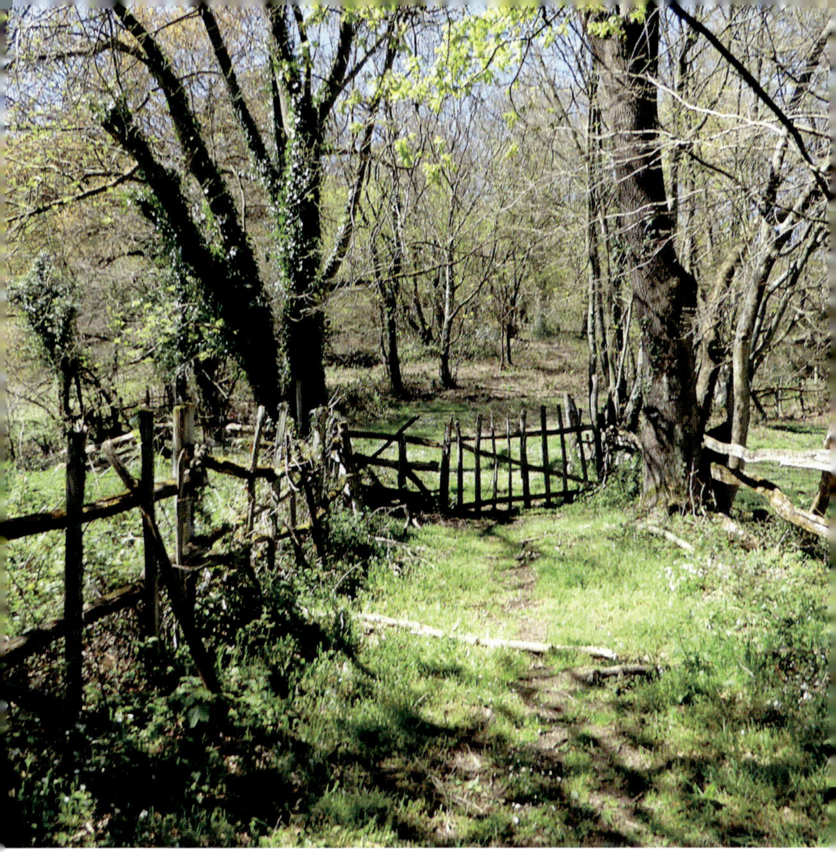

An einigen Stellen werden Viehzäune durchquert.

Fahrweg, der parallel zu einer markierten Gasleitung läuft. Wir folgen ihm immer in Richtung Norden, bis wir auf eine zweite Quelle kurz vor dem Sattel **Campa Tío Vicente (4)** treffen. Vom Sattel gehen wir rechts bergab und folgen nun der Schotterpiste (Abzweig links kurz nach dem Sattel ignorieren), die allmählich zur Straße wird und uns in den hübschen Ort **Villar de Gallegos (5)** führt. Wir durchqueren den Ort bergab. Vor dem zweiten Brunnen gehen wir nach rechts zur Straße MI-5, die uns direkt zurück nach **Cenera** bringt. Am Waschhaus gehen wir rechts und durch den Ort zurück zu unserem **Ausgangspunkt (1)**.

28 Rundweg Camín La Sacavera

4.00 Std.

Auf Salamanderspuren

»Sacavera« bedeutet auf Asturisch Salamander und es ist durchaus möglich, auf diesem vielseitigen Rundweg durch die Ausläufer des asturischen Zentralgebirges Sierra del Aramo auf diese Amphibien zu treffen. Ein weiterer Reiz der Tour: Sie verläuft zwar in der Nähe von Oviedo, dennoch liegen die durchwanderten Ortschaften, insbesondere das traditionelle Bergdorf Siones, in schönster Abgeschiedenheit.

Ausgangspunkt: Caces, 121 m, zentraler Platz. Von Oviedo auf der A-63 in Richtung Grado bis Ausfahrt 4, dann auf der N-634 in Richtung Sograndio und nach 1,5 km auf der AS-322 über Las Caldas nach Caces. Parkmöglichkeit auf dem zentralen Platz (10 km/20 Min.). Stadtbuslinie G1/G2 Oviedo–Caces; Fahrtzeit ca. 30 Min., Information unter tua.es.
Höhenunterschied: 460 m im Auf- und Abstieg.
Anforderungen: Einige kurze Anstiege verlangen Trittsicherheit, ebenso der Abstieg von Siones nach Caces. Trotz einiger nicht markierter Stellen ist der Weg in der Regel gut zu finden. Besonders im Frühjahr und Sommer kann der Weg zwischen (1) und (2) sowie nach dem Verlassen der OV-1 stark zugewachsen sein. In diesen Fällen kann der Ort Puerto durchquert anstatt umgangen werden bzw. die OV-1 bis nach Caces weitergegangen werden.
Einkehr/Unterkunft: In Caces Restaurante Casa Eleuterio (traditionelle Küche, Tel. +34 985 798 008). In Fuso de la Reina Casa Chema (u. a. vegetarische Küche, Tel. +34 665 867 973, casachema.com); La Nieta Pin (traditionelle Küche, Tel. +34 985 798 162, montags geschlossen). In Siones Bar El Pando (nur Sa/So, nur Getränke und Snacks).
Karte: IGN-CNIG 52-II Proaza (1:25.000).

Vom zentralen Dorfplatz von **Caces (1)** gehen wir in Richtung Osten und auf der Brücke über den Río Nalón. Danach biegen wir rechts ab und folgen ihm flussaufwärts (Schilder »Senda Verde/Fuso de la Reina«). Am stillgelegten Bahnhof von **Fuso de la Reina (2)** überqueren wir die Schienen nach rechts und biegen danach wieder nach rechts ab. Wir gehen am Restaurant La Nieta Pin vorbei und folgen dann dem ersten betonierten Weg links steil bergauf. Der Betonweg wird sogleich zu einem Pfad, der uns im Zickzack (erste Gabelung rechts, zweite links) bergauf zur Landstraße führt. An dieser gehen wir nach links bis zur Gabelung am Restaurant Casa Chema, wo wir rechts dem Schild »Mortera/Lavares« folgen. Nach knapp 400 m beginnt rechts der »Camín La Sacavera« (Infotafel). Wir folgen dem Pfad bis zu einem traditionellen Waschhaus, wo wir den linken Weg bergauf in den Ort **Puerto (3)** wählen. Durch den Ort gelangen wir an eine Straßenkreuzung,

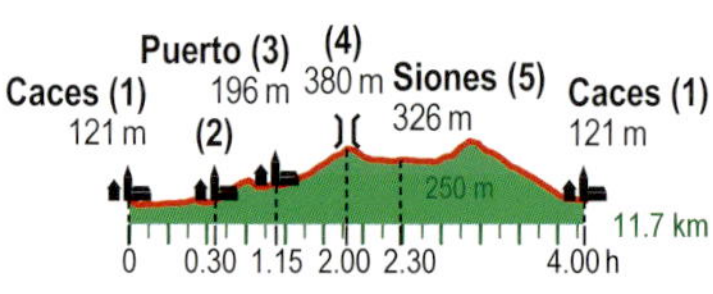

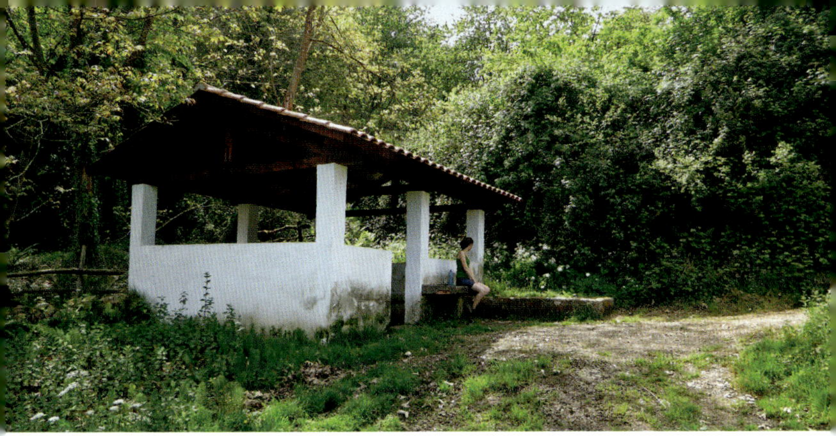

Das Waschhaus kurz vor Puerto.

an der wir gemäß dem Schild in Richtung »Valle« nach links oben weitergehen. Zeitweise wird der Weg zum Pfad, und es besteht Rutschgefahr. Nach 45 Min. treffen wir im Wald auf einen Sattel **(4)**, an dem sich unser Weg gabelt. Wir wählen den rechten Weg, der sich schließlich mit einem etwas breiteren Weg vereint, auf dem wir geradeaus in den Ort **Siones (5)** gelangen.

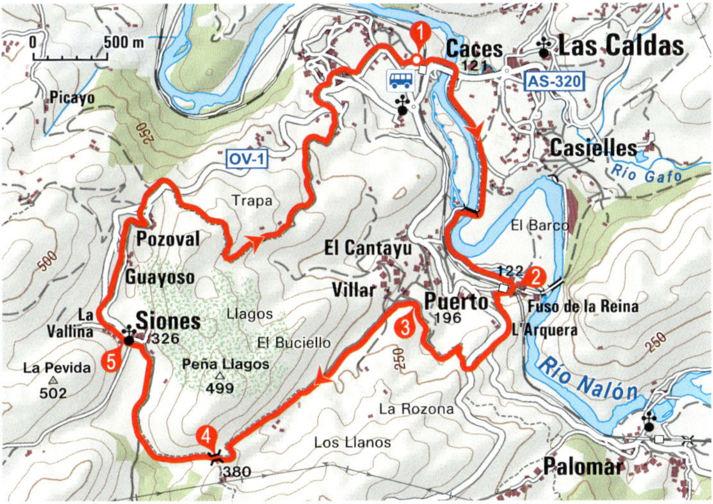

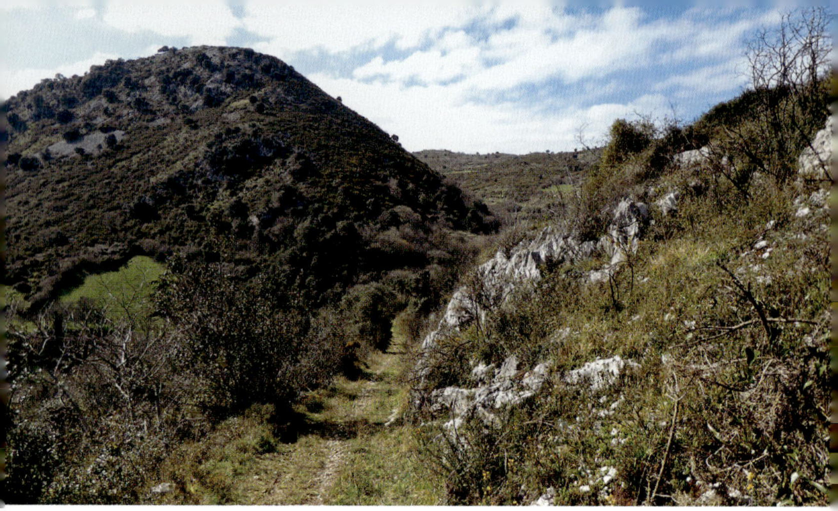

Kurz vor Siones.

Zunächst erreichen wir die Bar El Pando (davor Wandertafel) und etwas später den Dorfplatz, an dem wir uns rechts halten. Kurz nach dem Ort weist uns das Schild »Guayoso« auf ein Sträßchen, das uns zunächst eben und nach einer Rechtskurve bergauf in diesen Ortsteil führt. An der Gabelung gehen wir rechts und an der nächsten Dreiergabelung mittig zur Hauptstraße.
Dieser folgen wir ein kurzes Stück geradeaus und schlagen in der ersten Kurve rechts den Pfad ein. Nun bleiben wir immer auf dem schmalen Pfad, der zunächst ansteigt und bald durch einen kleinen Eukalyptuswald wieder an Höhe verliert. Der Wald lichtet sich und wir erblicken unseren Ausgangsort Caces. Geradeaus, zwischen Farn und Brombeersträuchern hindurch, peilen wir das etwas weiter unten gelegene Eukalyptuswäldchen an. An dessen linkem oberen Ende angelangt, gehen wir geradeaus bergab, bis die Eukalyptusbäume enden und Haselnusssträucher den Weg säumen. Dort knickt der Weg nach links ab, wir aber folgen dem Weg geradeaus auf die betonierte Straße mit Infotafel. Wir folgen dieser bis zu einem Pumphäuschen. Ab dort gehen wir an der Landstraße OV-1 entlang. Diese beschreibt eine Rechtskurve, danach verlassen wir sie am zweiten Abzweig nach links. An der ersten Gabelung halten wir uns rechts und direkt danach an der Kreuzung geradeaus. Unser Weg beschreibt eine Rechtskurve, überquert eine etwas breitere Straße und schwenkt nach Nordosten. An den nächsten, dicht aufeinanderfolgenden Gabelungen gehen wir jeweils rechts (in Richtung Südosten). An der nächsten Kreuzung gehen wir links und gelangen so zurück zum Dorfplatz von **Caces (1)**.

4.15 Std.

Pico Paisano, 637 m 29

Eine hervorragende Mischung aus Kultur und Natur

Die Highlights dieses Rundwegs sind zweifelsohne die beiden präromanischen Kirchen Santa María del Naranco und San Miguel de Lillo. Beide entstanden Mitte des 9. Jh. als Teil der Sommerresidenz von König Ramiro I., wobei Santa María ursprünglich als Thronsaal diente und erst 1150 zur Kirche geweiht wurde. Heute sind sie Teil des UNESCO-Weltkulturerbes. Auch der Ausblick vom Pico Paisano (637 m) ist beeindruckend: Wer entdeckt unseren Ausgangspunkt, die Kathedrale von Oviedo? Außerdem können wir die 35 m hohe Christusstatue Sagrado Corazón (Heiliges Herz), die sich auf dem Gipfel befindet und von Oviedo aus gut zu sehen ist, aus der Nähe betrachten.

Ausgangspunkt: Oviedo, 231 m, Kathedrale.
Höhenunterschied: 480 m im Auf- und Abstieg.
Anforderungen: Halbtagstour auf nicht immer markierten Wegen und mit einigen kräftigen Anstiegen (auf Asphalt).
Einkehr/Unterkunft: In Oviedo; Einkehr 200 m links von Santa María del Naranco.
Variante: Mit Pkw oder Bus kann die Tour familienfreundlich verkürzt werden. Parkplätze: »Prerrománico« und »Santa María del Naranco« (Av. de los Monumentos, südlich der Kirchen). Von Oviedo aus stdl. mit den Stadtbuslinien A1/A2, Haltestellen u. a. C/ Uria ggü. Campo de San Francisco, Fahrzeit ca. 15 Min.; tua.es.
Hinweis: Besichtigung der Kirchen außer montags nur mit Führung (auf Spanisch). Tickets im Informationszentrum, April–Sept. Di–Sa 9.30–13 und 15.30–19 Uhr, So/Mo 9.30–13 Uhr; Okt.–März Di–Sa 10–14.30 Uhr, So/Mo 10–12.30 Uhr; Tel. +34 638 260 163, santamariadelnaranco.es.
Karte: IGN-CNIG 28-IV Oviedo oeste (1:25.000).

Santa María del Naranco.

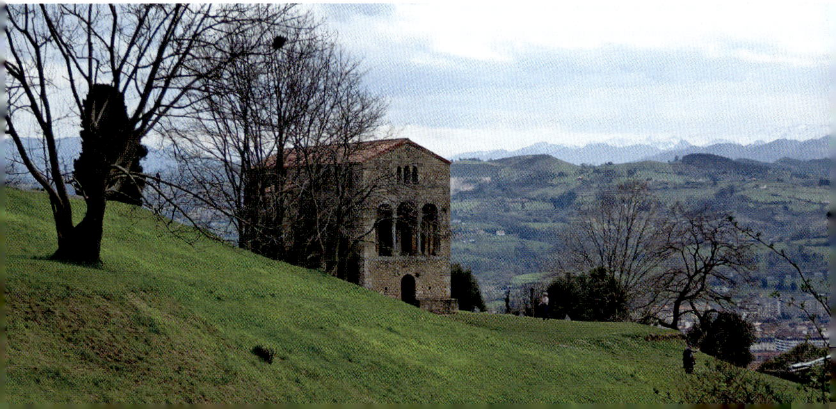

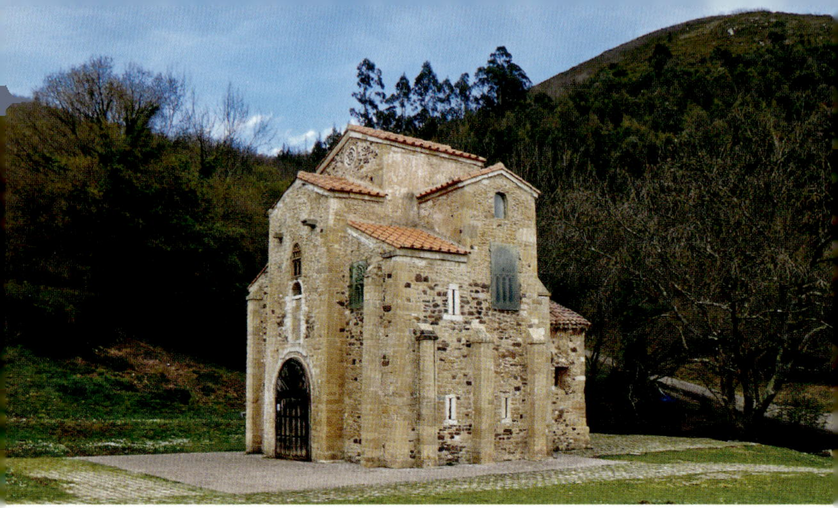

San Miguel de Lillo.

Von der Kathedrale von **Oviedo (1)** gehen wir auf der C/ Eusebio González Abascal, dann C/ de San Francisco in Richtung Westen zum Park Campo de San Francisco. Dort folgen wir nach rechts der C/ Uría zum Hauptbahnhof. Über die Treppe links des Bahnhofsgebäudes gelangen wir auf den Platz über dem Bahnhof (»Plaza de los Ferroviarios«). Wir überqueren ihn geradeaus (Kreisverkehr und Spielplatz bleiben links liegen) und steigen danach die Treppen hoch. Nach einem weiteren Spielplatz halten wir uns links und biegen nach der Kirche rechts in die Av. San Pedro de los Arcos ein. Diese wird zur C/ Peña Ubiña und trifft am Ende auf die Av. de los Monumentos. An dieser gehen wir rechts bergauf bis zum Parkplatzschild »Monumentos Prerrománicos«. Wir gehen links und bei der Bushaltestelle »Prerrománico« gleich rechts (Schild »Monumentos Prerrománicos – acceso peatonal«) über den Parkplatz bis zu einem Waldpfad. Dieser bringt uns nach rechts zum Informationszentrum mit Rastplatz und Brunnen. Nun gehen wir nach rechts, um **Santa María del Naranco (2)** zu besichtigen. Danach kehren wir zurück zum Brunnen und steigen durch den Wald hinauf zu **San Miguel de Lillo (3)**.

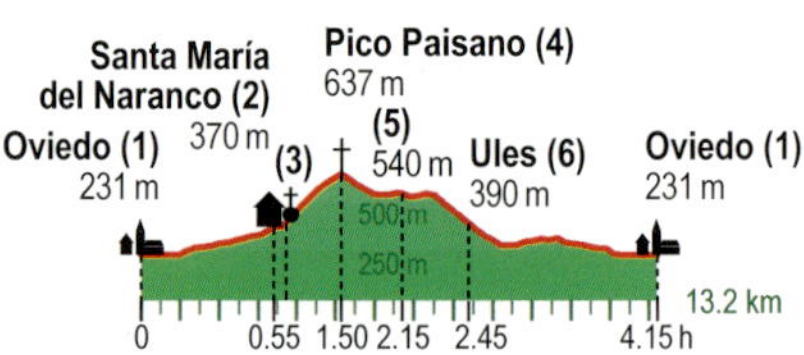

Vor der Kirche gehen wir rechts und nach links die steile Straße hoch. Nach der scharfen Rechtskurve am Ende des Aufstiegs nehmen wir nach 10 m den ersten

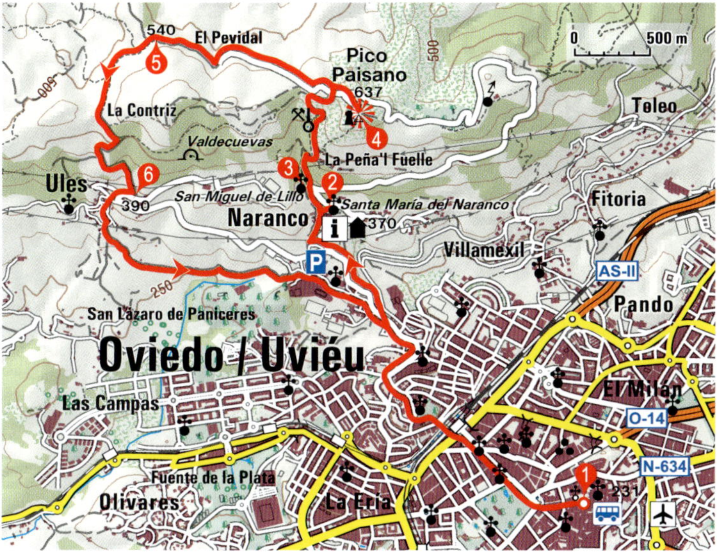

kleinen Pfad nach links oben (Schild »Pico«). Auf diesem teils sehr schmalen Pfad gelangen wir an eine Kreuzung mit einem breiteren Weg. Diesem folgen wir nach rechts, treffen auf eine Straße, gehen rechts und dann nach rechts neben der Zufahrtsstraße die letzten Schritte hinauf zum Gipfel des **Pico Paisano (4)** mit der großen Christusstatue »Sagrado Corazón« (Infoschilder und Rastplatz).

Wir kehren zur Straße zurück und folgen unten nach links den Schildern in Richtung »Puente Gallegos«. Nach 15 Min. passieren wir einen Rastplatz und einem Brunnen, etwas weiter drei verlassene Bauten. Etwa 200 m danach achten wir auf den etwas unscheinbaren Pfad **(5)** links (kleines Schild »Naranco Sur«). Auf diesem wandern wir nun stets bergab (an einer Kreuzung mit Sackgassenschild links) bis zur Hauptstraße von **Ules (6)**.

Wir folgen ihr rund 200 m nach rechts unten bis zur Kreuzung mit der Bushaltestelle der Linie »A1 Ules« und nehmen hinter dem Wartehäuschen den Weg bergab. Direkt vor den letzten Häusern gehen wir rechts auf einem asphaltierten Fahrweg aus dem Ort hinaus. An den beiden Gabelungen halten wir uns jeweils links und erreichen nach ca. 45 Min. die ersten Gebäude der Stadt. Hier halten wir uns rechts und treffen so wieder auf die Av. de los Monumentos (etwas unterhalb des Parkplatzes). Nun kehren wir nach rechts auf dem Hinweg zurück zur Kathedrale von **Oviedo (1)**.

30 Vom Cabo Peñas zum Molín del Puerto

4.30 Std.

Vom nördlichsten Punkt Asturiens an der Küste entlang

Allein der Ausgangspunkt dieser Tour ist die Anfahrt wert: Wir sehen aus 100 m Höhe, wie die Wellen des Atlantiks auf die schroffen Klippen des nördlichsten Kaps Asturiens prallen. Im Laufe der Wanderung wird die Küste freundlicher und lädt uns an den beiden Stränden von Verdicio (»Playa Tenrero« und »Playa la Carriciega«) zum Baden ein. Auf diejenigen, die sich für die lokale (Meeres-) Flora und Fauna interessieren, wartet am Cabo Peñas ein kleines Museum.

Ausgangspunkt: Faro de Cabo Peñas (auch Cabu Peñes), 110 m. Von Luanco auf der GO-1 in Richtung »Bañugues/Paisaje Protegido de Cabo Peñas«, dann nach rechts auf der AS-328 bis ans Kap. Parkmöglichkeiten vor dem Leuchtturm oder beim Rest. Cuatro Vientos (9 km/15 Min.).
Höhenunterschied: 300 m im Auf- und Abstieg.
Anforderungen: Flache Küstentour auf befestigten Wegen und Straßen. Als PR-25 nicht durchgängig markiert, an einigen Stellen ist Orientierungssinn gefragt.
Einkehr/Unterkunft: Am Leuchtturm Bar-Rest. Cuatro Vientos (Tagesmenüs, Fisch und Meeresfrüchte, Tel. +34 684 649 559). In Verdicio im Sommer Strandbar an der Playa de Tenrero. Unterkunft in Luanco, Avilés, Gijón und Candás.
Hinweis: Die Tour kann auf 35 km (hin und zurück) bis zum Faro de San Juan bei Avilés verlängert werden. Mit Kindern sollte man die Tour abkürzen, indem man z. B. in Verdicio umgekehrt (10 km hin und zurück).
Karte: IGN-CNIG 13-II/1 San Xuan und 14-1 Candás (1:25.000).

Vom **Faro de Cabo Peñas (1)** folgen wir zunächst dem hölzernen Steg und dann dem Schotterweg neben der Zufahrtsstraße zum Leuchtturm. Nach rund 800 m gelangen wir an ein Wegkreuz, wo wir uns nach links unten von der Küste entfernen. Wir gehen auf diesem zunächst asphaltierten, später geschotterten Weg bis zum zweiten Abzweig nach rechts. Dieser Weg führt uns wieder zur AS-328, der wir bis zu einem Haus folgen. Direkt davor gehen wir nach rechts in Richtung Küste und treffen gleich darauf auf einen Aussichtspunkt mit Rastplatz kurz vor dem Ort **Ferriru (2)**.
Am Ortseingang ignorieren wir einen Abzweig nach links, durchqueren den Ort auf der Straße, die bald nach rechts schwenkt und uns aus dem Ort hinausführt. Nach gut 1 km treffen wir auf eine Straße und wandern geradeaus auf dem Schotterweg daneben in den Ferienort **Verdicio (3)** und zur Playa Tenrero. Unser Weg verläuft links oberhalb des Strands, immer ganz nah an der Küste. An der Gabelung am Ende des Strands gehen wir rechts. Der Weg beschreibt eine

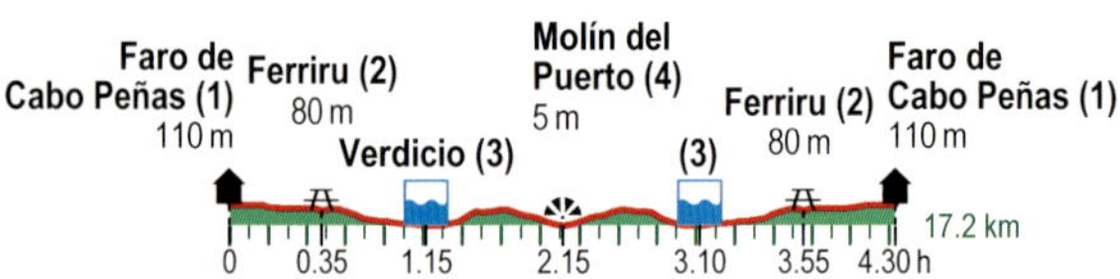

Linkskurve. Wir ignorieren einen Abzweig nach links und gehen an der Gabelung links (rechts geht es zum FKK-Strand Playa de Aguilera). Wir gehen ca. 500 m bergan, bis wir abermals auf Asphalt treffen und rechts gehen. Schließlich erreichen wir einzeln stehende Häuser. Eines von ihnen trägt das Schild »Casa Keka«. Direkt gegenüber befindet sich der Pfad, dem wir nun folgen. Auf ihm erreichen wir die kleine Hafenbucht und die Überreste der alten Mühle **Molín del Puerto (4)** (Infotafel), das Ziel der Wanderung.

Der Rückweg verläuft auf dem Hinweg.

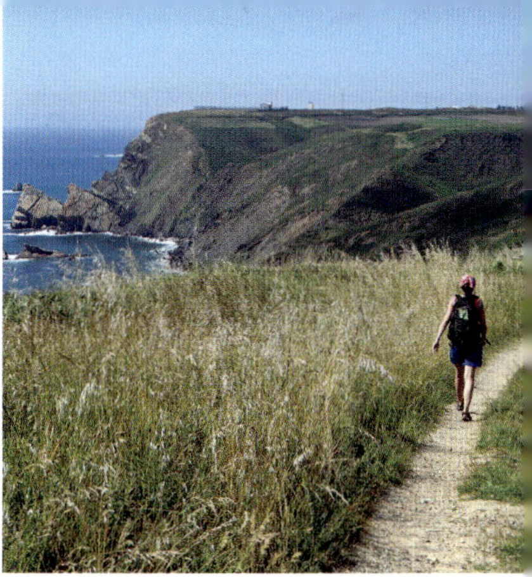

Auf dem Rückweg zum Cabo Peñas: Der Atlantik ist immer in Sichtweite.

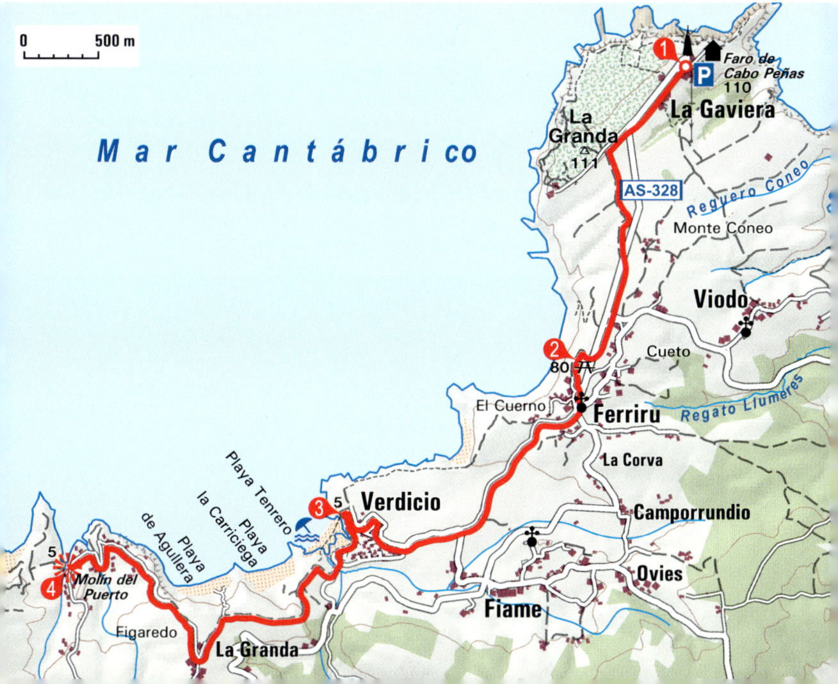

31 Küstenweg von Gijón zur Playa de La Ñora

5.15 Std.

Kunstwerke mit Meerblick

Die bunte Mischung aus Stränden, Steilküste und Skulpturen macht diese Küstenwanderung auf durchgehend gut markierten und befestigten Wegen zu einem attraktiven Erlebnis für die gesamte Familie.

Ausgangspunkt: Gijón, 3 m, Haupttreppe (»Escalera 4«) am westlichen Ende der Playa de San Lorenzo.
Höhenunterschied: 430 m im Auf- und Abstieg.
Anforderungen: Der Abstieg zur Playa de La Ñora erfolgt über mehrere längere Treppen und unregelmäßige Steinplatten.

Einkehr/Unterkunft: In Gijón zahlreiche Möglichkeiten. An der Strandpromenade von Gijón und entlang des Küstenwegs gibt es in regelmäßigen Abständen Trinkbrunnen. An der Playa de La Ñora Bar-Restaurante Casa Pachu (Mai–Okt. durchgängig, Nov.–April nur an den Wochenenden geöffnet, Tel. +34 985 894 246).
Karte: 14-IV Gijón este (1:25.000).

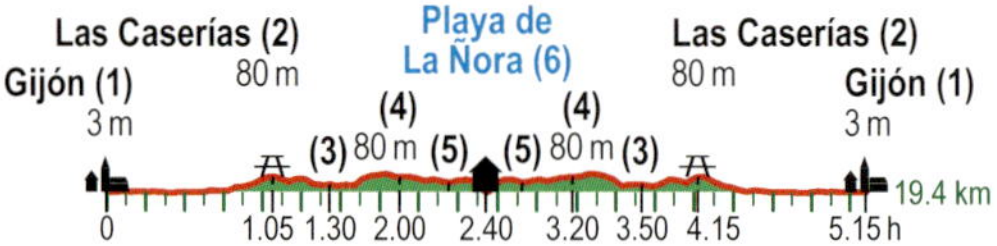

Von der Doppeltreppe (»Escalera 4«) am westlichen Ende der Playa de San Lorenzo, des Hauptstrands von **Gijón (1)**, gehen wir auf der Strandpromenade in Richtung Osten. Stets der Küstenlinie folgend führt uns der Weg – vorbei an zahlreichen Kunstwerken und Skulpturen – nach gut 1 Std. zum Rastplatz **Las Caserías (2)**. Nach weiteren 25 Min. gelangen wir zum

Blick von der Playa de San Lorenzo auf die Altstadt von Gijón.

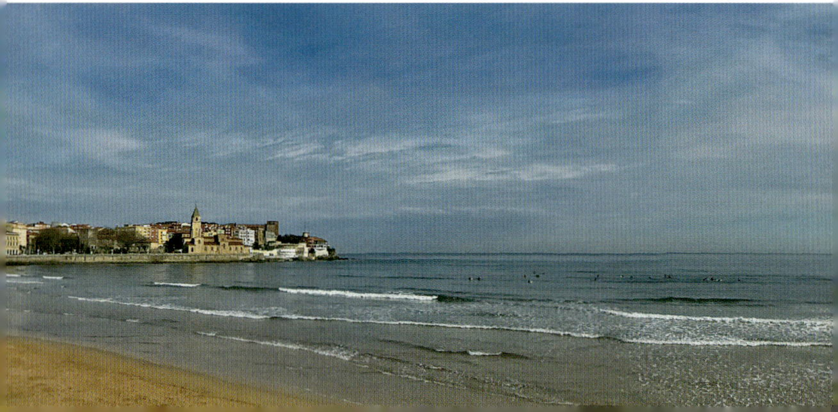

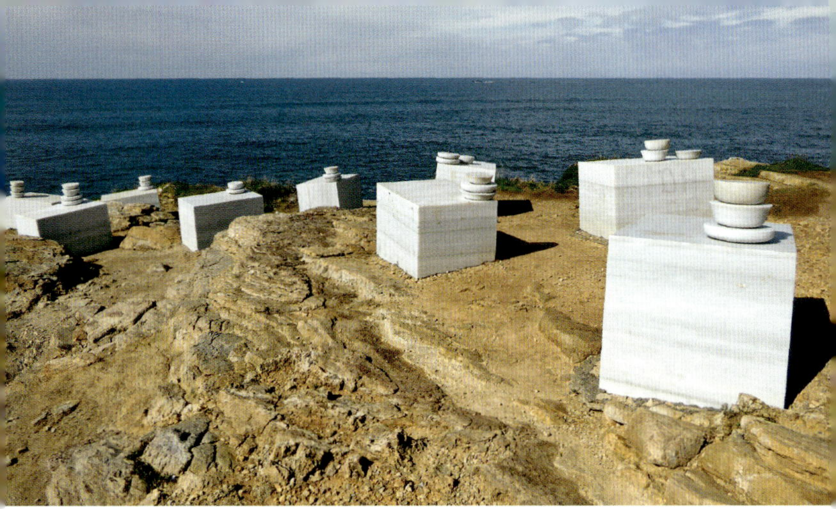

Das Kunstwerk »Cantu los Díes Fuxíos« (Der Gesang der verpassten Tage).

Cabo de San Lorenzo und dem dort angelegten **Parque de la Providencia (3)**. Wir umrunden den Park auf dem küstennächsten Weg und passieren dabei zwei weitere Skulpturen. Vor den Häusern biegen wir nach links wieder in den Küstenweg ein. Den Schildern »Senda Costera«, »Playa de Serín« und »Playa de Estaño« folgend gelangen wir zunächst zu einem weiteren Rastplatz **(4)** beim Abzweig zur Playa de Serín, dann zum nächsten Rastplatz und dem Abzweig **(5)** zur Playa de Estaño. Gut 15 Min. später treffen wir auf einen Eukalyptuswald und die Treppen, die uns direkt zu unserem Ziel, der an der Grenze zwischen den Gemeindegebieten von Gijón und Villaviciosa liegenden **Playa de La Ñora (6)** bringen. Dort können wir einkehren und dann auf dem Hinweg nach **Gijón (1)** zurückwandern.

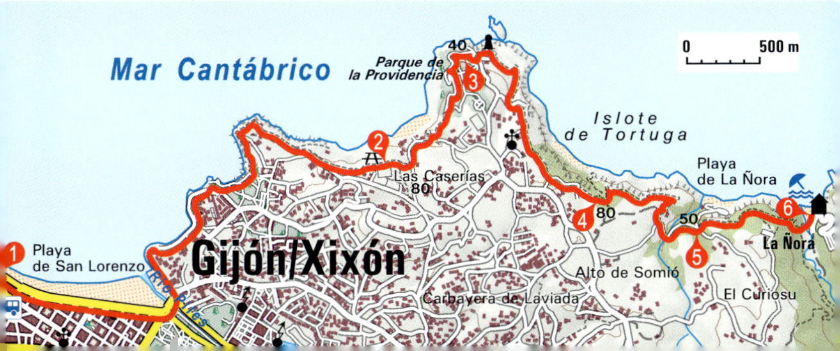

32 Ruta de Peña Cabrera

6.00 Std.

Rundweg durch das »tropische« Asturien

Diese Wanderung zum Rastplatz an der Peña Cabrera verläuft durch das Gemeindegebiet des Küstenorts Villaviciosa: Im Sommer ist es feucht-warm und auch im Winter sinken die Temperaturen nicht unter 10 Grad. Dies führt dazu, dass uns zu jeder Jahreszeit verschiedenste Obstbäume und Sträucher den Weg versüßen: im Frühjahr Mispeln, Pflaumen und Kirschen, im Sommer Brombeeren, im Herbst gibt es Äpfel und Pilze, im Winter Avocados, Orangen und Zitronen.

Ausgangspunkt: Villaviciosa, 11 m, Rathaus (Ayuntamiento).
Höhenunterschied: 670 m im Auf- und Abstieg.
Anforderungen: Sehr gut markierte Tour (PR-AS 51 »Ruta de Peña Cabrera«, gelb-weiß). Ein paar kräftige Anstiege, steinige Wege neben Flüssen und Bächen (Trittsicherheit notwendig: Rutschgefahr auf glitschigen Steinen und matschigem Untergrund, vor allem nach Regentagen) machen die Tour zeitweise ein wenig anspruchsvoll.
Einkehr/Unterkunft: In Villaviciosa, Amandi und Lugás.
Variante: Wer den Rückweg etwas abkürzen möchte, kann nach dem Flussstück, statt nach rechts oben wieder über den Hügel zu gehen, der Straße Villviciosa–Infiesto folgen (Bürgersteig ist ab der Kurve vorhanden; knapp 1 km kürzer und rund 100 Hm weniger Auf- und Abstieg).
Karte: IGN-CNIG 30-I Villaviciosa (1:25.000).

Vom Rathaus von **Villaviciosa (1)** gehen wir zum spitzen Ende des Platzes und den blauen Schildern der Touristeninformation folgend durch die C/ Valle Ballina y Fernández zur C/ del Sol, in die wir links einbiegen. Wir gehen geradeaus über die Plaza del Eccehomo in die C/ Carmen und schlagen an deren Ende schräg links die C/ Maximino Miyar ein. Bei der Straßengabelung mit der Infotafel zur »Ruta de Peña Cabrera« gehen wir rechts und folgen den ab hier durchgängigen Markierungen (Anfangs auch gelbe Pfeile des Jakobswegs). Zunächst führen sie uns durch einen Park mit Brunnen bis zum Ort **Amandi (2)**. Hier überqueren wir die Straße, verlassen den Ja-

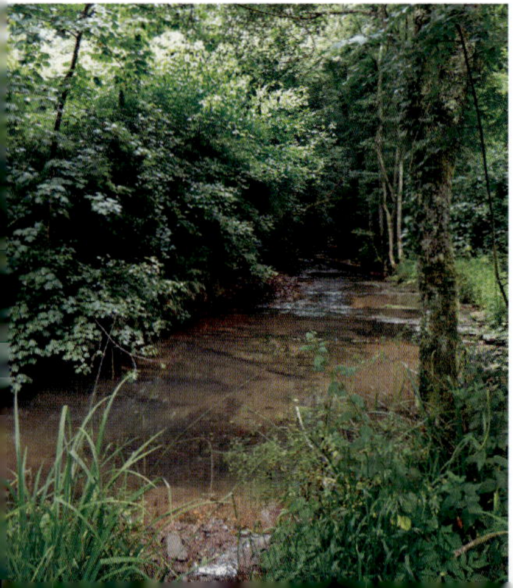

Idyllischer Weg am Bach entlang.

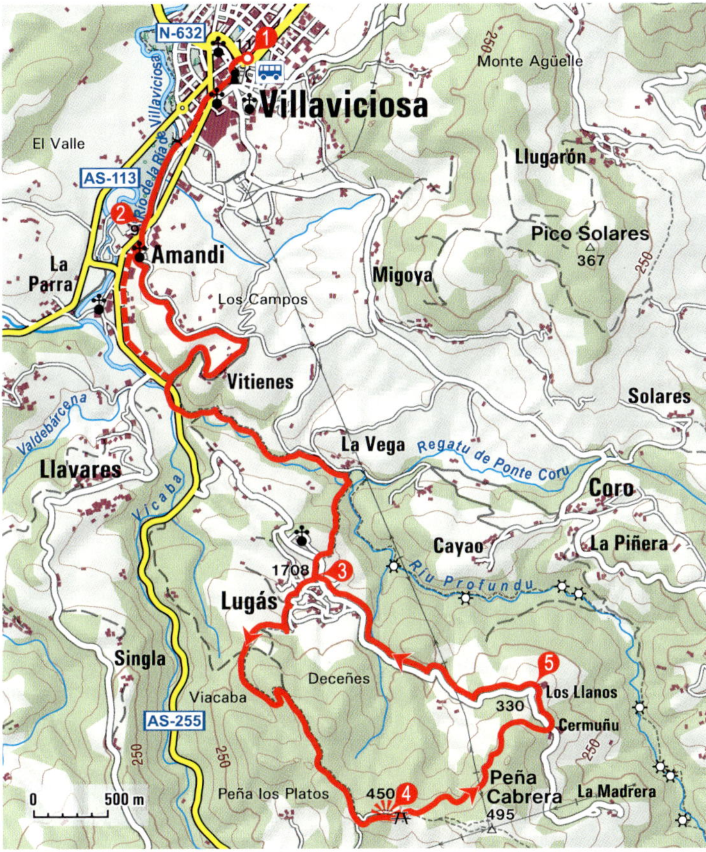

kobsweg und gehen auf der kleinen Dorfstraße hinauf zur Kirche von Amandi, wo wir in den Weg nach links einbiegen. Nach ca. 15 Min. gehen wir an der Gabelung nach rechts und folgen immer dem breitesten Weg zunächst bergauf und anschließend bergab bis zur Landstraße Villaviciosa–Infiesto. Wir folgen ihr rund 120 m nach links und schlagen dann nach links oben den oberhalb des Flusses verlaufenden Weg ein. An einer Straße angelangt, folgen wir dieser geradeaus und gehen nach 5 Min. wieder rechts über eine Brücke. Ab hier geht es durch den Wald steil bergauf (bei den ersten beiden

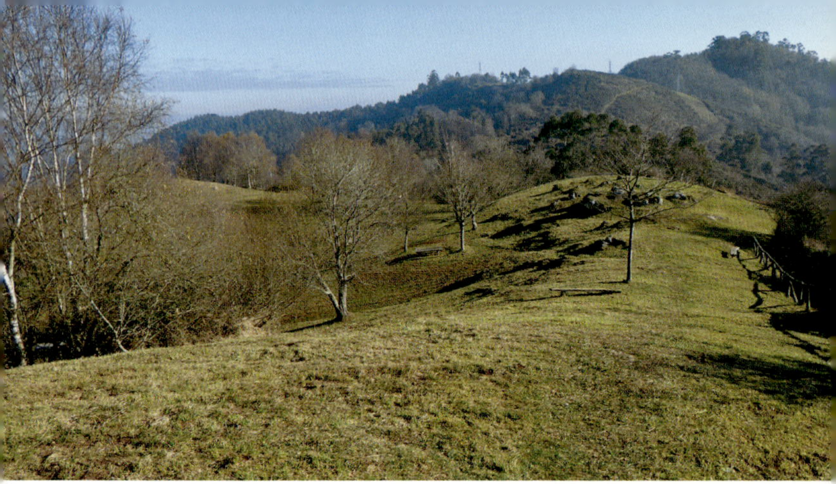

Der aussichtsreich gelegene Rastplatz an der Peña Cabrera lädt zum Picknick ein.

Gabelungen links, bei der dritten rechts halten) und oben auf dem Sträßchen nach links nach **Lugás (3)**. Hier biegen wir gleich bei der ersten Möglichkeit im Ort rechts ab. Wir kommen an einem Trinkbrunnen vorbei, gehen an der Gabelung links hoch, an der Kreuzung geradeaus, an der nächsten Gabelung rechts und verlassen so den Ort. Nun wandern wir alle Abzweige ignorierend (an der Gabelung links) auf dem breitesten Weg bergan, zunächst durch einen Eukalyptus- und später durch einen Mischwald (es kann sehr matschig sein). Nach gut 45 Min. treffen wir auf eine kleine Straße, der wir nach links oben folgen (nach rechts unten ebenfalls gelb-weiße Markierungen des PR-AS 52; ignorieren). Sogleich erreichen wir den Rastplatz an der **Peña Cabrera (4)**. Ein kleiner Abstecher auf die Aussichtsplattform auf dem Felsen lohnt sich.
Unser Weg führt jedoch über die Wiese weiter und links zur Infotafel. Dahinter folgen wir dem Schild »Los Llanos« bergab durch den Wald. Unten gehen wir auf der Straße nach links in den kleinen Ort **Los Llanos (5)**. Ab hier wandern wir an der Straße nach **Lugás (3)** und ab dort auf dem Hinweg zurück nach **Villaviciosa (1)**.

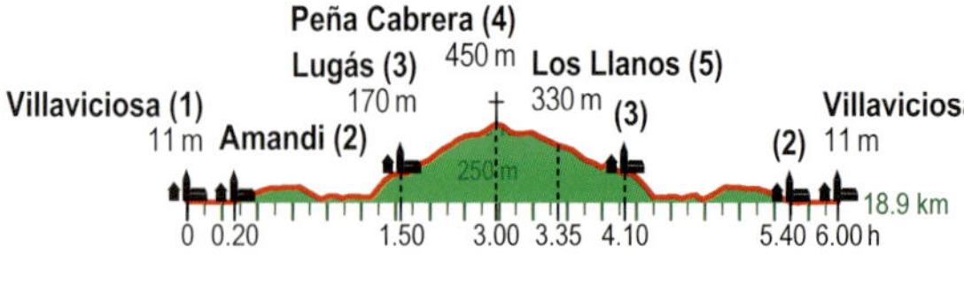

3.15 Std.

Von der Playa La Griega nach La Isla

33

Auf Dinosaurierspuren

Dieser wunderschöne Küstenweg verbindet die zwei traumhaften Strände Playa de La Griega und Playa de La Isla. Zu Beginn der Tour treffen wir auf gut erhaltene, echte Dinosaurierfußabdrücke, in die wir sogar selbst stapfen dürfen. Ein weiterer Höhepunkt der Wanderung ist der Ausblick kurz vor dem Strand von La Isla auf das Meer, den Strand und den Gipfel des Picu Pienzu (1161 m, Tour 46). Beide Strände laden uns zum Baden ein, also das Handtuch nicht vergessen!

Ausgangspunkt: Playa La Griega, 3 m, Brücke am Beginn des Strands. Vom Kreisverkehr im Zentrum von Colunga auf der AS-257 (Schild »Llastres« und »Playas«) bis zur Playa La Griega (Schild). Parkmöglichkeit links und rechts der Brücke (2 km/5 Min.).
Höhenunterschied: 280 m im Auf- und Abstieg.
Anforderungen: Familienfreundliche Küstenwanderung, die an fast allen wichtigen Kreuzungen gelb-weiß markiert ist (auf die Wegbeschreibung achten). Im Ort La Isla überschneidet sich die Markierung kurzzeitig mit der des Jakobswegs (nicht den gelben Pfeilen folgen).
Einkehr/Unterkunft: Campingplatz und Einkehrmöglichkeiten am Strand Playa La Griega; Einkehr und Herberge in La Isla; zahlreiche Möglichkeiten in Colunga.
Tipp: Knapp 10 Min. Autofahrt in Richtung Llastres entfernt befindet sich das sehenswerte Museo del Jurásico de Asturias (MUJA), wo kleine und große Entdecker ihre Kenntnisse über die ausgestorbenen Urtiere erweitern können (Mo und Di geschlossen, Info und Tickets auf museojurasicoasturias.com, auch auf Englisch).
Karte: IGN-CNIG 15-IV Lastres und 30-III Colunga (1:25.000).

Vor der **Playa La Griega (1)** überqueren wir die Brücke in Richtung Osten und gehen am Dinosaurierschild links in Richtung Meer. Dort lenkt uns das Schild »Senda Costera« (mit Informationstafel) in den Weg nach rechts. Wir folgen immer dem gut erkennbaren Fußweg. Nach insgesamt gut 500 m gelangen wir an eine Gabelung, an der wir geradeaus einen Abstecher zu den Dinosaurierspuren **(2)** machen.
Anschließend kehren wir zum Weg zurück und gehen links hinauf (Schild »Huerres/La Isla«). Nach ca. 300 m geht es in einer scharfen Rechtskurve in einen Eukalyptuswald hinein. Unser Pfad wird zu einem breiteren Weg, dem wir mit den Schildern »Huerres/La Isla« ca. 30 Min. bergauf folgen. An der nächsten Kreuzung gehen wir links hinunter und treffen sogleich wieder auf Wegweiser. Weiterhin absteigend erreichen wir einen Aussichtspunkt an der Küste. Ca. 300 m später führt der breite Weg geradeaus weiter, wir nehmen jedoch den Pfad links und wandern weiter an der Küste entlang. Wir kommen an einigen Parkbänken und Aussichtspunkten vorbei, sehen schließlich die ersten Häuser von La Isla und gelangen ein Stück weiter zur **Playa La Huelga (3)**.

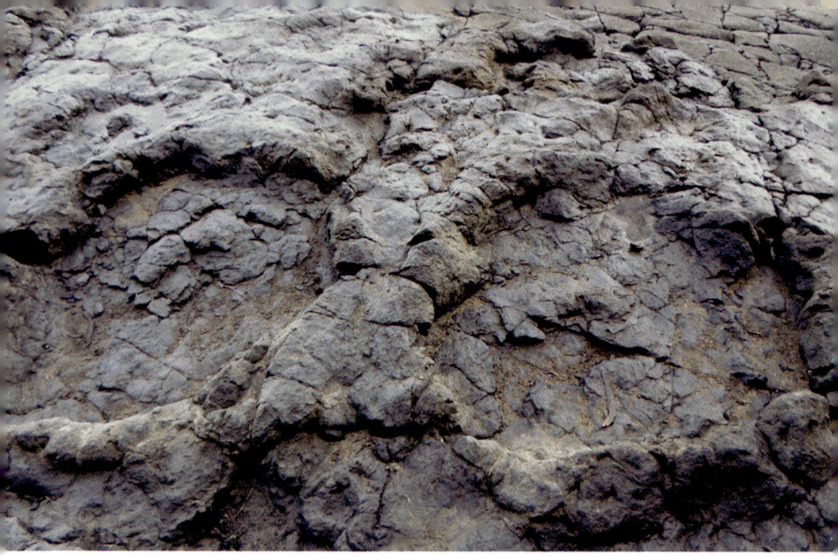

Hier können Groß und Klein in echte Dinosaurierspuren stapfen.

Wir folgen weiter dem Küstenpfad an steinigen Buchten vorbei, bis der Weg endet. Dort übersteigen wir die flache Mauer und biegen links in die Straße ein. Nach wenigen Schritten treffen wir auf einen Brunnen, bei dem wir links in die Gasse gehen. Vorbei an den Überresten von Schützengräben aus dem Bürgerkrieg (»Trincheras«, Informationstafel) und einer Parkbank erreichen wir schließlich die **Playa de La Isla (4)**.

Für den Rückweg empfiehlt sich, den Ort La Isla zu durchqueren. Dazu verlassen wir den Strand an seinem nördlichen Ende geradeaus, lassen die Kirche links liegen und folgen der Straße Cai Avelino Herrero, die eine Rechtskurve beschreibt. An der folgenden größeren Kreuzung nehmen wir links die Straße Cai i Castro und gelangen auf ihr wieder zum Brunnen. Danach übersteigen wir aber nicht die Mauer, sondern bleiben auf der Straße. Dann nehmen wir den ersten Abzweig rechts, treffen wenig später wieder auf den Küstenpfad und kehren auf dem Hinweg zur **Playa La Griega (1)** zurück.

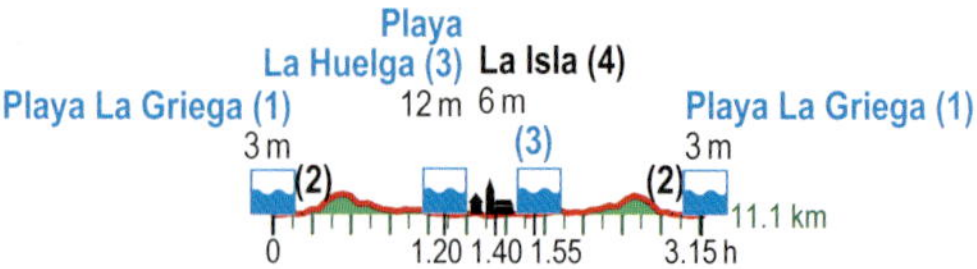

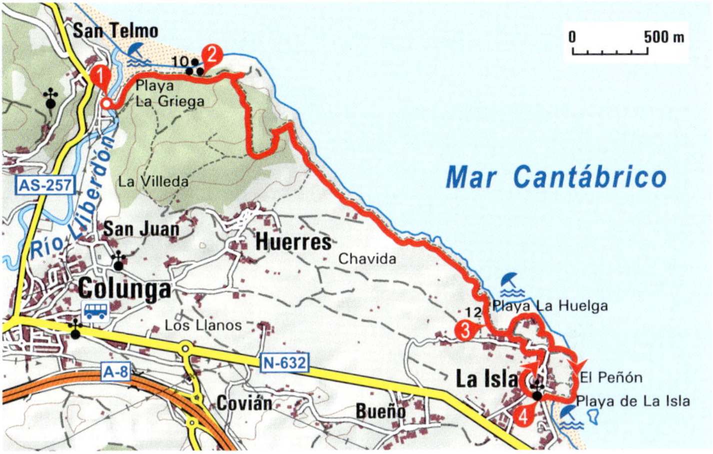

Blick nach Lastres, einem der am spektakulärsten gelegenen Dörfer Asturiens.

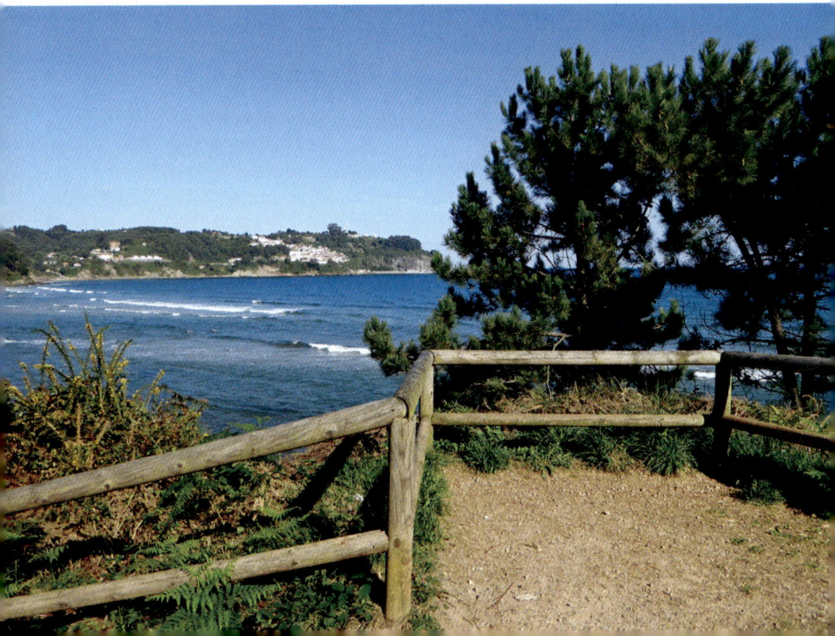

34 Durch die Sierra de Peñamayor

5.30 Std.

Historie und Landschaft vereint

Eine Besonderheit dieses abwechslungsreichen Rundwegs durch den Gebirgszug der Peñamayor ist zweifelsohne die Gedenkstätte am Brunnen »Pozu Funeres«. Eine Aufschrift erinnert an die grausame Ermordung von neun Kommunisten und Sozialisten durch das faschistische Franco-Regime am 13. April 1948. Aber auch landschaftlich hat uns diese Tour viel zu bieten: Sattgrüne Almwiesen, raue Felsen sowie Ausblicke bis zu den Picos de Europa machen sie zu einem gelungenen und abwechslungsreichen Wandertag.

Ausgangspunkt: Melendreros, 620 m, Wandertafel des PR-AS 140. Auf der AS-251 durch Martimporra nach Süden in Richtung Rozadas. In Rozadas auf der BI-3 nach Melendreros. Parkmöglichkeit neben den Müllcontainern und der Wandertafel (7 km/15 Min.).
Höhenunterschied: 810 m im Auf- und Abstieg.
Anforderungen: Relativ gut markierter PR-AS 140 (»Peña Mayor«, gelb-weiß), Fahrwege, Pfade und Wiesen, einige kräftige, aber kurze Anstiege. An einigen entscheidenden Stellen fehlt die Markierung, weshalb Kartenmaterial bzw. GPS-Gerät und -Track sehr zu empfehlen sind.
Einkehr/Unterkunft: Albergue Fayacaba (auch Fayacava; Einkehr und Unterkunft, alberguefayacava@yahoo.es, Tel. +34 600 272 869 und Facebook Fayacaba, ganzjährig geöffnet). La Campa Gües Casa Marisa (Einkehr im Sommer und am Wochenende, Tel. +34 669 231 480).
Karte: IGN-CNIG 53-II Llangreú und 54-I Arenas (1:25.000).

Von der Wandertafel des PR-AS 140 in **Melendreros (1)** folgen wir der Straße geradeaus bergauf (Schild »Fayacaba«). Am Ortsrand kommen wir an einem Rastplatz mit einer Infotafel des Fernwanderwegs GR 109 und Trinkbrunnen vorbei. Ab hier ist der Weg auch rot-weiß markiert. Die Straße wird zum betonierten Fahrweg, den wir bei der Herberge **Fayacaba (2)** geradeaus auf einem breiten Weg verlassen. 45 Min. später treffen wir auf einen befestigten Fahrweg und folgen den Schildern nach links hinauf in Richtung »Cdo. Breza« und »Pozu Funeres« und verlassen somit den GR 109 und die rot-weißen Markierungen. Sogleich erreichen wir das Wochenend- und

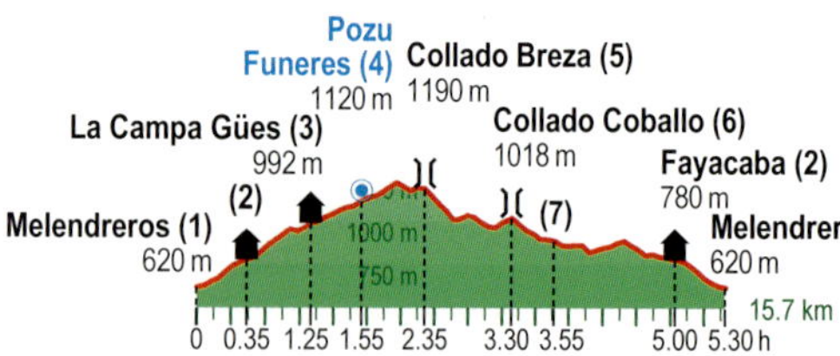

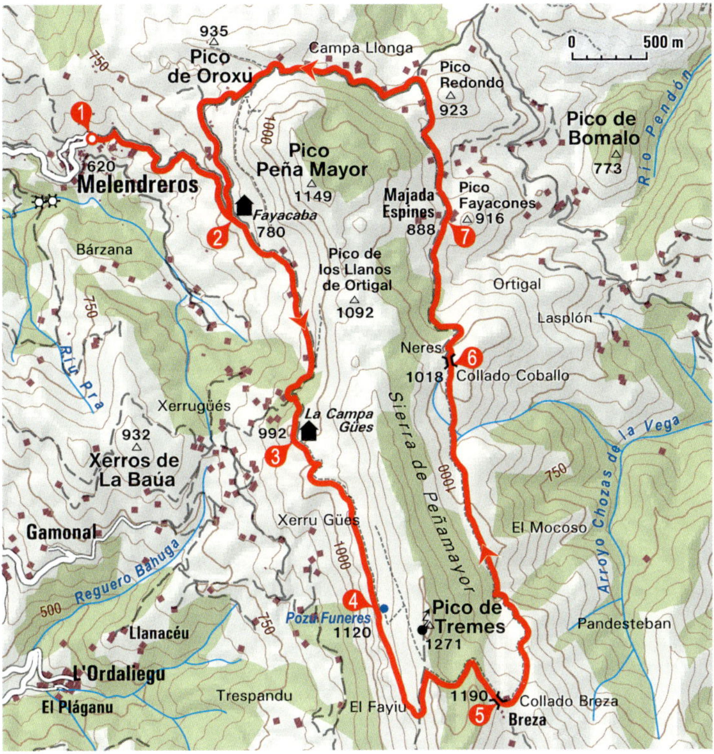

Sommerrestaurant **La Campa Gües (3)**. Nach dem Lokal gehen wir links auf die Wiese (Wegweiser in Richtung »Pozu Funeres«) und überqueren sie in Richtung Südosten. Ein Stück vor dem einzigen Steinhäuschen auf der Wiese folgen wir einem Pfad nach rechts und kommen an einer Quelle vorbei. Dann verliert sich der Pfad erneut auf einer Wiese. Wir orientieren uns an einem Pfahl und behalten die Richtung bei, bis wir wieder auf einen Pfad treffen. Auch dieser führt uns zu einem Steinhaus. Wir umgehen es links und wandern dann auf dem Pfad bis zur Gedenkstätte **Pozu Funeres (4)**.

Danach gehen wir noch rund 15 Min. in Richtung Süden durch einen mit Felsen durchsetzten Wiesenhang (Markierung in teils großen Abständen auf den Felsen) und erreichen auf Höhe einer gut sichtbaren Höhle einen Schotterweg. Diesem folgen wir 5 Min. nach links bergauf. Ca. 300 m vor den An-

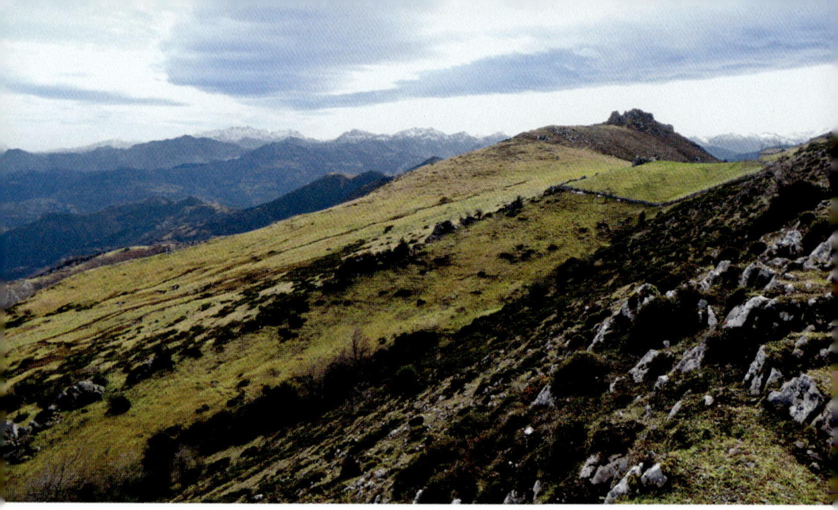

Ausblick auf die Picos auf der zweiten Hälfte der Tour.

tennen gehen wir nach rechts durch die Scharte zwischen den beiden Felsriegeln (Schild »Breza«). Nach diesem Minisattel folgen wir dem mit einem roten Punkt markierten Pfad nach rechts durch den Buchenwald. Nach 5 Min. gabelt sich der Pfad, wobei wir nach links unten im Zickzack in die Senke und in Richtung Teich und Stechpalmenwäldchen absteigen. Nach dem Wäldchen folgen wir einem Pfad rechts des Teichs in Richtung Nordosten. Wir steigen ein kurzes Stück bergan, dann gehen wir auf dem oberen Pfad am Hang entlang (Sicht auf die Picos de Europa). Schon von Weitem sehen wir unser nächstes Ziel, den **Collado Breza (5)** mit Almhütten und Weidezaun.
Wir passieren den Zaun an seiner rechten Seite und verlassen dann den Sattel in Richtung Norden auf dem Bergrücken bergab. Dabei halten wir uns zunächst 200 m weit links des Bachs, überqueren ihn dann, bleiben für 800 m rechts davon und überqueren ihn erneut auf einem Pfad. Wir gehen weiter in Richtung Norden über eine Wiese, überqueren unten auf Trittsteinen problemlos den Bach und folgen dem Pfad links daneben. Auf der nächsten Wiese gehen wir bergauf zum **Collado Coballo (6)**, wo wir auf ein Gehege und einen Fahrweg treffen. Auf diesem wandern wir nun bergab, passieren die Almwiese **Majada Espines (7)** und kommen dann an einigen Hütten vorbei. 3 Min. später treffen wir erneut auf den rot-weiß markierten GR 109. Wir folgen nun immer den dunkelroten Schildern des GR 109 mit genauen Kilometerangaben in Richtung Melendreros. An der Herberge **Fayacaba (2)** treffen wir wieder auf den Fahrweg des Hinwegs. Auf diesem kehren wir nun zurück nach **Melendreros (1)**.

3.00 Std.

Foces del Río Pendón

35

Viel Wasser in der Region des Sidra

Diese Wanderung steht ganz im Zeichen des Wassers. Ausgangspunkt der Tour ist die »Fuensanta«. Die »heilige Quelle« wurde schon von den Römern geschätzt, heutzutage wird das Wasser der »Fuensanta« in der Abfüllanlage in Flaschen gefüllt und spanienweit getrunken. Auch wir können am öffentlichen Trinkbrunnen unsere Wasserflaschen für die Wanderung auffüllen. Eventuell müssen wir dafür etwas anstehen, da viele Anwohner ihr Trinkwasser hier holen. Höhepunkt der Tour ist die zwei Kilometer lange Teilstrecke durch die Foces del Pendón, die tief in die Landschaft gegrabene Schlucht des Río de Pendón.

Fast wie im Dschungel: Brücke über den Río Pendón.

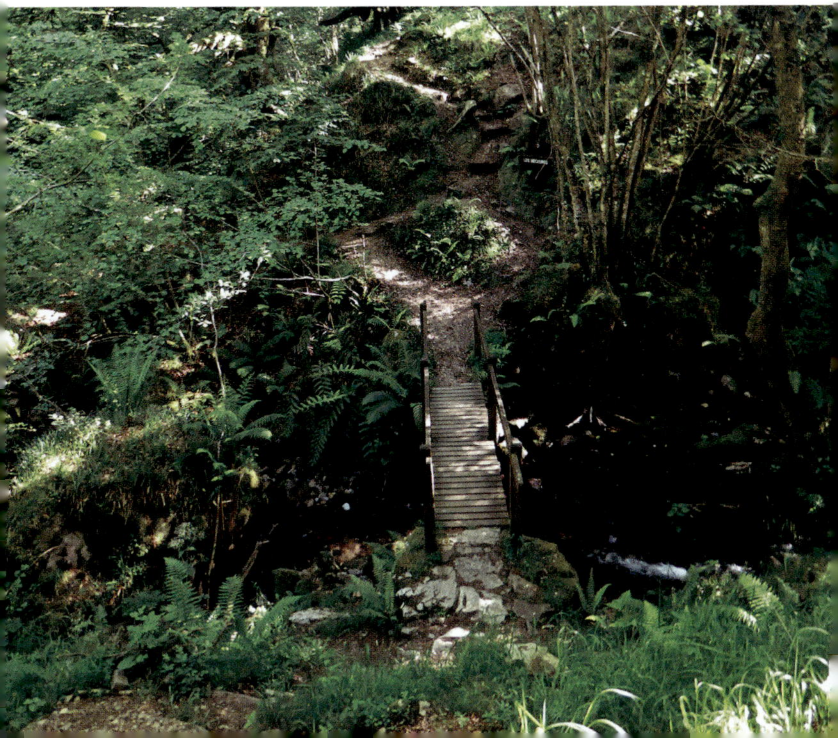

Ausgangspunkt: Fuensanta, 240 m, Wasserabfüllanlage und Quellbrunnen. Von Nava auf der NA-1 nach Fuensanta (ausgeschildert). Parkmöglichkeit beim Quellbrunnen bei der Wasserabfüllanlage (3,5 km/10 Min.).
Höhenunterschied: 410 m im Auf- und Abstieg.
Anforderungen: Gut markierte, leichte Wanderung (Wanderweg PR-AS 45 »Foces del Río Pendón«, gelb-weiße Markierung). Nach der Brücke über den Río Pendón folgt ein steiler, aber kurzer Anstieg.
Einkehr/Unterkunft: Zahlreiche Möglichkeiten in Nava.
Tipp: Im Museo de la Sidra in Nava (Sidramuseum, Plaza Príncipe de Asturias, Information und Eintrittskarten auf museodelasidra.com, Tel. +34 669 231 480) werden Geschichte und Herstellungsart des natürlichen Apfelweins Sidra, für den Asturien in ganz Spanien bekannt ist, vermittelt.
Karte: IGN-CNIG 30-III Infiesto und 54-I Arenas (1:25.000).

Direkt vor der Wasserabfüllanlage **Fuensanta (1)** überqueren wir den Río de Fuensanta auf einer Brücke, gehen rechts und nehmen dann gleich den linken der beiden Wege bergauf. An der Gabelung nach etwa 150 m schlagen wir den Weg links ein (Schild »Los Fornos«). Nach knapp 30 Min. Anstieg erreichen wir den Sattel mit Quelle **Los Fornos (2)**. Dort folgen wir dem nun flachen Weg durch die Schlucht des Río Pendón, den wir gen Ende mehrmals überqueren, zuletzt über die beeindruckende **Puente Pendón (3)**.

Idyllische Landschaftsimpressionen.

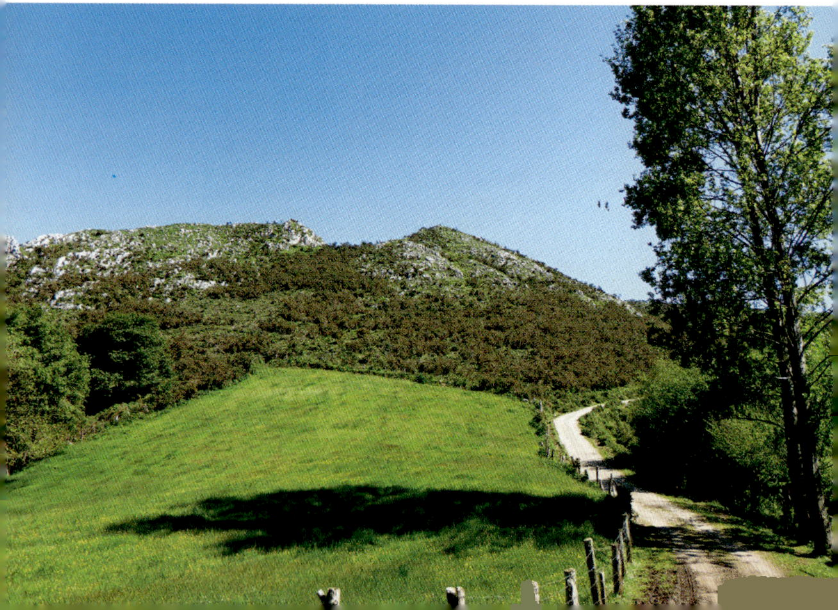

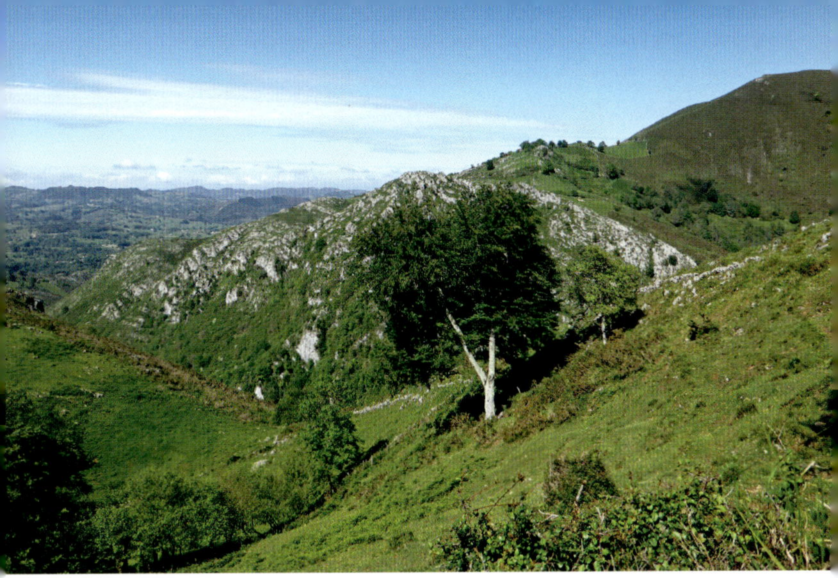

Oberhalb der Schlucht des Río Pendón.

Dann steigen wir gemäß den Schildern in gut 30 Min. nach Nordwesten zur auf einem Sattel gelegenen Alm **Mayáu Pastor (4)** hinauf. Ab hier wandern wir auf einem breiten Fahrweg bergab, unser Ausgangspunkt Fuensanta ist bereits ausgeschildert. Nach knapp 15 Min. gelangen wir zur **Fuente Faéu (5)**. Ab jetzt führt uns die Schotterpiste mit nur leichtem Gefälle hinunter zur **Fuensanta (1)**.

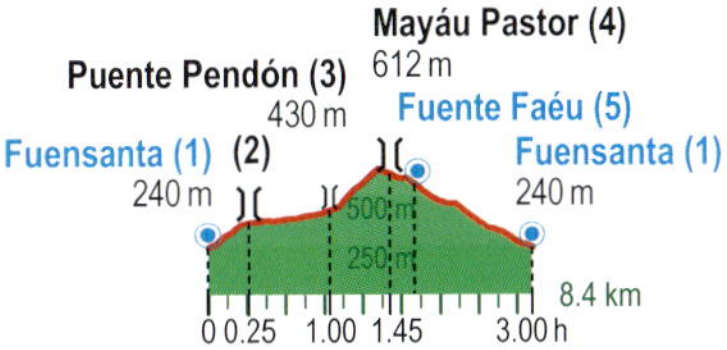

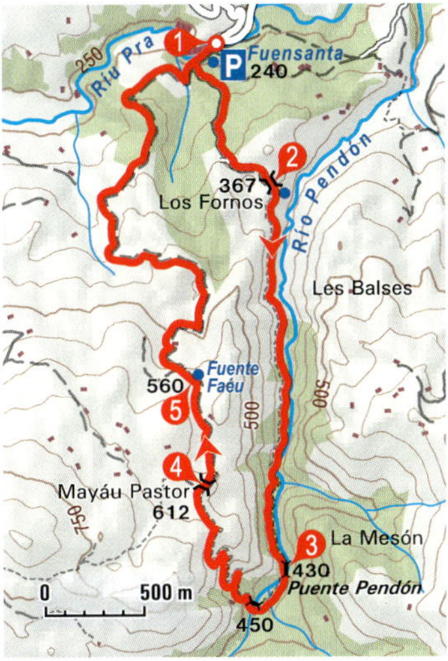

36 *Foces del Río Infierno*

5.00 Std.

Entlang des »Höllenflusses« bis hoch in den Himmel

Die Region Piloña, in der diese Tour liegt, ist in Asturien vor allem wegen ihrer Wälder beliebt. Hauptsächlich Buchen wachsen hier, zudem machen vereinzelte Esskastanien, Haselnusssträucher, Blaubeeren sowie Pilze diese Wanderung besonders schmackhaft. Außerdem ist der Río del Infierno (dt. »Höllenfluss«) unser ständiger Begleiter. Wer es wagt, kann sich auch an der Badestelle abkühlen. Die Hochwiese Los Moñacos lädt uns am Wendepunkt der Tour zu einer gemütlichen Pause ein.

Ausgangspunkt: Rastplatz La Pesanca, 400 m. In Infiesto (an N-634) auf die PI-4 in Richtung Espinaredo abzweigen und durch Espinaredo und Riofabar fahren, die PI-4 endet 2 km hinter Riofabar am Rastplatz La Pesanca (12 km/20 Min.).
Höhenunterschied: 700 m im Auf- und Abstieg.
Anforderungen: Technisch leichte Tour auf breitem Fahrweg immer am Wasserlauf entlang, unterwegs gibt es zwei eindeutige Abzweige. Die letzten 2 km des knapp 5 km langen Anstiegs bis Los Moñacos sind etwas steiler.
Einkehr/Unterkunft: In Espinaredo Meson Vizcares (Tagesmenüs, Tel. +34 985 923 530).
Karte: IGN-CNIG 54-II Llerandi und 54-IV Campo de Caso (1:25.000).

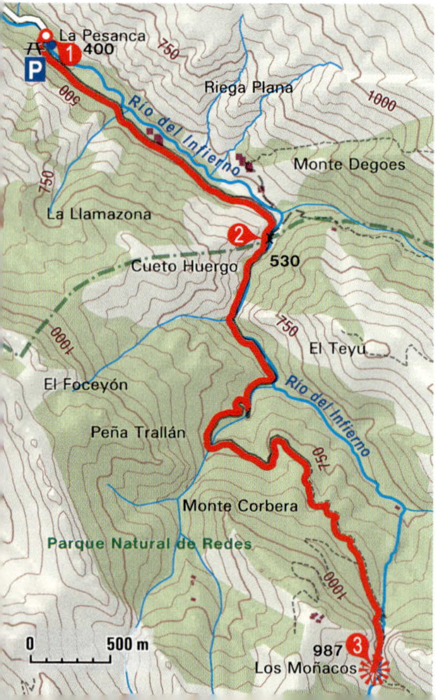

Beim Parkplatz vor dem Rastplatz **La Pesanca (1)** überqueren wir den Río del Infierno und folgen dann immer dem breiten Fahrweg. Nach knapp 45 Min. erreichen wir den Abzweig nach links zu einer schönen Badestelle **(2)**.
Unser Weg führt jedoch auf der Schotterpiste weiter. Rund 20 Min. nach dem Abzweig zur Badestelle treffen wir auf den zweiten und letzten Abzweig von der Schotterpiste: Dort folgen wir dem Weg nach rechts vom Río del Infierno weg. Wir wandern erst in ein Seitental und steigen dann nach links auf. Nach etwa 1 Std. wird der Pfad etwas schmaler und steiler, bis er sich in einem kleinen Pfad verläuft. Dieser

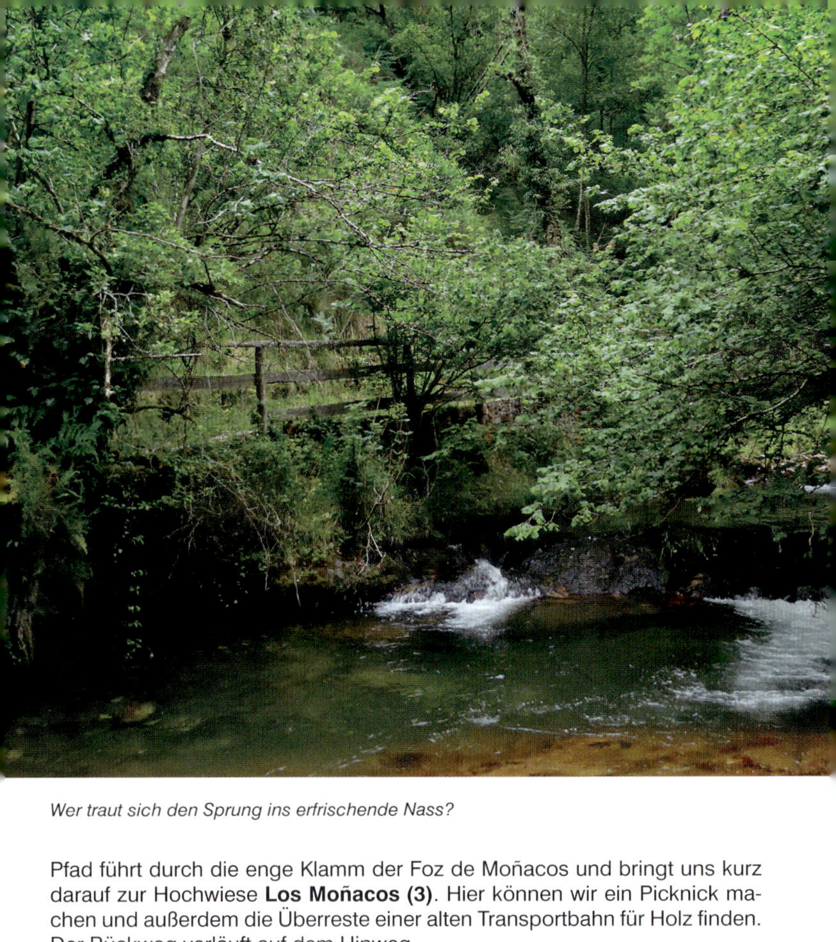

Wer traut sich den Sprung ins erfrischende Nass?

Pfad führt durch die enge Klamm der Foz de Moñacos und bringt uns kurz darauf zur Hochwiese **Los Moñacos (3)**. Hier können wir ein Picknick machen und außerdem die Überreste einer alten Transportbahn für Holz finden. Der Rückweg verläuft auf dem Hinweg.

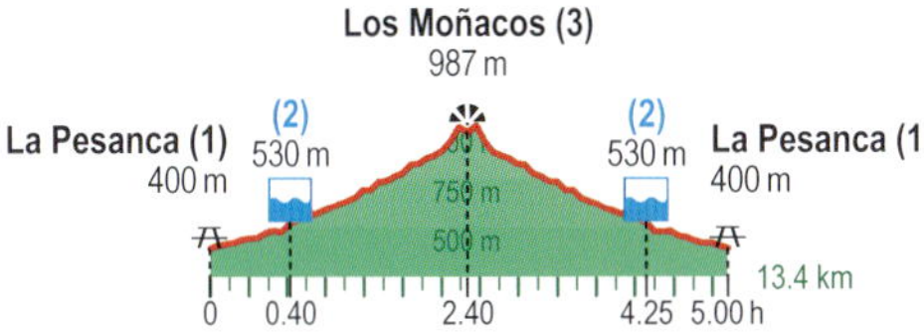

TOP **37** *Peña Mea, 1558 m*

5.00 Std.

Ein Bullauge mitten in den Bergen

Der Aufstieg auf die Peña Mea ist zweifelsohne eine der beeindruckendsten Wanderungen Asturiens. Der landschaftliche Höhepunkt ist L'Arcón, ein natürliches Loch im Kalksteinmassiv mit einem Durchmesser von ca. 20 m. Im Volksmund wird es auch »Ojo de Buey« (dt. Bullauge) genannt. Auch der Blick von der 1558 m hohen Peña Mea ist den anstrengenden Aufstieg wert.

Ausgangspunkt: Pelúgano/Pelluno, 640 m, Kirche im Ortsteil Barrocima. Von Ujo (an A-66, Ausfahrt 54) auf der AS-112 in Richtung Moreda/Turón. Ab Cabañaquinta wird diese zur AS-253. In Levinco vor der Bar links auf die AE-5 in Richtung Pelúgano/Pelluno abzweigen. Dort dem Schild »Barrocima« in den oberen Ortsteil folgen. Parkmöglichkeit und Wandertafel an der Kirche (21 km/20 Min.).
Höhenunterschied: 920 m im Auf- und Abstieg.
Anforderungen: Herausfordernde Tour mit steilen An- und Abstiegen. Trittsicherheit und Schwindelfreiheit sind notwendig. Der Weg ist gelb-weiß und mit Schildern (»Peña Mea«, »Ojo de Buey«) und gelben Pfeilen markiert, ein Stück auch rot-weiße Markierungen und dunkelrote Schilder des GR 109. Wettervorhersage beachten, im Sommer Gefahr von Fallnebeln.
Einkehr/Unterkunft: In Pelúgano Bar María Amor Velasco (Snacks und Getränke, Tel. +34 985 486 412).
Karte: IGN-CNIG 53-IV Pola de Laviana und 78-II Cabañaquinta (1:25.000).

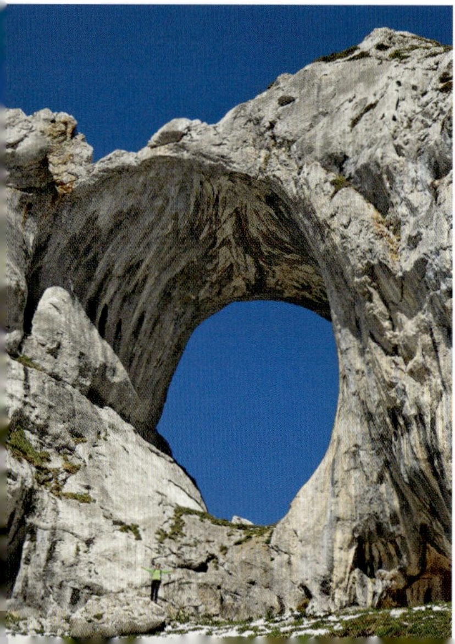

Mit der Kirche von **Pelúgano (1)** im Rücken gehen wir an der Wandertafel vorbei und folgen der Markierung (gelb-weiß, rot-weiß) in die Straße nach rechts. Auf dieser wandern wir nun immer bergauf (an der Gabelung links) und erreichen nach knapp 1 Std. die **Fuente El Truncu (2)**. 10 Min. später folgen wir nach rechts den Schildern zur »Peña Mea« (verlassen damit den GR 109). Wir passieren ein Haus und gehen an der Gabelung am zweiten Haus links bergauf. Nach zwei weiteren Häusern gehen wir 50 m über eine Wiese und dann auf einem kleinen Pfad den Hang hinauf. Im Zickzack steigen wir hoch zur **Fuente Cerreo (3)** und

Spektakuläre Laune der Natur.

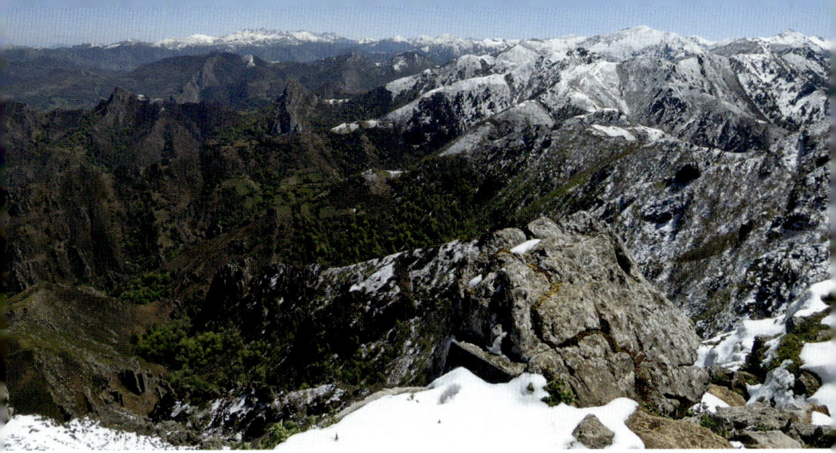

Blick vom Gipfel in Richtung Süden auf verschneite Berge.

gehen geradeaus daran vorbei. Nach ca. 10 Min. weist uns ein Pfeil links zu unserem ersten kräftigen Aufstieg durch den engen, steilen Hangeinschnitt. Nach 30 Min. haben wir das spektakuläre **Ojo de Buey (4)** erreicht.
Ab hier geht es im steilen Zickzack bergauf, bis wir den Sattel rechts des markant vorstehenden Felsens erreichen. Dort wenden wir uns nach rechts (Osten) und gehen unterhalb der Felsen am Hang entlang. Sogleich erblicken wir links oben den Gipfel. Unser Pfad umgeht einen Felsen nach links, schwenkt wieder nach rechts und zieht sich in stetem Auf und Ab durch die mit Felsen durchsetzten Hänge. Schließlich weist uns ein Pfeil in einer scharfen Linkskurve den Aufstieg durch den steilen, engen Hangeinschnitt zum Gipfel. Ab dem Sattel darunter wartet nur noch ein letzter kurzer Anstieg zur greifbar nahen **Peña Mea (5)**, 1560 m. Der Rückweg verläuft auf dem Hinweg.

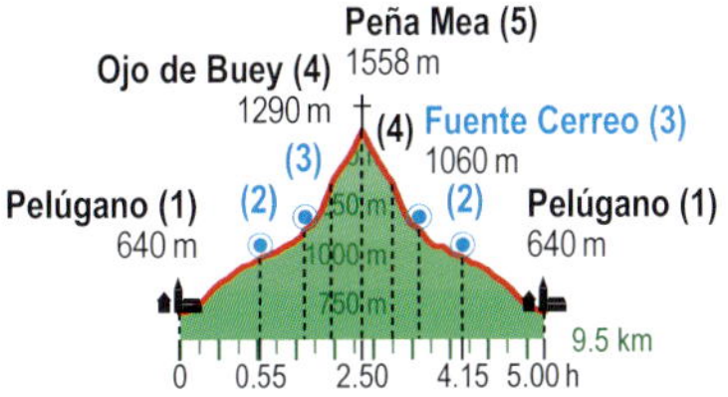

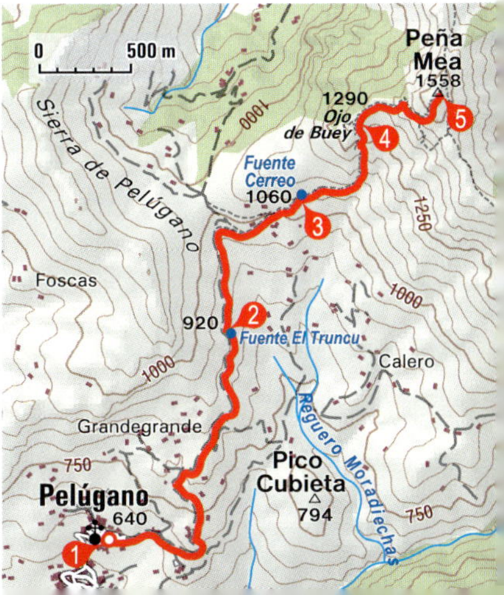

38 Foces del Pino

5.30 Std.

Große Runde durch eine Schlucht, Almen, Wald und eine Ortschaft

Diese Wanderung ist aufgrund der verschiedenen Landschaften und Wege sehr attraktiv: Zunächst geht es durch eine Schlucht, dann über einen Sattel auf Hochwiesen mit beeindruckenden Ausblicken. Der Abstieg erfolgt durch einen urigen Buchenwald entlang hervorragender Kletterfelsen. Zuletzt durchqueren wir noch den Ferienort Felechosa.

Ausgangspunkt: El Pino, 630 m, Kirche. Von Ujo (an A-66, Ausfahrt 54) auf der AS-112 in Richtung Moreda/Turón. Ab Cabañaquinta auf der AS-253 bis El Pino. Dort in die dritte große Einfahrt nach rechts, Parkmöglichkeit an der Kirche, Brunnen, Wandertafel »Foces del Pino« (30 km/30 Min.). Bus Oviedo–Felechosa bis Haltestelle El Pino (Fahrtzeit knapp 1.15 Std., stündlich).
Höhenunterschied: 860 m im Auf- und Abstieg.

Anforderungen: Rundweg auf Asphalt, Wegen, steinigen Pfaden und Wiese ohne Pfad. Die gesamte Tour ist gelb-weiß markiert (im ersten Drittel PR-AS 31 »Foces del Pino«). An einigen wichtigen Stellen fehlt die Markierung, weshalb guter Orientierungssinn Voraussetzung ist.
Einkehr/Unterkunft: In El Pino Hotel Rural El Fundil (elfundil.com, Tel. +34 985 487 032). In Felechosa.
Karte: IGN-CNIG 79-I Felechosa (1:25.000).

Bei der Wandertafel in **El Pino (1)** gehen wir rechts (Südwesten) aus dem Ort hinaus, am Trinkbrunnen links und überqueren den Río de San Isidro auf einer Brücke. Danach folgen wir 500 m der Straße, passieren einen weiteren Trinkbrunnen und erreichen einen Rastplatz mit Infoschildern zur Flora und Fauna. Danach, aber noch vor dem Haus, gehen wir links hinunter (Schild »Foces del Pino«), überqueren den Río del Pino auf einer Brücke und gelangen auf eine Schotterpiste, auf der wir einen weiteren Trinkbrunnen passieren. Dieser Piste folgen wir nun ca. 1 Std. und lassen dabei vier Abzweige nach links und einen nach rechts liegen. So gelangen wir an eine Brücke, die den Beginn der Schlucht **Foces del Pino (2)** markiert. Der nun schmale, steinige Pfad steigt durch die Schlucht an. Nach rund 10 Min. treffen wir auf eine Gabelung mit Wegweisern, an

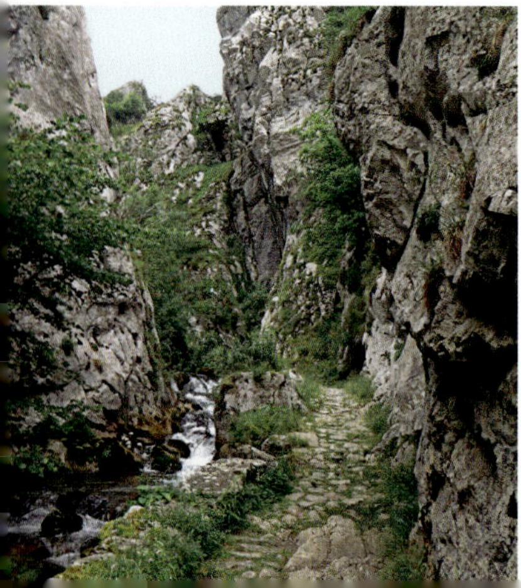

In der Schlucht Foces del Pino.

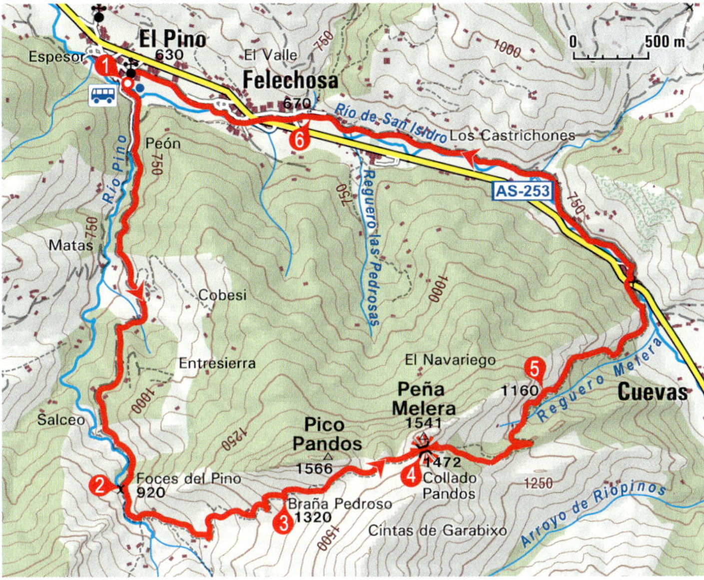

der wir links in Richtung »Caniella« gehen. An der Gabelung 10 Min. später (Hütte direkt hinter uns) verlassen wir den markierten Weg nach links oben und folgen dann dem Pfad in Richtung Osten. Wir erreichen eine Wiese mit zwei Weidemauern, zwischen denen wir in Richtung Osten bergauf hindurchgehen. Nach 15 Min. schwenkt der Pfad in Richtung Norden zu einer weiteren Weidemauer. An dieser gehen wir wieder rechts Richtung Nordosten und überqueren eine Wiese, auf der sich der Weg teilweise verliert. Wir halten uns stets bergauf in Richtung Nordosten und gelangen an einen Trinkbrunnen und eine Schutzhütte, hinter der wir links neben einer Weidemauer entlanggehen und sogleich die Quelle der Alm **Braña Pedroso (3)** erreichen. Wir verlassen die Almsiedlung durch die letzten beiden, links oben gelegenen Hütten in Richtung Osten und gehen sofort wieder links (Nordwesten) auf dem Pfad steil bergauf. Nach gut 50 m halten wir uns an der zweiten Gabelung rechts und wandern dann am Hang entlang leicht bergauf in

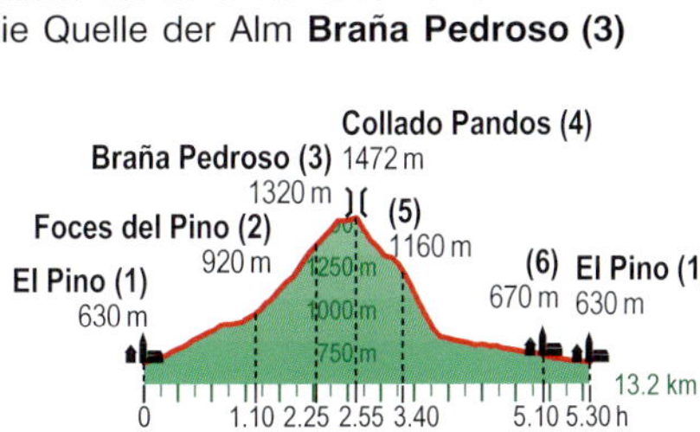

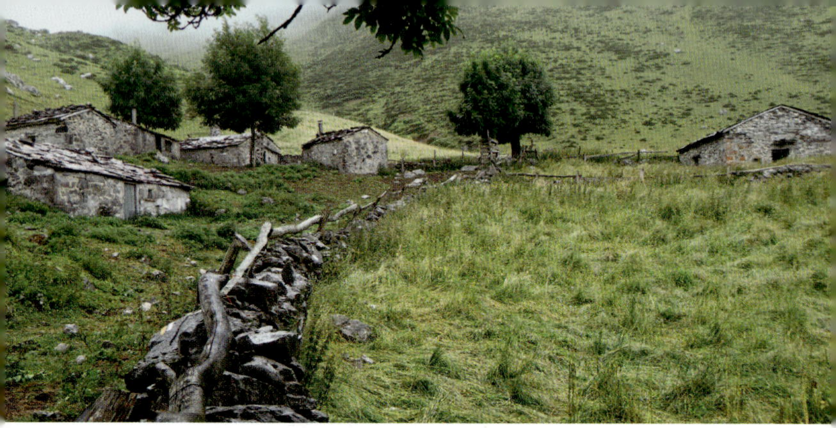

Nebliger Tag an der Braña Pedroso.

Richtung Osten. So gelangen wir in ein Tal, durch das wir die Richtung beibehaltend an zwei Weidemauern und an einzeln stehenden Bäumen vorbei zum Collá Cavera gelangen. Dann folgen wir dem Weg rechts durch eine Senke zum nächsten Sattel gegenüber (zwei Quellen am Weg, verfallene Hütte links des Sattels). Von dort sehen wir die majestätische Peña Melera, 1595 m, links über unserem nächsten Ziel, dem **Collado Pandos (4)**.
Geradeaus beginnt nun unser steiler Abstieg. Zunächst verläuft der Pfad durch ein Buchenwäldchen, passiert eine Hütte und bringt uns dann geradeaus am offenen Hang entlang zu einer Baumgruppe (ab hier fehlt die Markierung!). Diese durchqueren wir geradeaus und steuern dann rechts des Kamms auf die Hütte geradeaus vor uns zu. Ca. 50 m vor der Hütte gehen wir kurz links bergauf und dann hinunter in den Buchenwald des benachbarten Tals. Wir gelangen an einen Bach (Reguero Melera), dem wir nach rechts auf seiner rechten Seite bachabwärts folgen (hier beginnt die Markierung allmählich wieder). Dann überqueren wir den Bach und wandern links von ihm weiter. In einer scharfen Rechtskurve verlassen wir den Hauptweg und gehen geradeaus auf dem schmaleren Pfad bergab durch den Wald (Markierung am Baum schwer zu sehen). Im steilen Zickzack geht es bergab durch den Wald, anfangs begleitet uns erneut der Reguero Melera, anschließend passieren wir eine spektakuläre Felswand, die als Kletterwand **(5)** genutzt wird. Schließlich treffen wir auf einen Fahrweg, dem wir ca. 350 m nach links folgen, dann überqueren wir geradeaus die Landstraße (AS-253) und die Brücke und folgen am ersten Abzweig links dem Schild »Camín Real a Felechosa«. 45 Min. später erreichen wir **Felechosa (6)**. Wir gehen geradeaus durch den Ort und über die Hauptstraße auf den mit »Senda Verde« ausgeschilderten Weg. Dieser bringt uns nach rechts auf der nördlichen Flussseite zurück nach **El Pino (1)**.

6.00 Std.

Ruta Allerana de las Brañas 39

Drei Almen auf einen Streich

Dieser längere Rundweg bietet eine ausgewogene Mischung aus Anstiegen, Blicken auf Gipfel, offenen Landschaften sowie idyllisch gelegenen Almen. Die Gemeinde Aller ist ein Geheimtipp unter asturischen Wanderern und Wanderinnen: Die Wege sind gut markiert und weniger überlaufen als in anderen Teilen Asturiens. Außerdem kann die Mittelgebirgstour so gut wie das ganze Jahr über gegangen werden.

Ausgangspunkt: Felechosa, 660 m, Capilla de la Virgen de la Antigua. Von Ujo (an A-66, Ausfahrt 54) auf der AS-112 in Richtung Moreda/Turón. Ab Cabañaquinta auf der AS-253 bis Felechosa. Dort nach der Touristeninformation schräg links bergauf zur Kapelle; Trinkbrunnen und Wandertafel »PR-AS 30 Ruta Allerana de las Brañas« (30 km/30 Min.). Mit dem Bus Oviedo–Felechosa bis Endhaltstelle (stündlich, Fahrtzeit ca. 1.30 Std., alsa.es).
Höhenunterschied: 830 m im Auf- und Abstieg.
Anforderungen: Als PR-AS 30 gelbweiß markierter Rundweg auf Fahrwegen und Pfaden. Da es sich um eine Mittelgebirgstour handelt, sollte man die Wettervorhersage beachten und sich entsprechend vorbereiten (Schnee im Winter, Hitze im Sommer).
Einkehr/Unterkunft: In Felechosa mehrere Möglichkeiten.
Karte: IGN-CNIG 79-I Felechosa (1:25.000).

Bei der Capilla de la Virgen de la Antigua in **Felechosa (1)** gehen wir auf dem betonierten Fahrweg in Richtung Norden aus dem Ort hinaus. Wir lassen zwei Abzweige rechts und einen links liegen und gehen nach dem vierten Abzweig nach links über eine Brücke. Wir passieren einen Linksabzweig und überqueren 100 m weiter einen Bach. An der Kreuzung bleiben wir geradeaus, treffen nach 200 m auf einen von links kommenden Pfad und gehen geradeaus weiter in Richtung Nordosten. Wir überqueren auf einer Brücke erneut einen Bach; an der Gabelung gleich darauf gehen wir links und überqueren einen weiteren Bach, halten uns an der Gabelung links und erreichen nach 250 m die Almhütten der **Braña Gamonal (2)**. Danach steigen wir stets nahe dem Wasserlauf durch die steinige

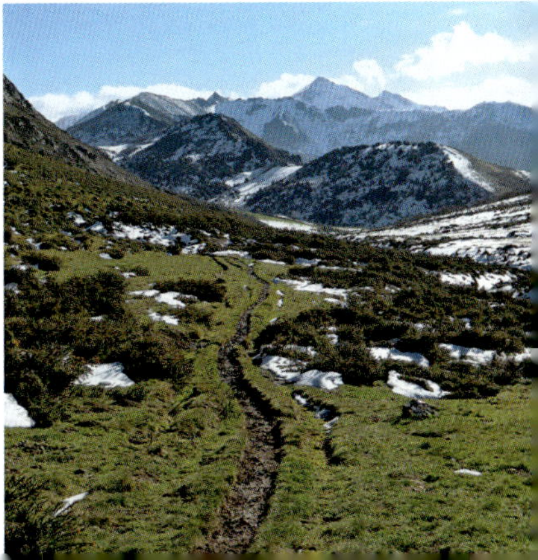

Der Pfad zwischen Collado Felguera und Majada Otero.

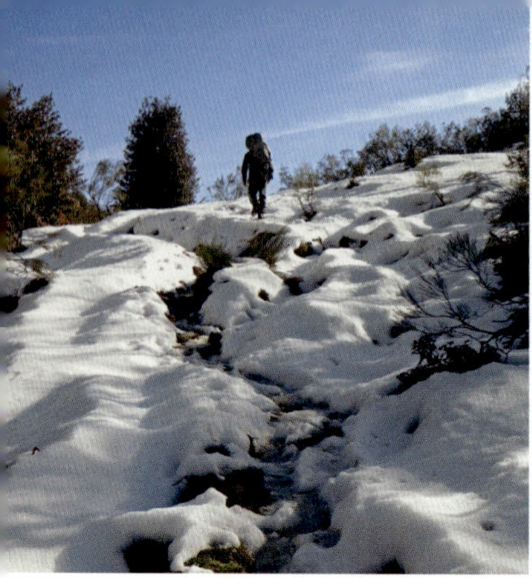

Aufstieg zur Majada de Otero im Winter.

Schlucht des Río Fresnedo auf. 20 m vor dem Zaun folgen wir dem Weg rechts hinauf. Oben trifft von rechts ein Fahrweg aus dem Tal auf unseren Weg und endet hier. Wir gehen links zu den Almhütten der Braña El Majaín und halten uns vor dem Zaun der letzten Hütte rechts. Der Pfad verläuft nun ein Stück rechts des Bachs, dann überqueren wir ihn in Richtung der gegenüberliegenden Wiese mit den großen Steinen (Markierungen) und steigen geradeaus zum **Collá de la Felguera (3)** auf. Beim Grenzfelsen zwischen den Gemeinden Sobreescobio (Schild nach links in Richtung »Soto de Agues«) und Aller (Schild nach rechts in Richtung »Cuevas«) gehen wir nach rechts und dann auf dem linken, unteren Pfad in die Büsche. Wir erreichen einen weiteren Sattel (Collá Valencia) und folgen nun immer dem Pfad geradeaus, passieren eine Quelle und gelangen schließlich zur **Majada de Otero (4)**. Kurz danach sehen wir eine Quelle, vor der wir uns auf dem Pfad etwas rechts unterhalb davon halten und auf diesem die Alm Las Ordaliegas (mehrere Hütten) durchqueren. Wenig später überqueren wir einen Bach und folgen dem Pfad rechts bergauf. Wir bleiben zunächst rechts neben dem Bach, schließlich überqueren wir ihn, peilen den Holzpfosten (Wegmarkierung) an und erreichen bei der Alm **Braña Tabierna (5)** den höchsten Punkt der Tour (Quelle). Der Weg passiert die Quelle, danach geht es bergab über einen Bach und zu einer Hütte. Hier steigen wir nach links neben der Mauer ab. Am Ende angelangt, gehen wir schräg links (Holzpfosten) in den Stechpalmenwald hinein und auf dem Pfad immer bergab. Schließlich überqueren wir den Bach und gehen links über ihm weiter. Nachdem wir rechts einen Wasserfall gesehen haben, schwenkt der Weg nach links bergan und entfernt sich vom Bachbett.

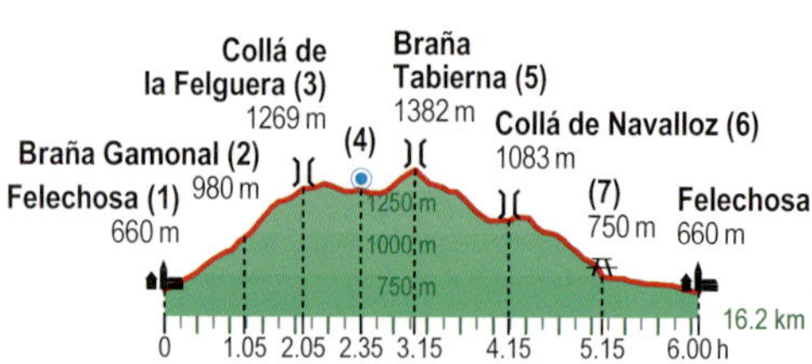

Wir steigen kurz zu einem Kamm auf und im Zickzack wieder ab. Schließlich gelangen wir in einen Mischwald, gehen nach der Senke bergauf in einen Buchenwald und an der Gabelung mit Zaun

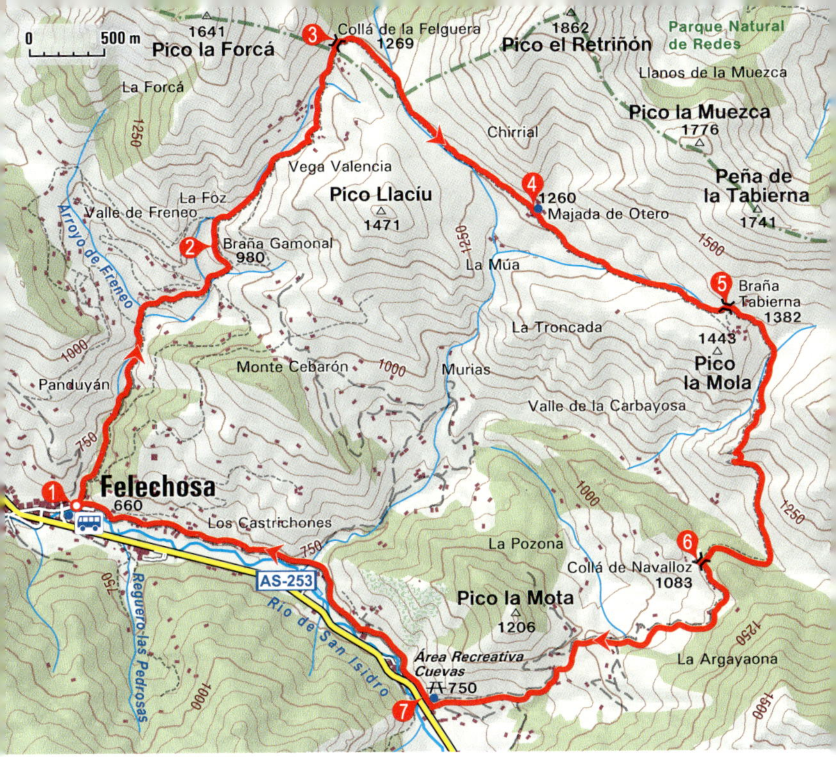

links. 500 m später gelangen wir zum **Collá de Navalloz (6)**, wo sich der Weg gabelt und wir links bergab gehen. Wir kommen am Häuschen von Luis Tejón vorbei (ein Schild lädt uns ein, einen Eintrag in seinem Gästebuch zu hinterlassen und im Notfall in der Hütte zu nächtigen) und später an weiteren Almhütten. Anschließend treffen wir auf einen etwas breiteren Fahrweg und schlagen ihn nach links (Westen) ein. Wir ignorieren alle Abzweige und halten uns an beiden Gabelungen jeweils nach links unten. Dann geht es 250 m durch ein ausgetrocknetes Bachbett bergab. An der Kreuzung gehen wir nach rechts unten und gelangen an mehrere Häuser sowie einen Trinkbrunnen. Wir folgen dem breiten, steinigen Weg bergab und erblicken links unten den Ort Cuevas. An der Straße biegen wir rechts ab und passieren geradeaus den Rastplatz **Cuevas (7)** mit Trinkbrunnen. An der Gabelung gut 200 m danach folgen wir links dem Weg neben dem Fluss. Nach ca. 1 km überqueren wir einen Nebenbach auf einer Brücke, folgen danach geradeaus dem Schild »Camín Real a Felechosa« und gelangen in ca. 45 Min. nach **Felechosa (1)**.

40 Ruta'l Alba

4.30 Std.

Die beliebteste Tour im Biosphärenreservat von Redes

Ursprünglich war die Ruta'l Alba entlang des Río del Alba eine traditionelle Hirtenroute zwischen den Tälern der Gemeinden Laviana und Aller. Später transportierte man auf diesem Weg das in der nahe gelegenen Mina Carmen abgebaute Eisenerz. 2009 wurden die ersten fünf Kilometer vom pittoresken Örtchen Soto de Agues flussaufwärts betoniert und damit einem breiteren Publikum (auch mit Kinderwagen und Rollstühlen) zugänglich gemacht. Die letzten zwei Kilometer hinauf zum Cruz de los Ríos verlaufen naturbelassen durch eine enge Schlucht mit Wasserfällen und sind der spektakulärste Teil der Wanderung.

Ausgangspunkt: Soto de Agues, 430 m, großer Parkplatz im Ort. Von Langreo auf der AS-117 bis Riosecu, dort auf der SC-2 bis Soto de Agues (30 km/30 Min.).
Höhenunterschied: 500 m Auf-/Abstieg.
Anforderungen: Durchweg hervorragend beschildert. Der erste Teil ist betoniert, der letzte Teil naturbelassen und vor allem am Ende steil und ggf. rutschig.

Einkehr/Unterkunft: In Soto de Agues Bar-Restaurante El Fresnu (traditionelle Küche und Tagesmenüs, Tel. +34 985 609 204); Albergue Cantu l'Osu (Einkehr und Herberge, Tel. +34 985 609 267 und +34 616 583 833, albergueredes.com; Casa El Alba (Einkehr und Landhotel, Tel. +34 663 397 669, casaelalba.com).
Karte: IGN-CNIG 54-III Rioseco und 79-I Felechosa (1:25.000).

Vom Parkplatz in **Soto de Agues (1)** gehen wir in Richtung Südwesten durch den Ort und gelangen direkt auf den betonierten Weg (Infotafeln, Schilder »Ruta'l Alba«). Dieser führt uns an mehreren Infotafeln zur Flora und

Der Río Alba von seiner schönsten Seite.

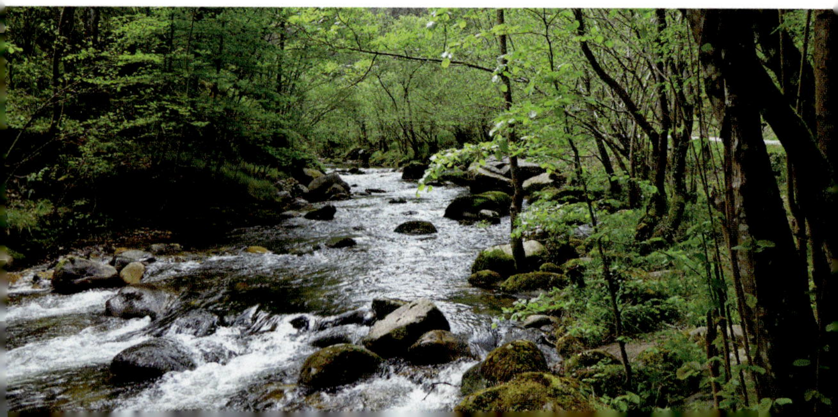

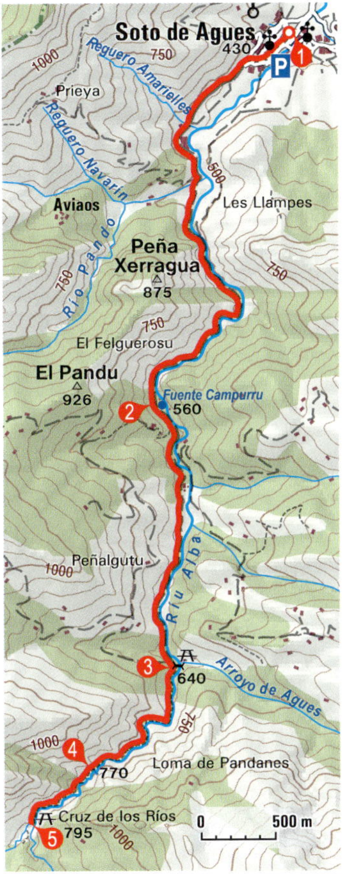

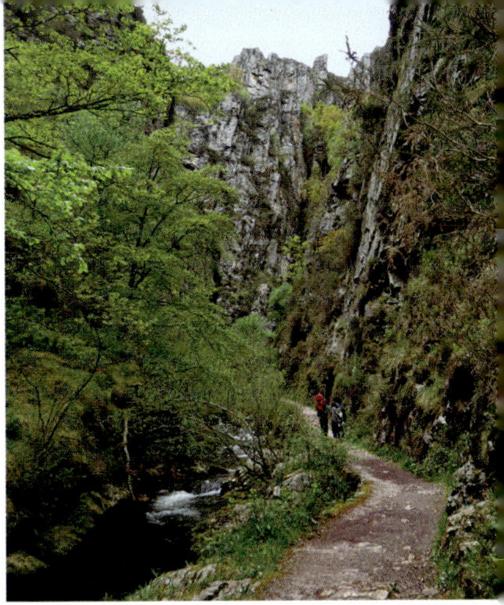

Am Beginn der engen Schlucht.

Fauna vorbei (besonders nennenswert sind die Greifvögel). Nach rund 1 Std. erreichen wir die **Fuente Campurru (2)**. Gut 30 Min. später treffen wir auf eine Kreuzung mit Rastplatz, wo wir geradeaus in den naturbelassenen Pfad durch die Schlucht einsteigen **(3)**.

Auf diesem Pfad erreichen wir nach knapp 30 Min. einen Wasserfall **(4)** und 20 Min. später das **Cruz de los Ríos (5)**, wo uns ein Rastplatz zur Pause einlädt.

Der Rückweg verläuft auf dem Hinweg.

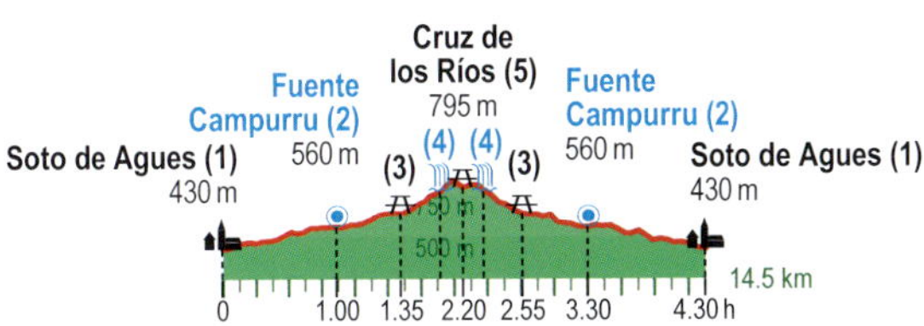

TOP **41**

Los Arrudos und Lago Ubales, 1687 m

8.45 Std.

Durch den Desfiladero de los Arrudos zum Bergsee Ubales

Bei dieser Tour durch eine der beliebtesten Schluchten Asturiens folgen wir einem traditionellen Weg, auf dem die Hirten dieser Region ihr Vieh im Frühjahr vom Tal auf die höhergelegenen Almen trieben. Auch der Name des Wegs geht auf diese Tradition zurück: »Arrudos« heißen die Leitern aus Stechpalmenholz, die Hirten als Hilfe verwendeten, um in der Schlucht Felsen zu überklettern. Wir brauchen zum Glück keine »arrudos«, da die Schlucht heutzutage dank Treppen und Geländern sicher zu durchqueren ist.

Ausgangspunkt: Caleao, 650 m, Parkplätze am Ortseingang an den Müllcontainern bzw. bei der Wandertafel (PR-AS 61 »Ruta de los Arrudos«). Von Langreo auf der AS-117 durch Riosecu, 8 km danach rechts in Richtung Caballos/Caleao. Sollten alle Parkplätze belegt sein, links bergauf zum nächsten Parkplatz fahren (40 km/45 Min.)
Höhenunterschied: 1260 m im Auf- und Abstieg.
Anforderungen: Lange Wanderung mit großem Höhenunterschied auf Pfaden und befestigten Wegen. Bis zum Ende der Schlucht ist die Tour hervorragend gelbweiß als PR-AS 61 »Ruta de los Arrudos« markiert, danach ist an ein einigen Stellen etwas Orientierungsvermögen notwendig. Wettervorhersage beachten und Vorkehrungen (Kleidung, Proviant, Karte/Kompass, GPS-Gerät/Track) treffen, da spontane Wetterumschwünge typisch sind.
Einkehr/Unterkunft: In Caleao Tierra del Agua (Sterne-Restaurant und Hotel mit Spa, Tel. +34 985 612 915, tierradelagua.es). In Encrucijada Bar-Restaurante La Encruceyada (asturische Küche und Tagesmenü, Tel. +34 985 612 803).
Variante: Als kinderfreundliche Alternative kann man von Caleao auch nur ein Stück in die Schlucht und zurück gehen.
Karte: IGN-CNIG 79-I Felechosa (1:25.000).

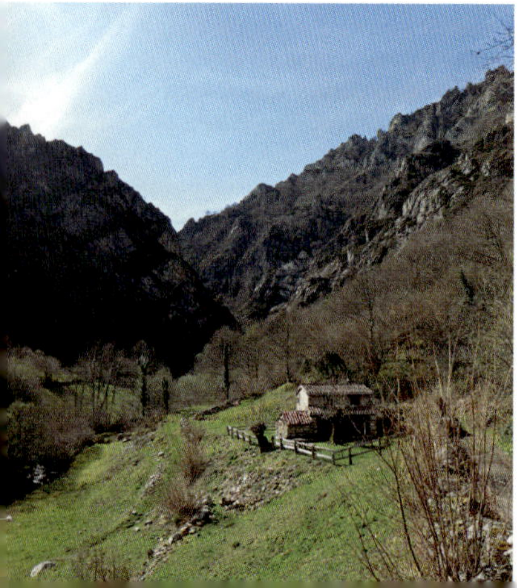

Am Ortseingang von **Caleao (1)** folgen wir dem Fahrweg bergauf in Richtung Südosten. Kurz darauf passieren wir einen Parkplatz sowie einen Rastplatz mit Trinkbrunnen. Wir folgen der Schotterpiste (Schild »Desfiladero de Los Arrudos«) am Arroyo de los Arrudos entlang und überqueren dabei drei Brücken. An der Gabelung nach 45 Min. wählen wir den schmaleren Pfad links bergauf und erreichen nach 5 Min. die

Blick in Richtung Schlucht zu Beginn der Tour.

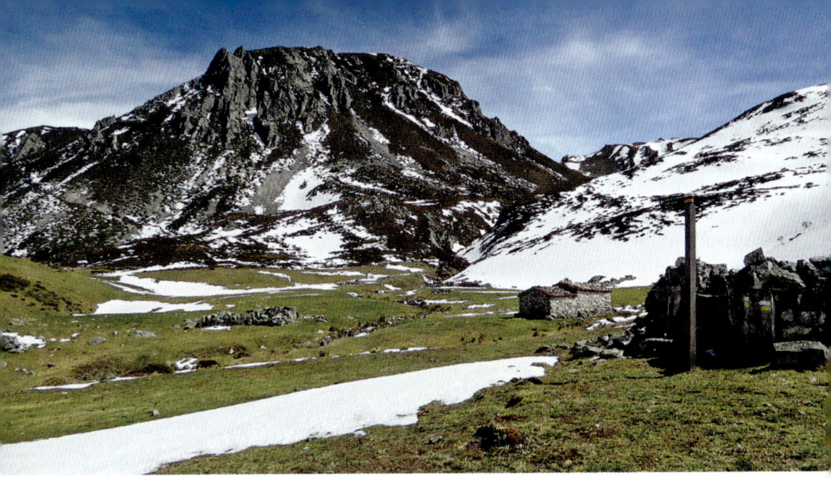

Braña Moyones, die letzte der drei verfallenen Almen auf unserer Wanderung.

Puente La Fuminosa (2), die den Schluchtbeginn markiert. Ab hier wandern wir auf einem schmalen und steilen Pfad weiter. Nach einer weiteren Quelle, zwei Brücken und gut 45 Min. gehen wir an der Gabelung rechts bergauf und treffen gleich darauf auf Überreste der Quelle **La Fontona (3)**, neben der wir den Zubringerbach Robre auf einer Brücke überqueren. Danach folgen wir dem Pfad nach links oben. Nach der nächsten Brücke gehen wir ebenfalls links. Bald darauf öffnet sich das Tal, und wir erreichen kurz darauf die Ruinen der Alm **Braña de Roxecu (4)**. Hinter der letzten Ruine halten wir uns links, überqueren den Bach (Schild) und folgen dem Pfad. Nach gut 30 Min. erreichen wir die zweite, etwas kleinere, aber ebenfalls verfallene Almsiedlung **Braña Llede (5)**. Dort orientieren wir uns nach schräg links (Nordosten), überqueren den Bach und folgen dem Pfad nach rechts (Süden) hinauf auf den Rücken des Hügels. Oben treffen wir auf weitere Ruinen der Alm und steigen nach links in Richtung Nordosten weiter bergan. Nach 50 m

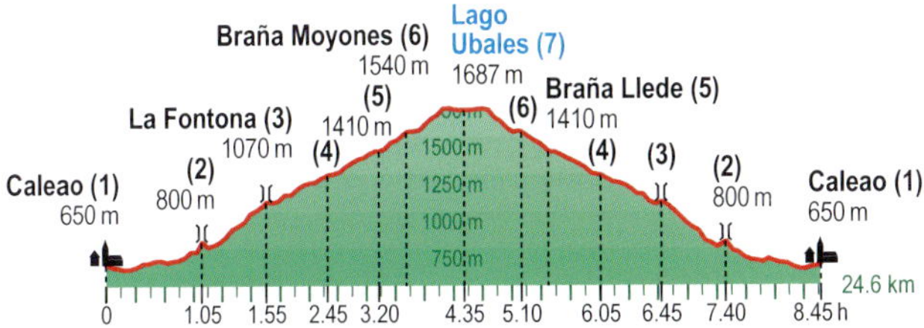

weist uns ein Schild an der Gabelung rechts bergauf auf einen kleinen Pfad in Richtung Südwesten. 20 Min. später erreichen wir die letzte der drei Almen, **Braña Moyones (6)**. Geradeaus (im Osten) sehen wir den Pico Cascayón. Wir überqueren den Bach auf einer kleinen Steinbrücke und steuern in Richtung Nordosten auf den Bergfuß zu. Wir folgen den Markierungen und Steinmännchen, überqueren einen weiteren Bach und steigen auf dem Pfad links daneben hinauf zum Collado del Acebal, 1711 m, von dem wir eine hervorragende Aussicht auf die Picos de Europa, den Cantu l'Osu (Tour 42), Tiatordos (Tour 43) und den Pico Zorru (Tour 44) genießen. Wir verlassen den Sattel nach schräg rechts und durchqueren die folgende Senke in Richtung Südosten, wobei wir, soweit erkennbar, den Steinmännchen bzw. gelb-weißen Markierungen folgen. Nach 15 Min. erreichen wir den beeindruckenden Bergsee **Lago Ubales (7)**, 1687 m.
Der Rückweg verläuft auf dem Hinweg.

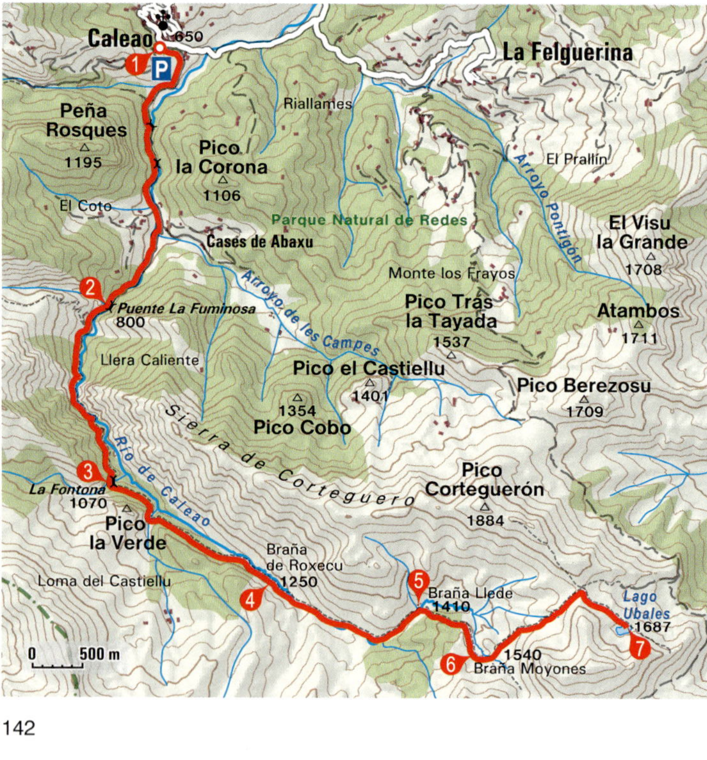

9.30 Std.

Cantu l'Osu, 1793 m

42

Eine liebliche Alm und ein schroffer Gipfel

Der Cantu l'Osu ist ein Gipfel, der seinesgleichen sucht: Jenseits seines Kamms bricht der Fels schroff, fast senkrecht in die Tiefe ab, sodass der Ausblick nur von Schwindelfreien genossen werden kann. Der heimliche Höhepunkt dieser Gipfeltour ist jedoch die Alm Brañagallones: eine wunderschöne Hochweide mit einer bewirtschafteten Alm und ca. 20 kleinen, gut erhaltenen traditionellen Hütten.

Ausgangspunkt: Bezanes, 658 m, Parkplatz. Von Langreo auf der AS-117 bis Bezanes. Im Ort an der Bushaltestelle rechts abbiegen (Schild »Brañagallones«) und gleich wieder links auf den Parkplatz (46 km/50 Min.).
Höhenunterschied: 1310 m im Auf- und Abstieg.
Anforderungen: Von Bezanes bis Brañagallones verläuft die Tour auf einem Fahrweg. Ab Brañagallones ist sie zwar weitestgehend markiert (gelb-weiß, rosa Punkte), dennoch ist guter Orientierungssinn notwendig. Da es sich um eine Hochgebirgstour handelt, sind entsprechende Vorkehrungen (warme Kleidung, Karte/Kompass bzw. GPS-Gerät, Wettervorhersage) zu treffen. Trittsicherheit, Schwindelfreiheit und eine gute Kondition sind Voraussetzung.
Einkehr/Unterkunft: In Bezanes Bar la Bolera (Getränke und Snacks, Tel. +34 985 613 759); La Posada de Redes (Restaurant und Unterkunft, Tel. +34 985 613 874). Refugio de Brañagallones (Almhütte mit Einkehr und Unterkunft, ganzjährig geöffnet, Reservierung und Information auf branagallones.com, Tel. +34 984 092 981).
Variante: Der Fahrweg von Bezanes bis Brañagallones darf nur von autorisierten Fahrzeugen genutzt werden. Unter Tel. +34 689 89 30 51 steht ein Ruftaxi für diese Strecke zur Verfügung. Die Tour reduziert sich dadurch auf rund 5 km/3 Std. und 560 Hm Auf- und Abstieg.
Tipp: Geführte Wanderungen, Info: Refugio de Brañagallones oder Centro de Interpretación (Tel. +34 985 60 80 22).
Karte: IGN-CNIG 79-II Bezanes (1:25.000).

Vom Parkplatz in **Bezanes (1)** gehen wir mit den rot- und gelb-weißen Markierungen in Richtung Südosten durch den Ort. Geradeaus an der Bar La Bolera vorbei und dann den Pfeilen und dem Schild »Brañagallones« folgend verlassen wir das Dorf. Nun wandern wir auf dem Fahrweg bergauf. Wir kommen an einem ersten Trinkbrunnen vorbei und erreichen nach rund 1 Std. den

Die bezaubernde Vega de Brañagallones.

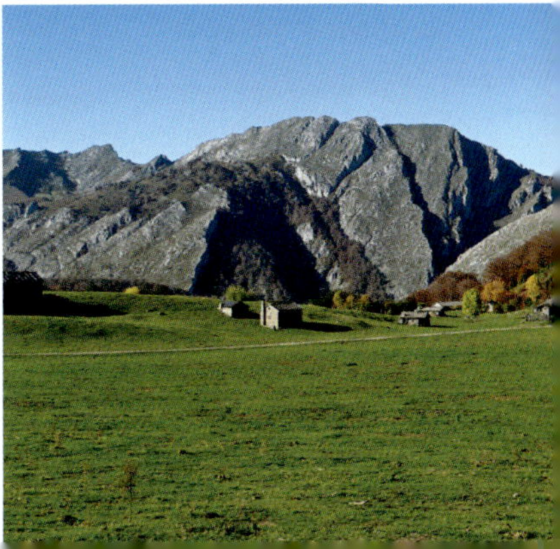

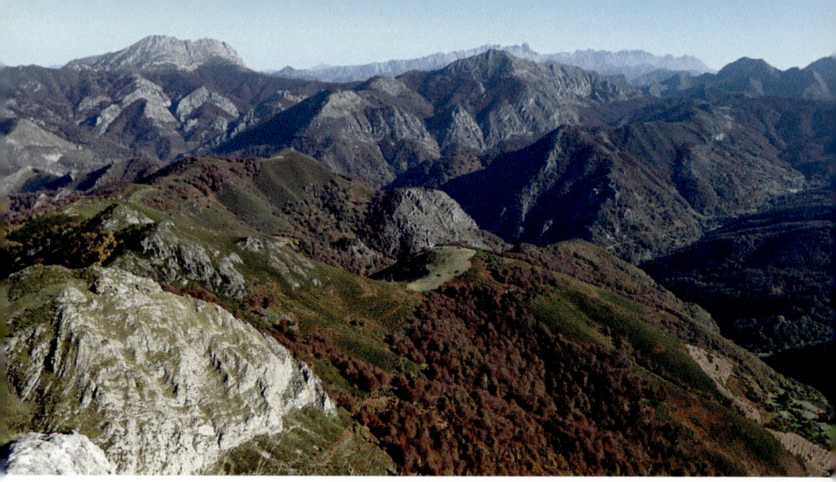

Ausblick vom Gipfel in Richtung Picos de Europa.

Aussichtspunkt **Texu la Oración (2)**. Weiter bergauf gelangen wir nach 1 Std. zur **Fuente Andorvio (3)**. Ab jetzt verläuft der Weg flacher und bringt uns, vorbei an einer weiteren Quelle, in gut 1.15 Std. zur Alm **Brañagallones (4)**.

Dort gehen wir nach links in Richtung Südosten über die große Wiese und treffen bald auf einen mit einem Pfahl markierten Pfad, der bergauf durch einen Buchenwald verläuft. Knapp 1 km nach der Alm erreichen wir eine Quelle und folgen weiter dem gelb-weiß markierten Weg. 150 m nach der Quelle verlassen wir den breiten Weg und biegen rechts auf einen ebenfalls gelb-weiß markierten schmaleren Pfad ab. Dieser endet kurz darauf auf einer Wiese, die wir geradeaus ansteigend überqueren. Anschließend erreichen wir die Ebene mit Ruinen der Alm **Ranéu (5)**. Hier gabeln sich die markierten Wege. Wir wählen den Weg geradeaus in Richtung Norden, gehen 150 m auf der Wiese bergauf und folgen dann den Markierungen links und gleich

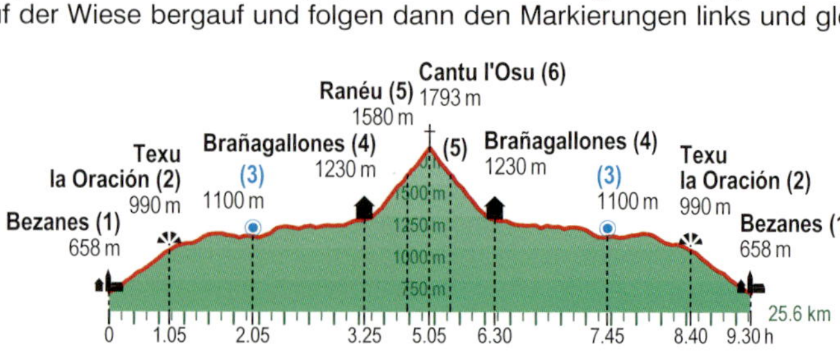

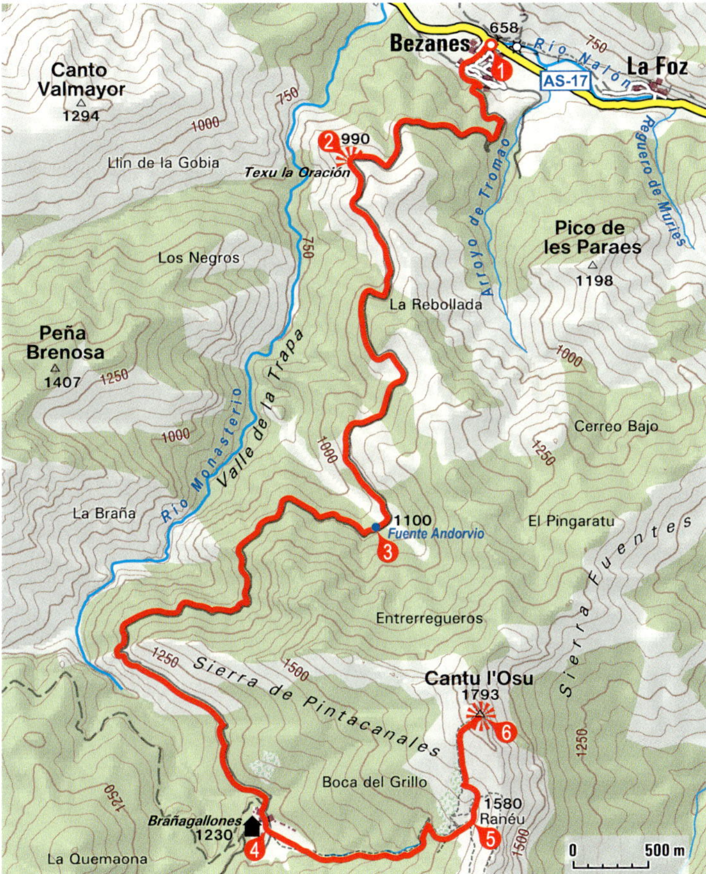

wieder nach rechts oben. Hier gibt es keinen Pfad mehr, wir steigen einfach dem schmalen Hangeinschnitt folgend bergan. Nach rund 20 Min. steilen Anstiegs sehen wir rechts bereits den auf Felsen stehenden, silbernen Gipfelposten. Wir folgen den Steinmännchen und Markierungen durch die von Felsbrocken durchsetzte Wiese hinauf zum Gipfel des **Cantu l'Osu (6)**, 1793 m. Der Rückweg verläuft auf dem Hinweg.

TOP **43**

El Tiatordos, 1951 m

6.30 Std.

Der Gipfel und der Abgrund

Der Tiatordos gilt als einer der spektakulärsten Gipfel Asturiens: Seine Steilwand fällt 600 m senkrecht in die Tiefe. Der Aufstieg verläuft durch eine steile Schlucht und auch durchaus herausfordernd über Felsen. Auf dem Gipfel erinnert ein Eispickel an Bergsteiger und Bergsteigerinnen, die beim Aufstieg auf den Tiatordos an dessen Steilwand verunglückt sind.

Ausgangspunkt: Pendones, 760 m, ausgeschilderter Parkplatz in der Ortsmitte. Von Langreo auf der AS-117 bis Foz, 1 km hinter Foz links dem Schild nach Pendones (500 m) folgen (50 km/1 Std.).
Höhenunterschied: 1200 m im Auf- und Abstieg.
Anforderungen: Obwohl es sich offiziell um den PR-AS 65 handelt, ist der Weg nur mangelhaft markiert bzw. beschildert. Da es sich um eine Hochgebirgstour handelt, sind entsprechende Vorkehrungen (warme Kleidung, Karte/Kompass bzw. GPS-Gerät, Wettervorhersage) zu treffen. Trittsicherheit, Schwindelfreiheit, Orientierungssinn und eine gute Kondition sind Voraussetzung.
Einkehr/Unterkunft: In Pendones Casa Juanín (traditionelle Küche, Tel. +34 985 613 725).
Karte: IGN-CNIG 54-IV Campo de Caso und 79-II Bezanes (1:25.000).

Freundliche Begrüßung an der Majada del Tiatordos.

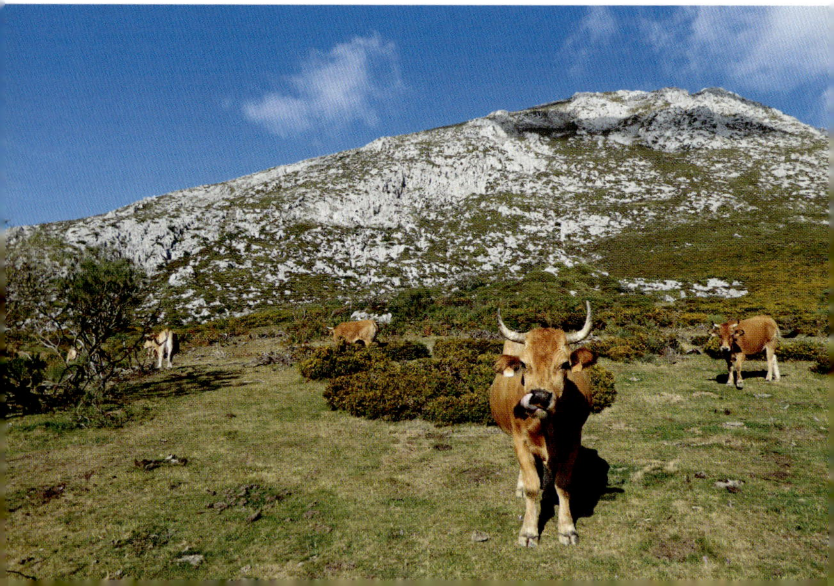

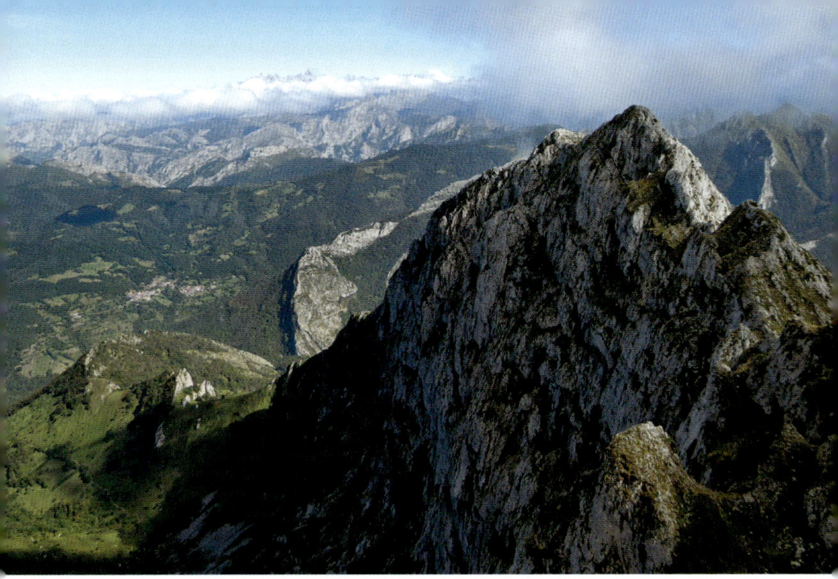

Der hart erarbeitete Blick vom Gipfel des Tiatordos.

Vom Parkplatz in **Pendones (1)** gehen wir auf der Straße bergauf. Am Platz mit dem Trinkbrunnen verlassen wir den Ort geradeaus in Richtung Nordosten und halten uns an der Gabelung nach 400 m links. An der nächsten Gabelung nach weiteren 600 m gehen wir nach rechts neben dem Bach leicht bergab und überqueren wenig später eine Brücke. Nach 100 m gehen wir an der Gabelung nach rechts bergauf, nach weiteren 100 m an der Gabelung nach links oben und folgen immer dem breiten ansteigenden Weg, der schließlich zu einem grasigen Weg wird. Wir kommen an zwei verfallenen Häusern vorbei und achten ab hier gut auf die Markierungen. Ein kleines Stück weiter biegen wir scharf links in die **Foz de Palombar (2)** ein (Steinmännchen und gelber Pfeil) und steigen immer in Bachnähe die steile, steinige Schlucht hinauf. An der Gabelung gehen wir links. Nach knapp 45 Min. erreichen wir die **Fuente del Pláganu (3)**.
Wir steigen in Richtung Nordosten weiter steil bergan und überqueren die Hochwiese in Richtung Nordwesten. Vor uns sehen wir einen großen Felsriegel, den wir zunächst nach links (Westen) umgehen. Unser Pfad führt uns schließlich auf den Kamm. Wir gehen ca. 50 m Richtung Nordosten auf dem Kamm entlang und steigen dann auf der anderen Seite wieder ab. Nun erreichen wir eine kleine Wiese, die wir geradeaus in Richtung des Gipfels überqueren. Wir treffen wieder auf einen Pfad, der uns durch Gebüsch zur größe-

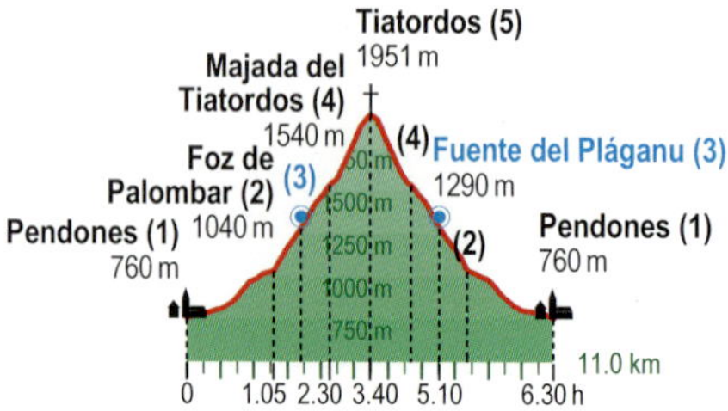

ren Wiese der **Majada del Tiatordos (4)** bringt. Dort finden wir einen Markierungspfosten, an dem wir schräg links (Nordosten) gehen.

Der Pfad überwindet eine kleine Rampe, passiert einen Baum und trifft auf einen quer verlaufenden Pfad. Diesen überqueren wir geradeaus in Richtung der Felsen und wandern ab hier ohne Pfad weiter. Zunächst gehen wir an einer Senke vorbei und suchen dann die roten Punkte und Steinmännchen, die uns ab jetzt den steilen Anstieg durch die Felsen weisen werden. Zu Beginn des Aufstiegs müssen wir uns teilweise mit den Händen sichern. An einer großen Felswand halten wir uns links. Danach wird der Pfad besser erkennbar. Nach gut 1 Std. steilen Aufstiegs erreichen wir zunächst den Berggrat und schließlich 150 m weiter in Richtung Südosten den Gipfel des **Tiatordos (5)**, 1951 m, mit der Vermessungssäule und dem Denkmal in Form eines Pickels.

Der Rückweg verläuft auf dem Hinweg.

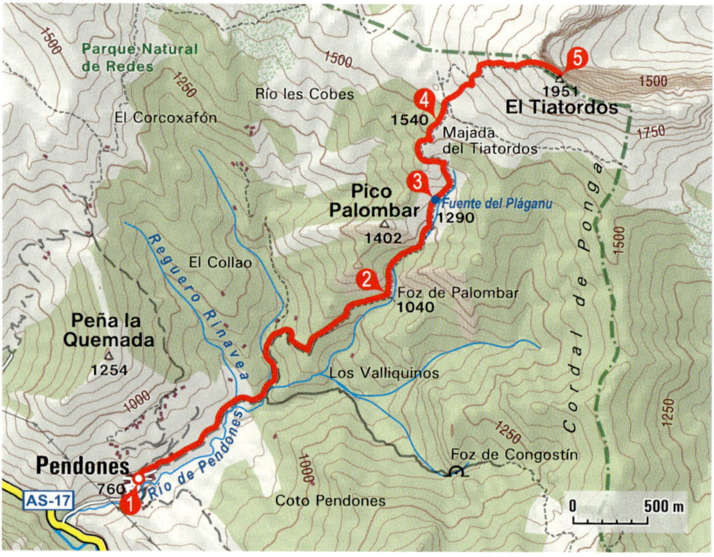

5.45 Std.

Picu Zorru, 1844 m 44

Jeder Gipfel ist einzigartig

Der Aufstieg zum Picu Zorru ist von idyllischen Wiesen und Wäldern des Naturparks Ponga geprägt. Vom 1844 m hohen Gipfel können wir eine einzigartige Aussicht genießen: Sie reicht über die wunderbar intakt erhaltenen Wälder der Region, darunter den Wald von Peloño (siehe Tour 45), bis hin zum kantabrischen Gebirgszug mit den markanten Picos de Europa. Ein weiteres Highlight ist die auffällige Form des Gipfels Recuencu (1642 m), den wir längere Zeit im Blick haben: Er sieht einem Tannenzapfen verblüffend ähnlich. Auch der Nachbargipfel des Picu Zorru, der Pico Luengu (1785 m) und dessen Umrundung veranschaulichen uns, wie vielfältig und einzigartig Gipfel sein können.

Ausgangspunkt: Parkplatz Les Bedules, 1083 m. Von Cangas de Onís auf der N-625 in Richtung Riaño, nach 10 km rechts auf der AS-261 in Richtung Sellaño bis San Juan de Beleño, dort links der PO-2 (Schild »Los Bedules/Bosque Peloño«) folgen, nach gut 3 km rechts (Schild »Los Bedules/Bosque de Peloño«) bis zum Parkplatz (Wegweiser, Viehsperre im Boden) (35 km/50 Min.).
Talort: San Juan de Beleño (Hauptort der Gemeinde Ponga), 610 m.
Höhenunterschied: 830 m im Auf- und Abstieg.
Anforderungen: Nicht markierte Mittel- bis Hochgebirgstour auf befestigten Wegen, engen, teilweise steinigen Pfaden und pfadlos über Wiesen. Obwohl bei guter Witterung die Orientierung durch ständige Sichtbarkeit der Gipfel – zunächst El Recuencu, dann Pico Luengu und schließlich Pico Zorru selbst – gegeben ist, empfehlen wir die Mitnahme von Karte und Kompass bzw. GPS-Gerät und -Track. Wettervorhersage beachten.
Einkehr/Unterkunft: In San Juan de Beleño La Fonda de Ponga (Restaurant und Unterkunft, Tel. +34 985 843 004, ganzjährig geöffnet).
Karte: IGN-CNIG 55-III San Xuan/San Juan de Beleño und 80-I Oseja de Sajambre (1:25.000).

Vom Parkplatz **Les Bedules (1)** gehen wir auf dem Fahrweg in Richtung Südosten über die Viehsperre zu einem Trinkbrunnen. Direkt danach verlassen wir den Fahrweg auf einem kleinen Weg nach rechts. An der ersten T-Kreuzung gehen wir rechts bergauf und gelangen an einen Trinkbrunnen. Gut 600 m weiter trifft ein weiterer Weg von rechts auf

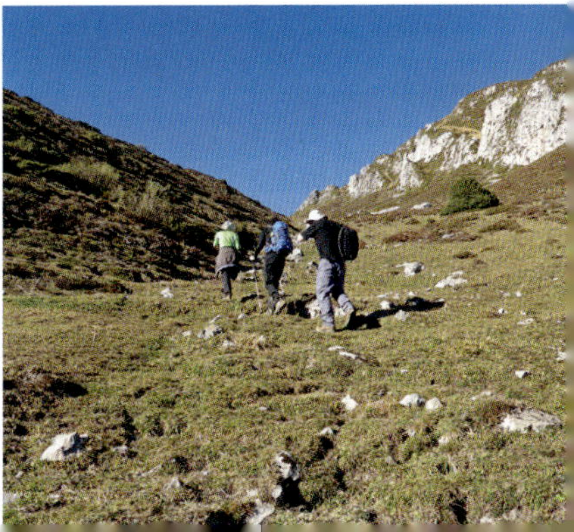

Aufstieg zum Colláu Zorru.

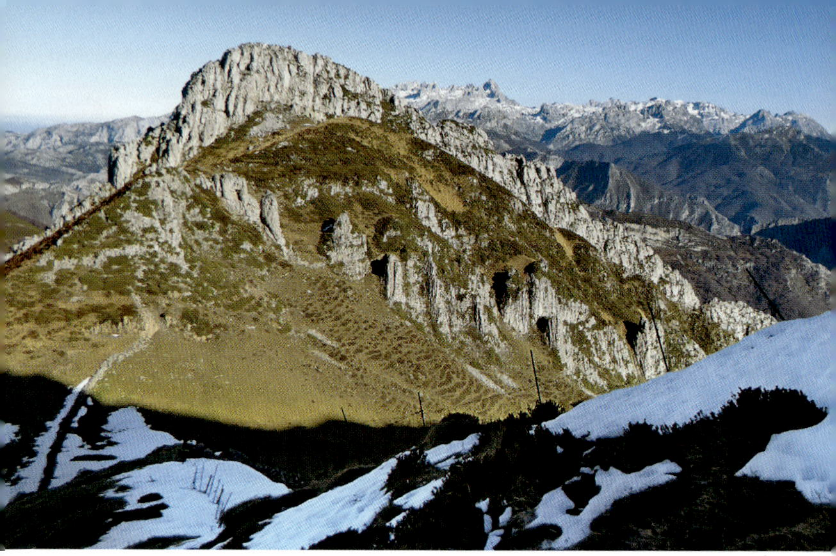

Blick kurz vor dem Gipfel des Picu Zorru auf den Pico Luengu.

unseren Weg, wir gehen weiter geradeaus. Wir kommen an zwei Steinhäuschen vorbei und haben von nun an immer mal wieder den tannenzapfenartigen Gipfel des El Recuencu im Blick. Wir lassen den breiteren Weg links liegen und gehen auf einem schmaleren Pfad durch eine scharfe Linkskurve steil bergauf. Oben an einer Wiese angelangt stoßen wir auf eine Kreuzung und steigen nach rechts bergan. Wir treffen auf einen etwas breiteren Weg und folgen ihm nach rechts über einen Bach (Trittsteine). Nach 5 Min. erreichen wir die Wiese mit den Ruinen der Alm **Les Llampes (2)**.
Wir überqueren die Wiese geradeaus und steuern dabei den Sattel links unterhalb des Recuencu an. So kommen wir an einer Quelle vorbei, gehen durch eine Senke, in der wir einen Bach über Trittsteine überqueren, und folgen dann dem Pfad rechts bergauf. Dieser führt uns ohne Abzweige zum

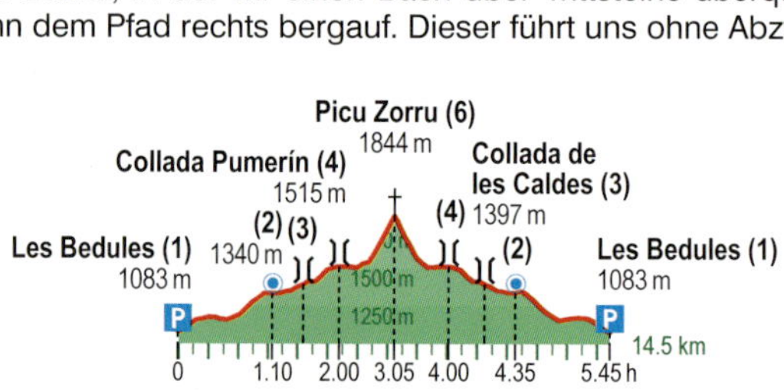

Sattel **Collada de les Caldes (3)** links unterhalb des Recuencu. Hier gehen wir kurz in Richtung Süden bergauf und schwenken dann nach links auf den Kamm des mit Ginster bewachsenen Hügels. Auf diesem gehen wir gut 100 m in Richtung Osten bis zum höchsten Punkt. Dann folgen wir einem Pfad den Hang hinunter bis zu einem weiteren Sattel und orientieren uns dort in Richtung Südosten auf den Buchenwald zu, an dessen Beginn wir wieder auf einen Pfad treffen. Diesem folgen wir in Richtung Süden am Hang entlang und halten uns links oberhalb der Tränke (eine alte Badewanne). Bald bringt uns ein breiterer Weg zum Sattel **Collada Pumerín (4)** direkt unterhalb des Pico Luengu; vom Sattel können wir eine hervorragende Aussicht auf die Picos de Europa genießen.

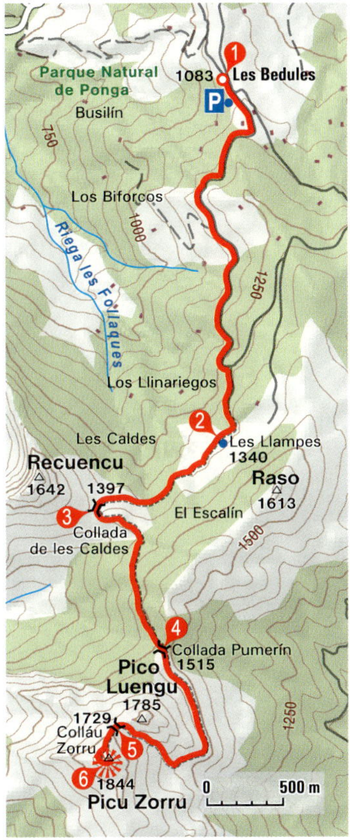

Unser Weg führt nun nach links um den Pico Luengu herum. Dafür überqueren wir zunächst den Sattel geradeaus und folgen dann nach rechts (in Richtung Südosten) einem etwas oberhalb der Bäume am Hang entlang verlaufenden Pfad. 15 Min. nach dem Collada Pumerín dreht der Pfad nach rechts und wir steigen ca. 10 Min. lang in Richtung Südwesten auf einem schmalen Pfad im Zickzack durch die Felsen am Fuß des Luengu auf und dann ab. Nach den Felsen gehen wir noch weitere 5 Min. in Richtung Südwesten am Hang entlang. Dort dreht der Pfad rechts in Richtung Nordwesten und wir blicken direkt auf den Sattel zwischen Pico Luengu (rechts) und Picu Zorru (links). Wir steigen durch den steilen Einschnitt zwischen den Gipfeln in Richtung Nordwesten (ca. 25 Min.) zum **Colláu Zorru (5)** auf. Der Aufstieg zum Gipfel des **Picu Zorru (6)**, 1844 m, erfolgt in Richtung Südwesten auf dem steilen Pfad rechts des Zauns.

Der Rückweg verläuft auf dem Hinweg.

45 *El Bosque de Peloño*

7.15 Std.

Durch den magischen Buchenwald im Naturpark Ponga

Ponga ist eine abgelegene Gemeinde und ein vorbildlich gepflegtes Naturschutzgebiet im Südosten Asturiens in direkter Nachbarschaft zu den Picos de Europa, deren Ausläufer auf unserer Tour zu sehen sind. Die Wanderung führt uns durch einen im Frühjahr und Sommer sattgrünen, im Herbst rotorangefarbenen Buchenwald. Außerdem haben wir einen interessanten Ausblick auf den Picu Zorru, dessen Gipfel wir mit Tour 44 besteigen können.

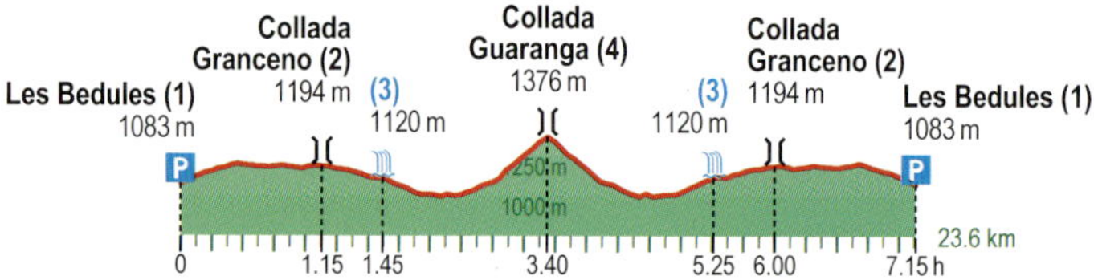

Ausgangspunkt: Parkplatz Les Bedules, 1083 m. Von Cangas de Onís auf der N-625 in Richtung Riaño, nach 10 km rechts auf der AS-261 in Richtung Sellaño bis San Juan de Beleño, dort links der PO-2 (Schild »Los Bedules/Bosque Peloño«) folgen, nach gut 3 km rechts (Schild »Los Bedules/Bosque de Peloño«) bis zum Parkplatz (Wegweiser, Viehsperre im Boden) (35 km/50 Min.).
Talort: San Juan de Beleño (Hauptort der Gemeinde Ponga), 610 m.
Höhenunterschied: 800 m im Auf- und Abstieg.

Der Weg durch den dichten Buchenwald.

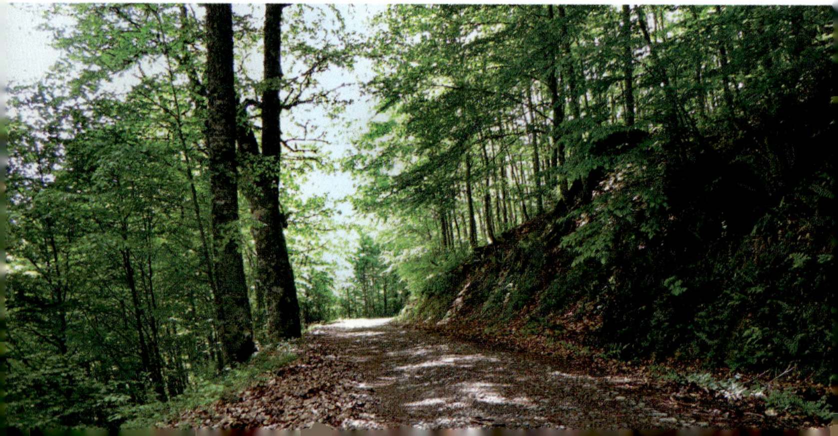

Anforderungen: Die ersten rund 8 km verlaufen fast eben auf einem breiten und gut markierten Weg. Danach machen steile und teilweise schmale und steinige Pfade die Tour anspruchsvoller.
Einkehr/Unterkunft: In San Juan de Beleño La Fonda de Ponga (Restaurant und Unterkunft, ganzjährig geöffnet, Tel. +34 985 843 004).
Hinweis: Die ersten 8 km können problemlos mit Kindern gewandert werden.
Karte: IGN-CNIG 55-III San Xuan/San Juan de Beleño und 80-I Oseja de Sajambre (1:25.000).

Vom Parkplatz **Les Bedules (1)** gehen wir auf der breiten Schotterpiste in Richtung Süden (Schild »Bosque de Peloño«) über die Viehsperre und am Trinkbrunnen vorbei. Nach 1.15 Std. erreichen wir den Sattel **Collada Granceno (2)** mit der gleichnamigen Quelle; hier verlassen uns zwei gelb-weiß markierte PR-Wege nach links. Wir folgen weiterhin der Schotterpiste und wählen an der Gabelung nach 150 m den rechten Weg. Er führt uns an mehreren kleinen und schließlich einem etwas größeren Wasserfall **(3)** vorbei. Nun folgen wir weiter der Piste, ignorieren einen Abzweig nach rechts sowie einen nach links und überqueren zwei Bäche auf Trittsteinen. An der nächsten Gabelung gehen wir rechts und wandern ab hier nun ca. 1 Std. im kräftigen Anstieg bergauf. Wir erreichen erneut eine Gabelung, an der wir nach rechts durch das Viehgatter gehen und so den Sattel **Collada Guaranga (4)** mit Bunker aus dem Spanischen Bürgerkrieg erreichen.
Der Rückweg verläuft auf dem Hinweg.

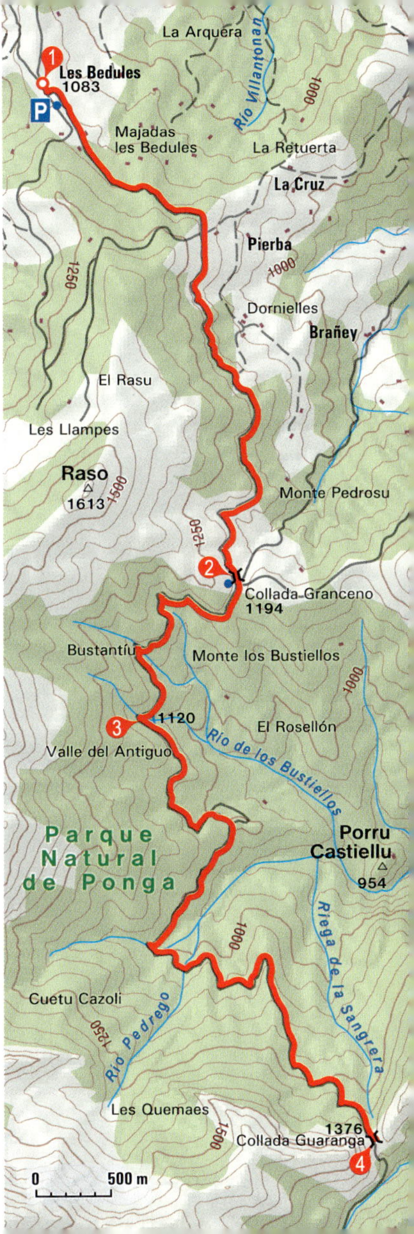

TOP 46 Durch den Biescona-Wald auf den Picu Pienzu, 1161 m

5.30 Std.

Gipfel mit Meerblick

Der nur 5 km von der Küste entfernt gelegene Picu Pienzu bietet mit seinen knapp über 1000 m Höhe eine unvergleichliche Aussicht. Er ist der höchste Gipfel der Sierra del Sueve, die eines der beliebtesten Ausflugsziele für die Menschen aus den nahe gelegenen Städten Gijón und Oviedo ist. Daher besteigen wir den Gipfel nicht über den meist sehr überlaufenen »Mirador del Fitu«, sondern durch den »Hayedo de La Biescona«, einen urigen Buchenwald.

Ausgangspunkt: Pie de Potru, 200 m, Parkplatz bei dem rotem Haus an der AS-260. Von Colunga auf der AS-260 in Richtung Coceña und Arriondas. Nach 7 km auf der AS-260 (gut 100 m vor km 14) auf das rote Haus rechts achten, Parkmöglichkeit rechts und links der Straße (8 km/15 Min.).
Höhenunterschied: 960 m im Auf- und Abstieg.
Anforderungen: Anfangs nicht ausgeschilderte Waldwege. Nach dem Wald nicht beschilderte, jedoch gut ausgetretene Pfade, teils über Wiesen. Ab Alm Majada del Bustacu zwei längere, sehr steile Anstiege, teilweise pfadlos (das Gipfelkreuz dient als Orientierung).
Einkehr/Unterkunft: In Colunga. An der AS-260 kurz vor dem Ausgangspunkt Rest. Casa Pancho (Tel. +34 985 853 205).
Karte: IGN-CNIG 30-II Colunga (1:25.000).

Wir folgen links am roten Haus **Pie de Potru (1)** vorbei dem Fahrweg in den Wald hinein. Im Wald durchqueren wir eine Pforte und gehen an der ersten Gabelung nach links eben weiter. Etwas später überqueren wir einen Bach auf Trittsteinen und lassen danach einige Ruinen links liegen. Dann folgen wir immer dem breiten Weg im Zickzack bergauf; an der Gabelung halten wir uns rechts und wandern dann links oberhalb des Bachs. Dann wird die Schlucht enger und wir gehen ca. 700 m weit direkt im Bachbett auf Felsen weiter (der Bach läuft hier unterirdisch, wir waten nicht im Wasser). Wir verlassen das Bachbett nach rechts oben und gehen parallel zu ihm weiter. An der nächsten Gabelung halten wir uns links und folgen nun immer dem gut erkennbaren Waldweg (wir lassen die ersten zwei Abzweige rechts und den dritten links liegen). Dann gelangen wir an eine Gabelung, an der wir nach links auf eine Lichtung gehen. Dort halten wir uns wieder rechts und und verlassen den Wald nach 20 m; schräg links sehen wir einen Sattel. Kurz davor treffen wir auf einen von links kommenden Fahrweg. Diesem folgen wir zum Sattel an der Alm **Majada del Bustacu (2)** mit einer Viehtränke. Nun orientieren wir

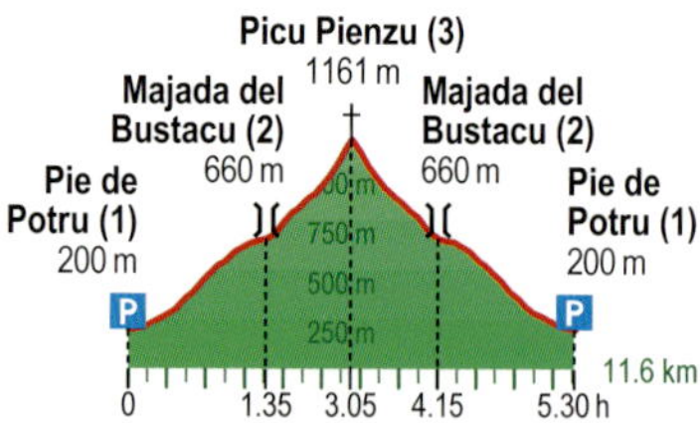

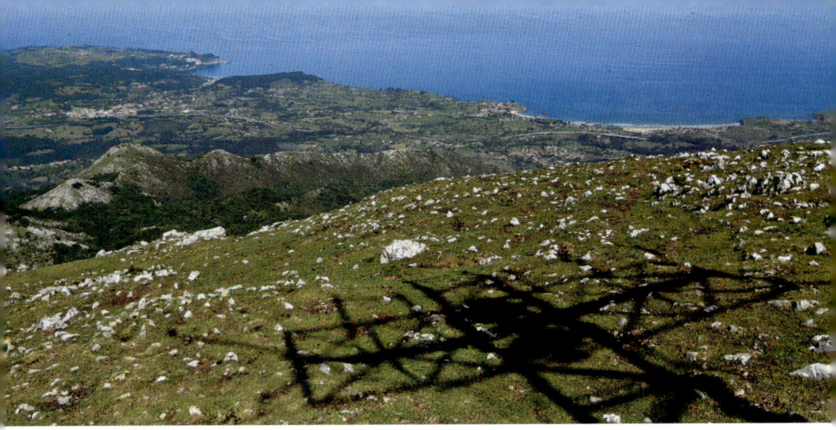

Auf dem spektakulären Gipfel des Picu Pienzu: 5 km Luftlinie von der Küste entfernt.

uns nach Nordwesten in Richtung Gipfel und folgen dem Weg steil bergauf. Nach einem flacheren Stück über Wiesen gelangen wir auf einen zweiten Sattel (Collado Beluenzu) mit ausgetrockneter Quelle. Hier beginnt nach rechts unser Aufstieg im steilen Zickzack auf Pfaden und über Naturstufen. Der Gipfel des **Picu Pienzu (3)**, 1161 m, ist schon von Weitem an seinem großen Gipfelkreuz erkennbar. Der Rückweg verläuft auf dem Hinweg.

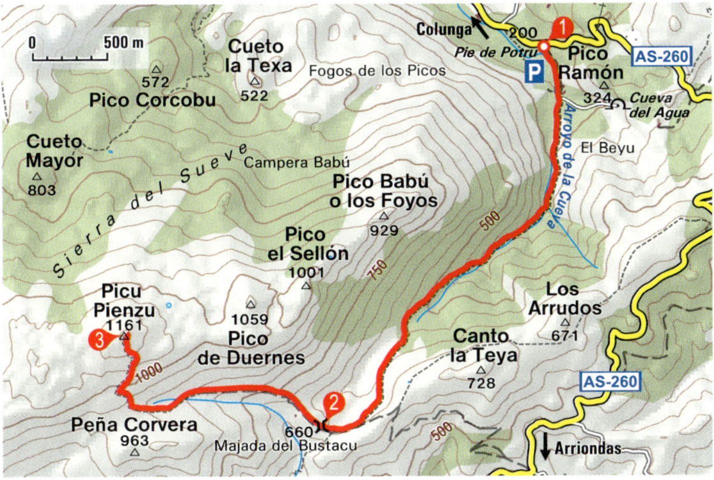

47 Auf dem GR 109 von Carreña nach Cangas de Onís

2 Tage

Durch reizvolle Kulturlandschaften in die ehemalige Hauptstadt Asturiens

Der GR 109 verläuft in 27 Etappen von Panes an der kantabrischen Grenze einmal quer durch den kantabrischen Gebirgszug Asturiens bis nach Santolaya de Oscos an der galicischen Grenze. Hier stellen wir beispielhaft die Etappen 3 und 4 zwischen den Gemeindehauptstädten Carreña (Gemeinde Cabrales) und Cangas de Onís (Gemeinde Onís) vor. Cabrales ist für seinen gleichnamigen in Höhlen gereiften Blauschimmelkäse über die Grenzen Asturiens hinaus bekannt. Cangas de Onís lockt die Touristen zu seiner romanischen Brücke (»Puente Romano«, Endpunkt des zweiten Tages), von der das asturische Kreuz stolz als Wahrzeichen der Region hängt. Von 722 bis 774 war Cangas de Onís die Hauptstadt des asturischen Königreichs, ein Denkmal erinnert an den ersten asturischen König Pelayo.

Ausgangspunkt: Carreña, 190 m, Rathhausplatz mit Tafel des GR-109, 190 m. Von der Hauptstraße (AS-114) bzw. Bushaltestelle ggü. Bar-Rest. Los Montañeros bergauf zum Rathaus, gegenüber befindet sich die Ermita de la Virgen de la Salud.
Endpunkt: Cangas de Onís, 70 m.
Höhenunterschied: Insgesamt 1350 m im Auf- und 1470 m im Abstieg.
Anforderungen: Der GR 109 ist durchgängig mit rot-weißer Markierung und dunkelroten Schildern markiert, lediglich an einem Abzweig fehlte zuletzt das Schild (vgl. Wegbeschreibung). Da jedoch an weiteren Kreuzungen das entscheidende Schild fehlen kann, empfehlen wir, gut auf die Wegbeschreibungen zu achten und geeignetes Kartenmaterial mitzunehmen. Der erste Tag verläuft größtenteils auf Schotterpisten und Pfaden, der zweite Tag auf Forstwegen und verkehrsarmen Nebenstraßen.
Einkehr: In Carreña, Asiegu, Ortiguero, Avín, Benia de Onís, Sirviella, San Martín, Beceña, Llenín und Cangas de Onís.
Unterkunft: In Carreña, Benia de Onís und Cangas de Onís sowie Apartments und Casas Rurales in Asiegu, Ortiguero, Avín, Benia de Onís, San Martín, Beceña, Llenín, Labra und Llueves.
Tipp: 1. Museo de la Fauna Glacial y Cueva Peruyal (Museum zur Tierwelt der Eiszeit vor 45.000 Jahren und einer Höhle) in Avín (Tel. +34 616 212 483, faunaglacial.com; 1. Juli–15. Sept. sowie Ostern geöffnet). 2. In Cangas de Onís sind die Puente Romano (mittelalterliche Brücke) und das Pelayo-Denkmal sehenswert. 3. Ruta'l quesu y la sidra (Käse- und Sidraführung) in Asiegu (rutalquesuylasidra.com, Tel. +34 985 84 50 01).
Karte: IGN-CNIG 31-III Cangas de Onís, 31-IV Benia de Onís, 32-III Porrúa, 55-II Inguanzo und 56-I Carreña (1:25.000).

Tag 1: Carreña – Benia de Onís, 5.45 Std., 18,4 km, 700 m im Auf- und 690 m im Abstieg

Von der Wandertafel des GR 109 am Rathausplatz von **Carreña (1)** gehen wir auf der Straße rechts des kleinen Flusses in Richtung Norden. Wir ignorieren die erste Brücke und überqueren den Arroyo de la Ría auf der zweiten, passieren einen Trinkbrunnen und wandern auf dem Fahrweg neben dem

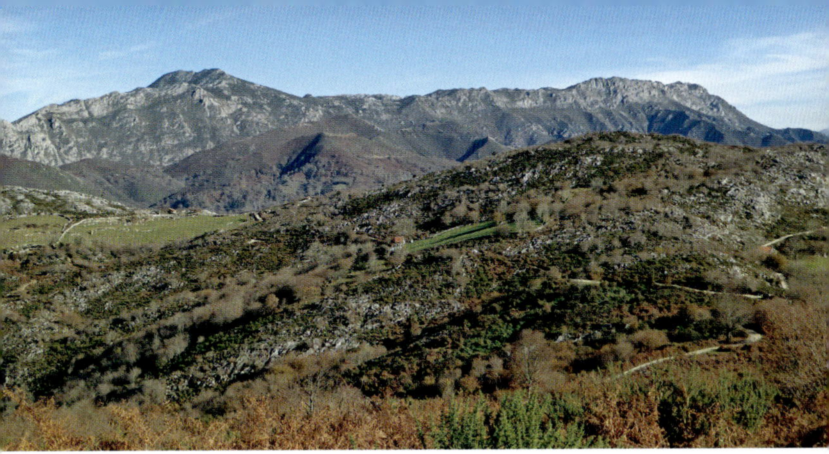

Auf einem guten Stück der Tour haben wir die Sierra del Cuera im Blick.

Bachlauf aus dem Ort hinaus. Eine weitere Brücke wird überquert, dann kommen wir an einem Bauernhof vorbei. Der Fahrweg wird allmählich schmaler und steiler. Erneut gehen wir über eine kleine Holzbrücke, gelangen wenig später an eine Häusergruppe und überqueren erneut den Arroyo de la Ría. Danach nehmen wir einen Abzweig (Markierung schwer sichtbar) nach links oben. Der grasige Weg beschreibt eine Linkskurve und entfernt sich ansteigend vom Bach. Bald bietet sich uns eine hervorragende Aussicht auf die Picos de Europa. An der Gabelung bei den ersten Häusern halten wir uns links, passieren einen Aussichtspunkt und treffen vor **Asiegu (2)** auf eine Straße.
Wir folgen ihr nach rechts, verlassen sie in einer Linkskurve geradeaus und gehen an der nächsten Dreiergabelung geradeaus. Anschließend durchqueren wir einen Viehzaun durch ein Gatter und halten uns an der Gabelung links. Der Fahrweg wird allmählich zu einem schmaleren Weg. Erneut treffen wir auf einen betonierten Fahrweg, dem wir rechts bergauf folgen. Wir bleiben immer auf diesem markierten Weg und ignorieren drei Abzweige nach rechts. Dann treffen wir auf eine etwas größere Straße (Markierung). Dieser folgen wir bis zur Landstraße AS-114. Wir überqueren sie nach schräg links und nehmen dann den Schotterweg geradeaus bergauf. Nach 100 m verlassen wir die Schotterpiste nach links auf einen grasigen Weg (Markierung schwer sichtbar). Dieser bringt uns direkt in den Ort **Ortiguero (3)**.
An der Gabelung mit Schild gehen wir rechts bergauf, an der nächsten Gabelung geradeaus und gelangen so in den Nachbarort La Salce. An der Gabelung am Ortsende (Trinkbrunnen) halten wir uns links. An der nächsten Gabelung gehen wir erneut links. Nun folgen wir immer dem Fahrweg und sehen nach rund 15 Min. den Turm des Minenschachts der Minas de

Alda. An der Gabelung davor schlagen wir den Fahrweg nach rechts ein. Wir ignorieren das dunkelrote Schild des GR 109 in Richtung Berge und Avín (es weist in einen später nicht mehr markierten Pfad), gehen an der Gabelung links und durch ein Viehgatter. Wir kommen an einem verlassenen Haus und einem Stall vorbei und durchqueren ein weiteres Viehgatter. Anschließend wandern wir auf der Schotterpiste geradeaus über den **Colláu el Pandal (4)** und danach bergab.

Im Abstieg ignorieren wir ein gelb-weißes Wanderschild nach links. Nach knapp 1 Std. überqueren wir die AS-114 und kommen geradeaus in den Ort **Avín (5)**. Die Markierung leitet uns geradeaus durch den Ort. Beim Eiszeitmuseum am Ortsende treffen wir wieder auf die AS-114, neben der wir nach **Benia de Onís (6)** wandern.

Tag 2: Benia de Onís – Cangas de Onís, 6.45 Std., 23,4 km, 660 m im Auf- und 790 m im Abstieg

Vom Ortszentrum von **Benia de Onís (6)** folgen wir dem Fußweg neben der AS-114 in Richtung Westen und treffen bald auf die Infotafel des GR 109. Nach der Grundschule (»Escuelas Públicas 1890«) verlassen wir den Ort und die AS-114 nach rechts unten. Ein kurzes Stück begleitet uns links der Río Güeña, an der Gabelung halten wir uns links, passieren den Weiler Talaver und erreichen wenig später den Ort **Sirviella (7)**.

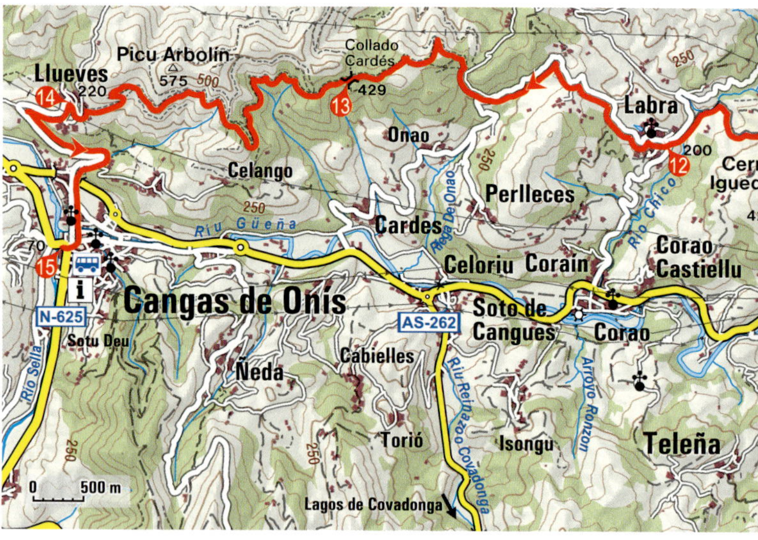

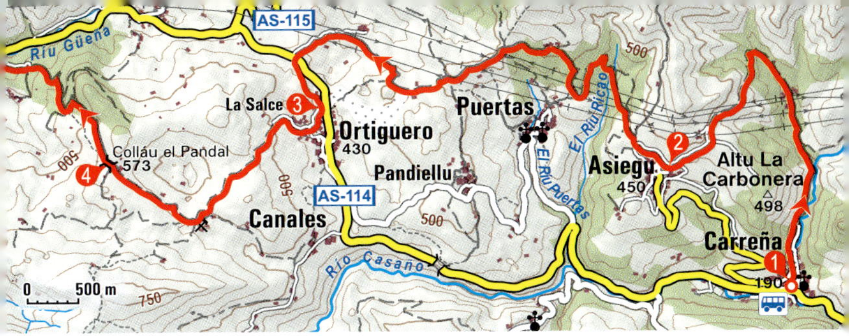

Wir durchqueren das Dorf geradeaus und folgen der Straße ca. 20 Min., bis sie sich in eine Schotterpiste (rechts) und einen betonierten Fahrweg (links) gabelt. Wir gehen nach links auf dem Fahrweg neben einer Weide bergauf und gelangen nach gut 30 Min. in den kleinen Ort **San Martín (8)**. Der Weg führt zunächst am Dorf vorbei und biegt dann bei einem allein stehenden Haus in die Straße nach rechts ein (links: Tafel für öffentliche Aushänge). Bei der T-Kreuzung halten wir uns links und wandern auf dem Sträßchen in rund 15 Min. nach **Beceña (9)**. Wir durchqueren den kleinen Ort geradeaus auf der Hauptstraße und verlassen ihn bei der Kapelle. An der T-Kreuzung gehen wir rechts und an der Kreuzung geradeaus und wandern nach **Llenín (10)**.

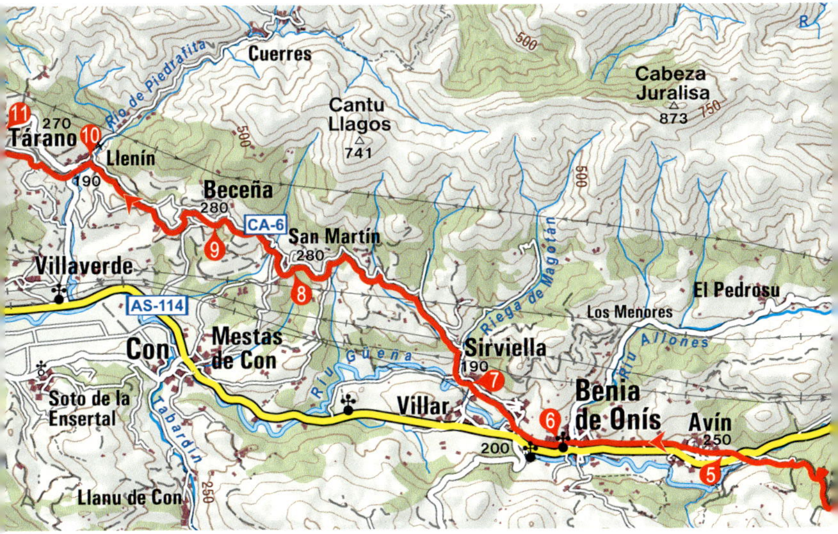

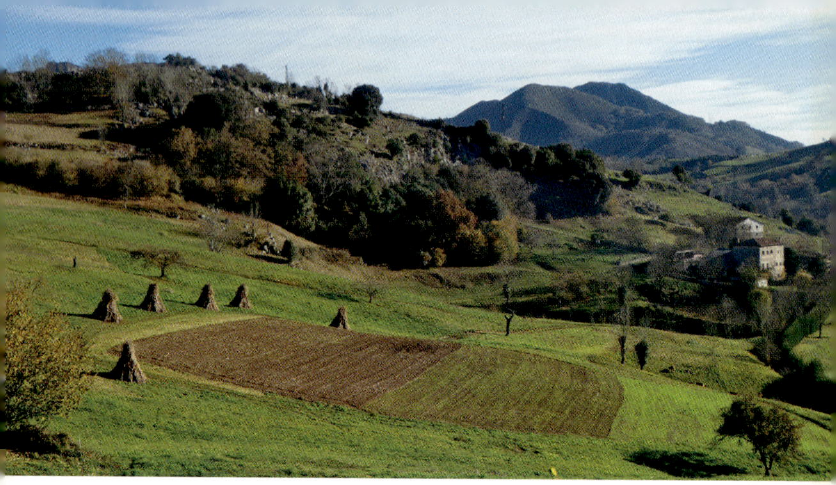

Nach der Mais- und Heuernte sehen die Felder aus wie geputzt.

Nach der Brücke gehen wir links und dann geradeaus durch den Ort. Nach 300 m sehen wir die Kirche, biegen aber noch vor ihr nach links unten ab und verlassen den Ort. An der Gabelung gehen wir links und gleich wieder rechts und wandern auf dem verkehrsarmen Landsträßchen nach **Tárano (11)**. Gleich am Ortsrand gehen wir links und direkt danach nach rechts an der Kapelle vorbei. Am Parkplatz gehen wir links und schlagen bei den letzten Häusern den nach rechts abzweigenden Fahrweg ein. An der Dreiergabelung gehen wir mittig geradeaus, überqueren unten den Bach auf einer Brücke und gehen nach links weiter und bergauf. Oben treffen wir wieder auf eine Straße (AS-340), überqueren sie geradeaus und gelangen nach rechts in den Ort **Labra (12)**.

Wir gehen auf der Hauptstraße nach rechts oben und vor der Kirche (Brunnen) nach links am großen Anwesen vorbei. Danach beschreibt die Straße eine Rechtskurve und verlässt den Ort. An der Gabelung mit dem Ortsschild »Carmones« (rechts) gehen wir links. Wir treffen auf eine quer verlaufende

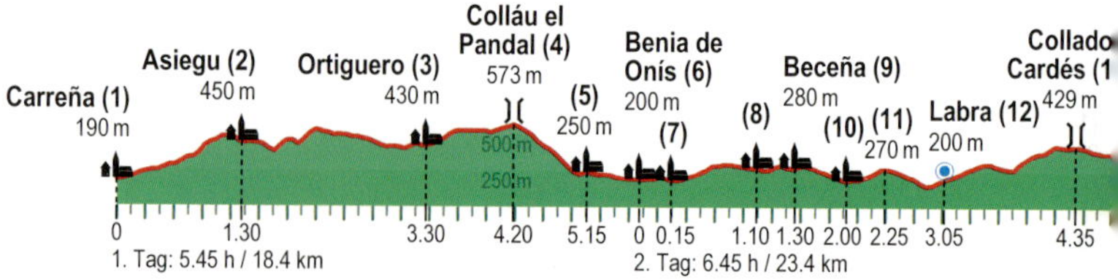

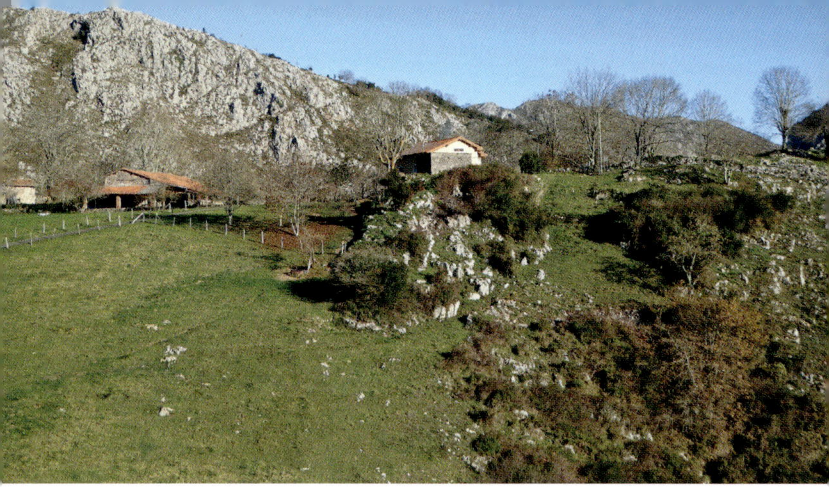

Wir wandern durch eine urwüchsige, von der Landwirtschaft geprägte Landschaft.

Straße, der wir nach rechts oben folgen. Am nächsten Abzweig gehen wir nach links auf einen steinigen Fahrweg und durchqueren eine Pforte. Nun wandern wir auf dieser Schotterpiste am Hang entlang bis zum **Collado Cardés (13)**.

An der Gabelung gleich nach dem Sattel halten wir uns rechts. Nach weiteren 2 km auf dem aussichtsreichen Hangweg mit Blick auf die Picos de Europa gehen wir an der Gabelung rechts und weiter am Hang entlang. An den nächsten drei Gabelungen halten wir uns jeweils links. Der Weg führt immer bergab und wird schließlich zu einer asphaltierten Straße. 100 m weiter gehen wir an der T-Kreuzung links bergab, an der nächsten rechts und kommen so nach **Llueves (14)**. Beim traditionellen Vorrats- und Getreidespeicher (»hórreo«) gehen wir nach links bergab, dann nochmal links und erreichen schließlich die Bushaltestelle des Orts. Ab hier wandern wir auf dem Sträßchen rechts hinunter ins Tal. Im Abstieg treffen wir auf eine Infotafel des GR 109 und gelangen wenig später zu den ersten Häusern von Cangas de Onís. Immer der Straße folgend passieren wir die Ermita de Santa Cruz, überqueren kurz danach auf einer Brücke den Río Güeña und biegen ein Stück weiter rechts in die Hauptstraße ein. Nach gut 100 m gelangen wir zur Touristeninformation von **Cangas de Onís (15).** Schräg links spannt sich die Puente Romano mit dem asturischen Kreuz über den Río Sella.

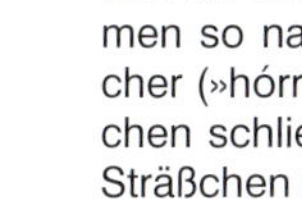

Unsere 2-Tages-Tour endet hier, der GR 109 aber führt weiter in Richtung Arriondas.

48 La Cuevona

2.15 Std.

Zurück in die Prähistorie

Das Highlight dieser einfachen Tour ist zweifelsohne die Durchquerung der »Cuevona«: Der 250 m lange Naturtunnel bildet den einzigen asphaltierten Zugang in den idyllisch gelegenen Ort Cueves. Der Weg dorthin entlang des Río Sella und durch den Wald versprechen einen gelungenen und abwechslungsreichen Ausflug. Am Ausgangspunkt der Wanderung befindet sich die sehr sehenswerte Cueva de Tito Bustillo, eine Tropfsteinhöhle mit hervorragend erhaltenen Felsmalereien aus prähistorischer Zeit, zu der auch die Cuevona de Ardines und ein Museum (Centro de Interpretación) gehören.

Ausgangspunkt: Cueva de Tito Bustillo, 10 m, Centro de Arte Rupestre Tito Bustillo (Informationszentrum zur Höhle) 1 km südlich von Ribadesella. An der Westseite der Brücke über den Río Sella dem Hinweis »Cueva de Tito Bustillo« folgen. Parkmöglichkeit nach 350 m vor dem Informationszentrum oder direkt vor dem Höhleneingang. Bahnhöfe der Feve in Ribadesella und Cuevas. Bus aus Oviedo und Gijón (alsa.es).

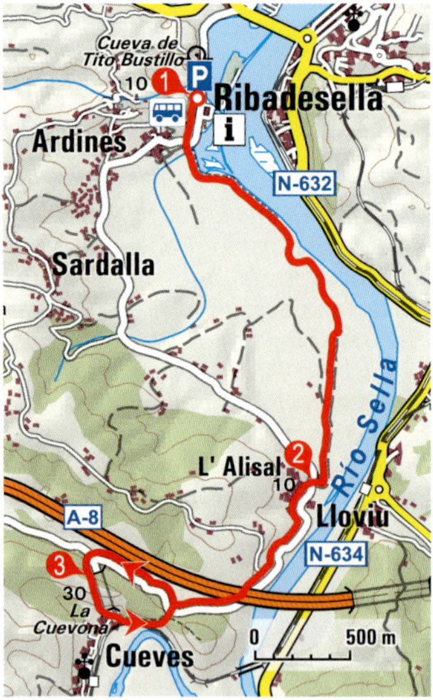

Höhenunterschied: 120 m im Auf- und Abstieg.

Anforderungen: Einfache Tour auf schmalen (am Flussufer eventuell etwas matschigen) Pfaden, Waldwegen und Straße. Nicht durchgehend markiert, aber durch den Flusslauf immer erkennbar.

Einkehr/Unterkunft: In Ribadesella. In L'Alisal Mesón la Fuente (traditionelle Küche und Tagesmenüs, Tel. +34 985 86 04 60). In Cueves (auch Cuevas) La Solana (Restaurant, Gartenterrasse, Tel. +34 655 172 360); Albergue de Cueves (Herberge, Tel. +34 984 998 102 oder Tel. +34 692 614 939, alberguecueves@sendanaturaleza.com, 15. Juni–15. Sept. täglich geöffnet, sonst nur Fr–So), Casa de Aldea La Cuevona (Landhaus für bis zu 20 Personen, Tel. +34 692 141 282).

Tipp: Sehenswert sind die Felsmalereien in der Cueva de Tito Bustillo und die riesige, rund 40 m hohe Cuevona de Ardines sowie das dazugehörige Museum. Information, Preise und Tickets auf centrotitobustillo.com (auch auf Englisch).

Variante: Mit Kindern kann auch nur die Strecke Ribadesella–Cueves gegangen werden, Rückweg per Bahn.

Karte: Karte: 31-I Ribadesella (1:25.000).

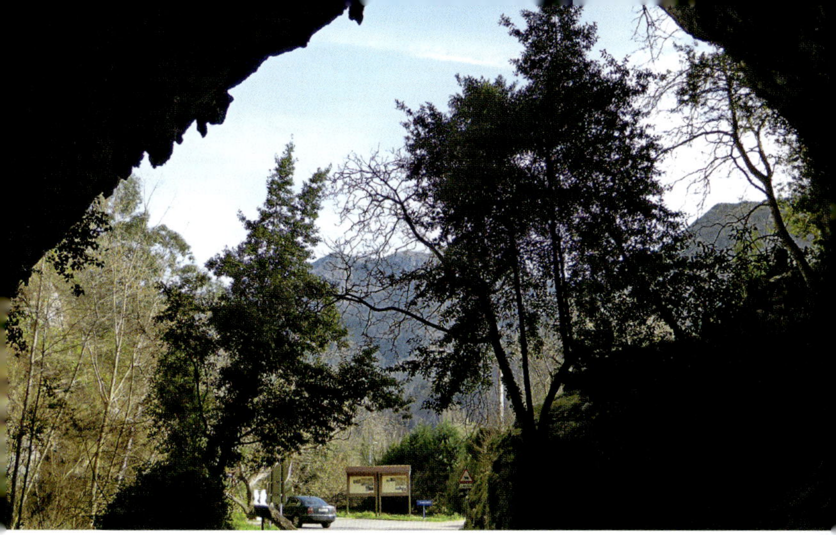

Blick aus der Höhle La Cuevona auf den Ort Cueves.

Vom Parkplatz vor der **Cueva de Tito Bustillo (1)** gehen wir auf der Straße am Informationszentrum vorbei. Gleich darauf verlassen wir sie geradeaus zwischen zwei gemauerten Säulen hindurch und folgen ab hier dem Pfad, der dem Ufer des Río Sella am nächsten ist. Nach 10 Min. durchqueren wir eine Pforte. Kurz darauf trennt sich der Hauptfluss nach links und wir gehen immer so nahe wie möglich an der rechten Seite des Nebenarms weiter. Schließlich übersteigen wir einen niedrigen Zaun, verlassen den Flusslauf und wandern auf dem Feldweg geradeaus auf die Gewächshäuser zu. Nach diesen wird der Feldweg zu einem breiteren Fahrweg, auf dem wir nach **L'Alisal (2)** gelangen. Wir biegen links in die Straße ein, stoßen nach 5 Min. wieder auf den Fluss, gehen weiterhin auf der Straße steil bergauf und erreichen nach knapp 30 Min. den Eingang der **Cuevona (3)**.
Durch den Naturtunnel kommen wir zum Spielpatz am nordlichen Rand von **Cueves**. Wir empfehlen, den Ort zu besichtigen, bei Bedarf gibt es auch Einkehrmöglichkeiten.
Der Weg zurück nach Ribadesella führt vom Spielplatz aus auf der kleinen Brücke über den Bach, dann folgen wir dem Pfad, bis wir wieder auf die Straße treffen. Wir biegen rechts in sie ein und wandern auf dem Hinweg wieder zurück zur **Cueva de Tito Bustillo (1)**.

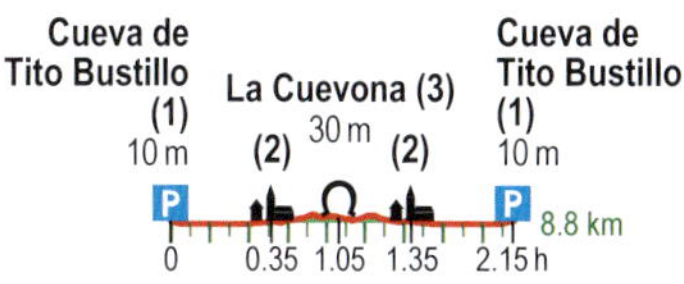

49 Von El Mazucu auf die Peña Blanca, 1182 m

4.30 Std.

Zwischen Atlantik und den Picos de Europa

Diese wunderschöne Tour beginnt in einem historisch bedeutsamen Ort: El Mazucu war während des Spanischen Bürgerkriegs (1936–1939) praktisch die letzte freie Bastion. Eine Erklärung dafür ist eventuell die isolierte Lage zwischen den beiden Bergzügen der Sierra del Cuera. Im weiteren Verlauf sind vor allem die privilegierten Ausblicke auf die Picos de Europa im Süden und die Küstenlinie im Norden Höhepunkte dieser Wanderung.

Ausgangspunkt: El Mazucu, 350 m. Von Llanes auf der LLN-7 in Richtung Pancar oder von Posada de Llanes auf der AS-115 in Richtung Cangas de Onís und ab La Huera de Meré auf der LLN-7 bis El Mazucu (jeweils rund 13 km/30 Min.). Bei der Kapelle in den Ort, Parkmöglichkeit an dem Brunnen oder der Straße ein Stück weiter schräg rechts zum zentralen Platz folgen.
Höhenunterschied: 840 m im Auf- und Abstieg.
Anforderungen: Nicht markierte Gipfelbesteigung, jedoch sind meistens (teils schmale und steile) Vieh- oder Wanderpfade vorhanden und die Orientierung ist recht problemlos. Gegen Ende der Tour Steinmännchen. Kompass und Karte bzw. GPS-Gerät und Track, sowie gutes Wetter sind Voraussetzung.
Einkehr/Unterkunft: In El Mazucu Bar-Parilla El Roxín (traditionelle Küche und Grillspezialitäten, Tel. +34 985 925 738). Einkehr- und Übernachtungsmöglichkeiten in Llanes und Posada de Llanes.
Hinweis: Im Sommer sind alle Quellen trocken, weshalb ausreichend Trinkwasser mitgenommen werden muss.
Karte: IGN-CNIG 31-IV Benia de Onís und 32-Porrúa (1:25.000).

Vom Brunnen in **El Mazucu (1)** gehen wir nach rechts über den zentralen Platz mit Bäumen und Bänken und dann schräg links auf der Schotterpiste in Richtung Süden aus dem Ort hinaus. An der ersten Gabelung halten wir uns rechts und gelangen an eine zweite, direkt vor einem modernen Landhaus, an der wir links gehen. Den nächsten, kleineren Abzweig lassen wir links liegen und folgen immer dem breiten Weg bergauf. Dann gehen wir rechts neben einer Weidemauer entlang und treffen danach auf weitere Weidemauern, zwischen denen wir steil bergauf steigen. Oben gehen wir nach rechts (Westen) an der Mauer entlang, suchen einen Pfad, der ca. 10 m oberhalb der Mauer und der Häuschen verläuft, und gehen weiterhin in Richtung Westen auf die Felsen geradeaus zu. Ca. 150 m nach dem letzten Haus und noch vor den Felsen gehen wir links (Richtung Südwesten) bergauf. In

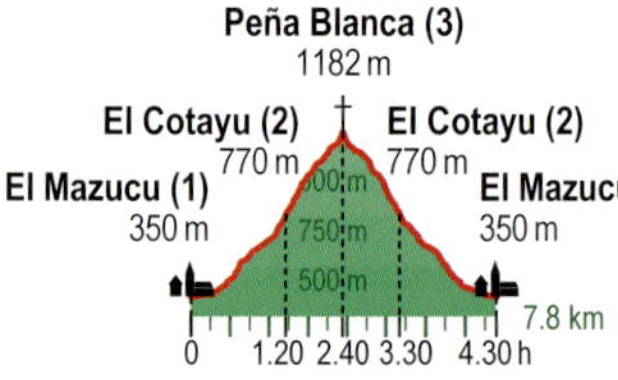

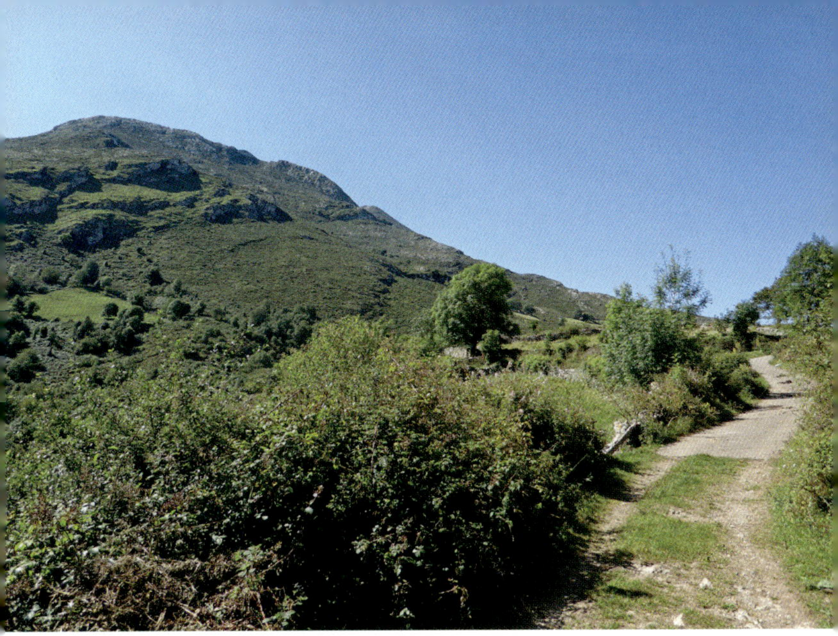

Der breite Weg zu Beginn der Tour.

der gleichen Richtung schlängelt sich unser Pfad durch die Felsen. Wir lassen ein Erdloch (Durchmesser ca. 5 m) rechts liegen und halten uns in Richtung Südwesten. Erneut treffen wir auf eine Ansammlung von Felsen, die wir auf der rechten Seite umgehen. Dabei dreht unser Weg in Richtung Südosten. Nach 150 m öffnet sich der Blick auf eine verfallene Almhütte und eine Felskuppe. Wir peilen den Hangeinschnitt links der Kuppe an, an dem sich weitere eingestürzte Bauten befinden. In ihm steigen wir zunächst leicht auf, gelangen zu einer Weide und einem weiteren Erdloch und sehen schließlich geradeaus

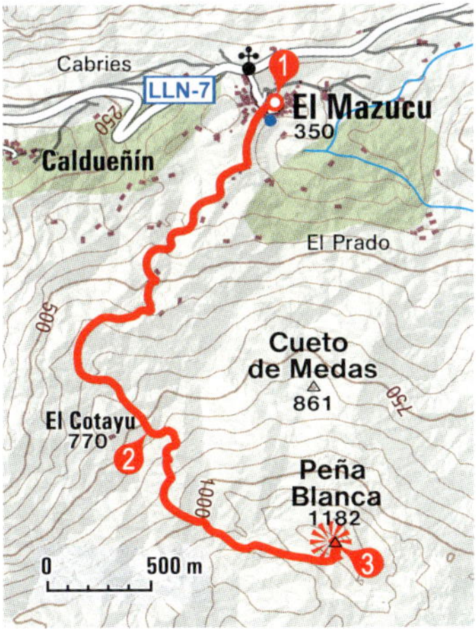

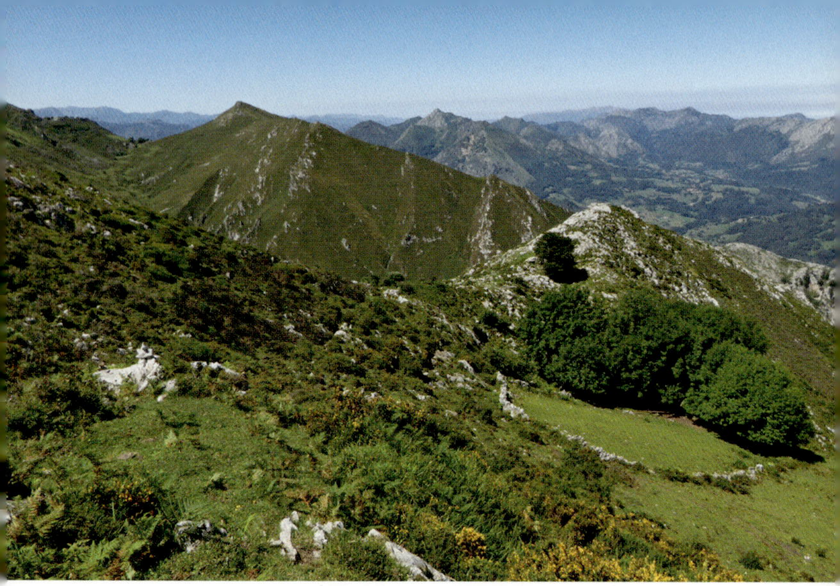

Blick auf El Cotayu, der perfekte Ort für ein schattiges Päuschen.

oben drei Baumgruppen. Wir steigen zunächst zur größeren der beiden unteren Baumgruppen auf und treffen dort auf die Häuschen und Mauern von **El Cotayu (2)**. Wir gehen weiter bergauf, zunächst in Richtung Osten, bis wir nach 150 m eine Weidemauer erreichen. Hier drehen wir nach rechts (Süden) und gehen 50 m an der rechten Seite der Mauer entlang. Wir lassen eine verfallene Almhütte rechts liegen und gelangen nach links zur dritten und letzten Baumgruppe mit einem Häuschen. Hier gehen wir schräg rechts (in Richtung Süden), ca. 20 m oberhalb der Mauer und der Ruine, weiter bergauf.
Ca. 250 m nach der Ruine schwenkt unser Pfad nach links in Richtung Osten um den Kamm herum in das Tal südlich der Peña Blanca. An der Gabelung folgen wir dem linken Pfad in den engen, steilen Hang zwischen dem Gipfel der Peña Blanca (links) und einer Felskuppe (rechts).
Nun führen wieder mehrere Pfade hinauf zum Felssattel. Das erste Kar (kraterförmige Senke; asturisch »jou«) umgehen wir rechts, gelangen zu einer kleinen Wiese, gehen geradeaus und umgehen das zweite Kar links. Ab hier folgen wir den Steinmännchen. Rechts öffnet sich ein Tal und nach Süden bietet sich eine hervorragende Sicht auf die Picos de Europa. Wir besteigen nach links (Norden) den Gipfel der **Peña Blanca (3)**, 1182 m, mit dem kleinen Gipfelkreuz.
Der Rückweg verläuft auf dem Hinweg.

9.00 Std.

Pico Turbina, 1317 m 50

Der höchste Gipfel der Sierra del Cuera

Die Sierra del Cuera ist mit ihren beiden markanten, parallel verlaufenden Kämmen einer der schönsten Gebirgszüge Asturiens. Diese anspruchsvolle Tour führt fast von Meereshöhe zunächst über den niedrigeren nördlichen Kamm, dann geht es hinunter ins bezaubernde Tal Llosa de Viango. Anschließend steigen wir erneut steil bergauf auf den höchsten Gipfel des zweiten Kamms, der eine atemberaubende Aussicht auf die Picos de Europa im Süden und den Atlantik im Norden gewährt.

Ausgangspunkt: La Pereda, 60 m, Kirche. Von Llanes auf der AS-263 in Richtung Poo/Ribadesella, nach der Autobahn auf der LLN-6 in Richtung Parres bis La Pereda. Parkmöglichkeit vor der Kirche (3 km/10 Min.).
Höhenunterschied: 1710 m im Auf- und Abstieg.
Anforderungen: Anspruchsvolle Gebirgstour, gute Kondition, Orientierungsvermögen auf nicht markierten Pfaden sowie Trittsicherheit auf sehr steilen An- und Abstiegen notwendig. GPS-Gerät und -Track bzw. Kompass und Karte sind Voraussetzung. Wettervorhersage beachten, vor allem im Sommer Gefahr von plötzlich auftretenden Fallnebeln.
Einkehr/Unterkunft: In La Pereda El Habana Llanes (Landhotel und Restaurant, Tel. +34 985 402 526/+34 616 524 513, elhabanallanes.net); Hotel Rural Arpa de Hierba (Landhotel, Tel. +34 985 403 456, arpadehierba.com); Hotel Quinta Esencia (Tel. +34 669 714 860, laquintaesencialapereda.com). Viele Möglichkeiten in Llanes.
Karte: IGN-CNIG Porrúa (1:25.000).

Der Aufstieg durch den Buchenwald El Traviesu.

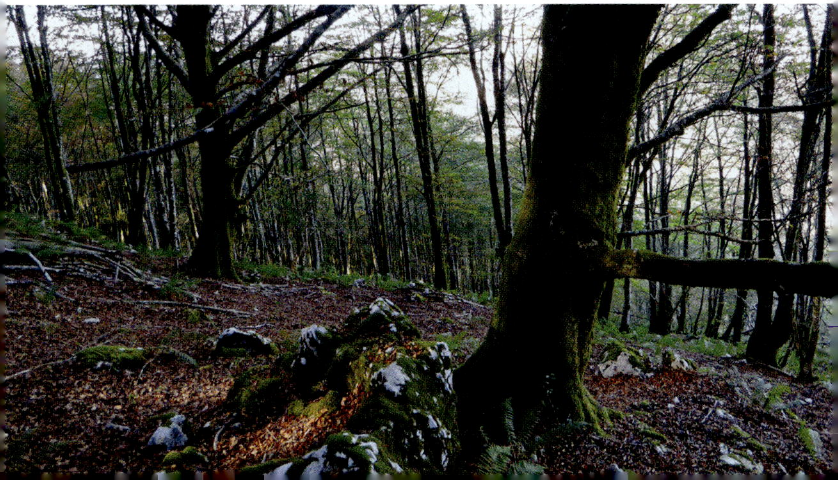

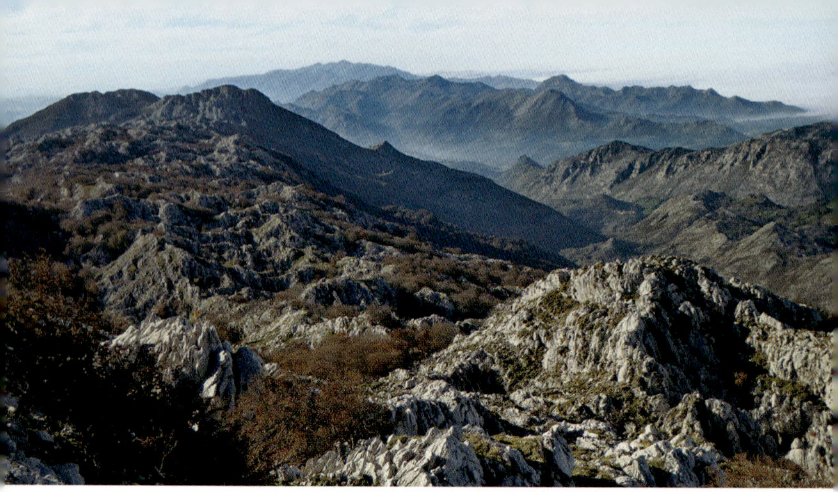

Gleich ist es geschafft: die letzten Meter zum Gipfel.

Von der Kirche in **La Pereda (1)** aus gehen wir zur Straße (Waschhaus und Brunnen gegenüber), folgen dieser nach links unten und schlagen beim ersten Abzweig die Straße rechts ein. Wir passieren einen ersten Abzweig nach rechts und einen zweiten nach links, dann wird die Straße zu einem Fahrweg. Wir lassen den grasigen Abzweig links und den asphaltierten Abzweig rechts liegen, dann gabelt sich der Fahrweg: Wir folgen dem Weg nach links unten, überqueren einen Bach auf Trittsteinen; danach verläuft der Weg nahe dem Ufer in Richtung Süden leicht bergauf. Am Ende des Wegs übersteigen wir einen niedrigen Viehzaun und wandern weiterhin in Richtung Süden bergauf. Wir erreichen eine kleine Wiese und suchen erneut den in Richtung Süden ansteigenden Pfad. Wir übersteigen einen weiteren niedrigen Zaun.

Nun verläuft der Pfad im Zickzack steil bergauf. Zu Beginn der ersten Felsen dreht der Pfad ein Stück in Richtung Südosten und anschließend nach Südwesten. Wir erreichen schließlich einen Viehzaun und ein Gehege am **Collado Muezca (2)**. Unser Pfad führt geradeaus weiter und schlängelt sich durch die Felsen. Im Süden erblicken wir zum ersten Mal den Gipfel des Pico Turbina. Nun steigen wir im Zickzack zwischen den kleinen Gipfeln Picu Colláu (rechts) und Picu Calvieyu (links) ab,

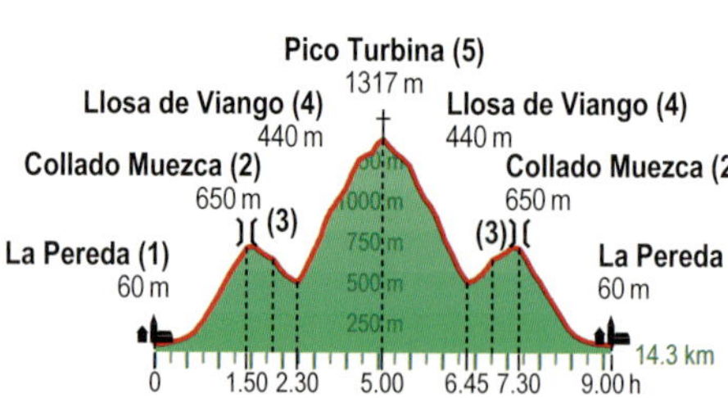

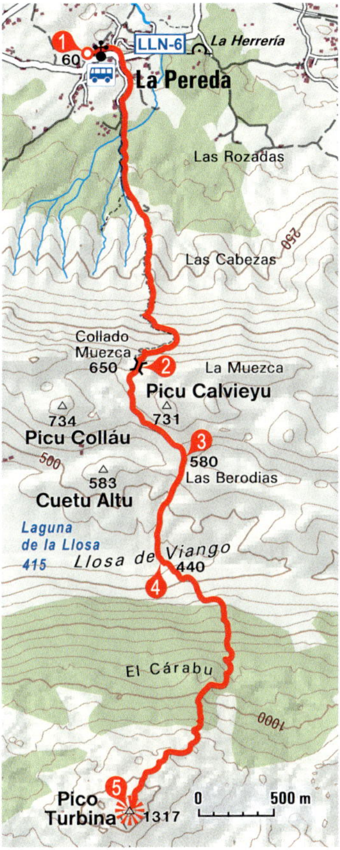

dann zieht sich der Pfad in Richtung Südosten am Hang entlang ins Tal hinunter; als Orientierung dient uns rechts unten die Alm **Las Berodias (3)**, die wir bald erreichen. Wir halten uns an der Mauer und Hütte rechts und gleich wieder links, um zwischen einer weiteren Hütte (links) und einem Baum (rechts) hindurchzugehen. Anschließend gehen wir links neben einer weiteren Mauer entlang und erblicken unser nächstes Ziel, das Tal Llosa de Viango.

In dieses steigen wir über einen der zahlreichen Trampelpfade durch ein weitgehend trockenes Bachbett ab. Im feuchten Talgrund **Llosa de Viango (4)** angelangt, steuern wir den markanten Felsen leicht links (Südosten) an und steigen über den steilen, begrasten Hang in ca. 20 Min. zu ihm auf. Dann steigen wir auf dem Pfad rechts neben dem Felsen in 10 Min. in sehr steilem Zickzack in Richtung Südosten zu einer Felswand auf. Dort folgen wir einem Pfad in Richtung Osten flach am Hang entlang in einen Buchenwald hinein. Nach 5 Min. im Wald dreht der Pfad wieder steil bergauf nach Süden. Dies ist der anspruchsvollste Teil der Tour. Nach 40 Min. steilem Bergauf verlassen wir den Wald und sehen kurz darauf schräg links unten eine Hütte mit grünem Dach: Wir suchen und folgen den ersten Markierungen (grüne Pfeile). Unser Weg dreht zunächst für 5 Min. nach Westen, dann für 10 Min. in Richtung Südwesten und für 20 Min. wieder in Richtung Süden, während der Wald allmählich Steinen und Buschwerk weicht. Wir durchqueren ein Kar (asturisch »jou«); ab hier gibt es keine Markierungen mehr. Nun sehen wir bald den Gipfel. Die letzten 40 Min. verlaufen in Richtung Südwesten relativ bequem zwischen zahlreichen Karen hindurch zum **Pico Turbina (5)**, 1317 m.

Der Rückweg verläuft auf dem Hinweg.

Stichwortverzeichnis

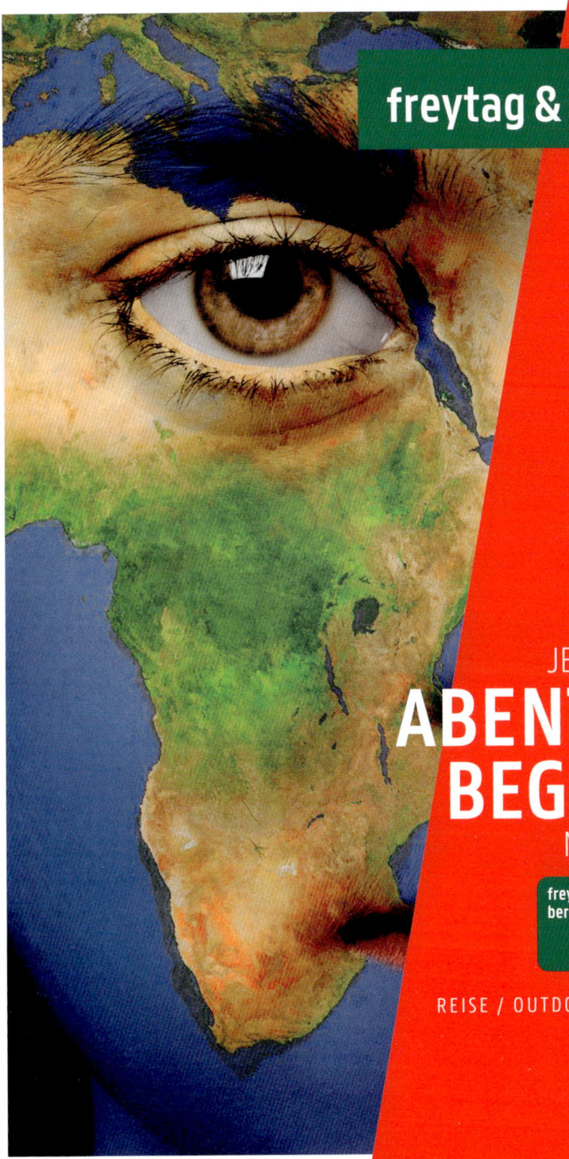

Einige spanische und asturische Begriffe

Spanisch	Asturisch	Deutsch
arroyo	arroyu, riega	Bach
bosque	viesca	Wald
braña, majada	mayada, mayáu	Alm
cabaña	cabana	Hütte
cabo	cabu	Kap
calle	cai	Straße (innerorts)
camino	camín	Weg
casa	ca'	Haus
cascada	saimeira	Wasserfall
collado, collada	colláu, collá	Sattel, kleiner Pass
desvío	desvío	Abzweig
fin, final	fin, final	Ende
fuente	fonte	Brunnen
GR (Gran Recorrido)	GR (Gran Recorrido)	Fernwanderweg
hito	jito	Steinmann
hórreo	horru	Kornspeicher
hoz, hoces, desfiladero, garganta	foz, foces	Schlucht
inicio	incio	Anfang
lago	llagu	See
laguna	llaguna	Teich
molino	molín	(Wasser-)Mühle
PR (Pequeño Recorrido)	PR (Pequeño Recorrido)	Eintageswanderung
peña	pena	felsige Erhebung
pico	picu, cantu, cuetu	Gipfel
playa	playa	Strand
puente	ponte	Brücke
puerto	puertu	(Berg-)Pass; Hafen
refugio	refuxu	(Berg-)Hütte
río	ríu	Fluss
sierra	sierra	Gebirge
valle	valle	Tal
vega	veiga	Flussebene

Umschlagbild:
Blick vom Mirador de Llastres auf die Sierra del Sueve

Bild im Innentitel:
Der kleinere Kamm der Sierra del Cuera (Tour 49)

Bild Seite 28/29:
Blick vom Pico Turbina, dem höchsten Punkt der Sierra del Cuera (Tour 50)

98 Fotos stammen von Suann Heße und Ángel Álvarez Muñiz
Umschlagbild: Arturo Rubio Castro
Fotos S. 1, 165 und 166: José Cachón
Foto S. 13: Carmen Muñiz Cachón
Fotos S. 15, 130 und 131: Claudia Heße
Foto S.18: Veronika Sieber
Foto S. 19: Iana Gruzinenko
Foto S. 58: Jose García García
Foto S. 93: Paco Currás S.L. für Turismo de Asturias

Kartografie:
50 Wanderkärtchen im Maßstab 1:25.000 / 1:50.000 / 1:75.000 / 1:100.000
Geodaten © OpenStreetMap und Mitwirkende, kartografisches Design:
Freytag & Berndt Prag, freytagberndt.cz
2 Übersichtskärtchen im Maßstab 1:900.000 und 1:2.000.000
© Freytag & Berndt, Wien

Werknummer: 4526

2., aktualisierte Auflage 2023

ISBN 978-3-7633-4682-0

Wir freuen uns über jeden Korrekturhinweis zu diesem Wanderführer!
Bitte per E-Mail an: leserzuschrift@rother.de

ROTHER BERGVERLAG · München
D-82041 Oberhaching · Keltenring 17 · Tel. +49 89 608669-0 · rother.de